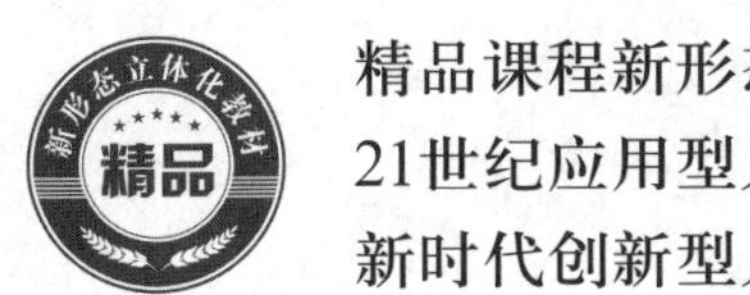

精品课程新形态教材
21世纪应用型人才培养系列教材
新时代创新型人才培养精品教材

旅游电子商务

吴 清 主编

中国商业出版社

图书在版编目(CIP)数据

旅游电子商务 / 吴清主编. -- 北京 : 中国商业出版社, 2024. 8. -- ISBN 978-7-5208-3127-7

Ⅰ. F590. 6-39

中国国家版本馆 CIP 数据核字第 2024G58G24 号

责任编辑：聂立芳

策划编辑：张　盈

中国商业出版社出版发行

(www. zgsycb. com 100053　北京广安门内报国寺 1 号)

总编室：010-63180647　编辑室：010-63033100

发行部：010-83120835/8286

新华书店经销

北京俊林印刷有限公司印刷

* * * * *

787 毫米×1092 毫米　16 开　　13. 5 印张　　282 千字

2024 年 8 月第 1 版　2024 年 8 月第 1 次印刷

定价：46. 00 元

* * * *

(如有印装质量问题可更换)

《旅游电子商务》编委会

主　编：吴　清

副主编：张丹丹　崔建亮　苏春玲　刘双玉

张景岚　高美美　张春萍

前　言

习近平在党的二十大报告中指出："办好人民满意的教育。教育是国之大计、党之大计。培养什么人、怎样培养人、为谁培养人是教育的根本问题。"近年来，我国的教育得到了飞速的发展。院校是培养高级应用型人才的学校，为服务地方经济输送了大量的技能型人才。但是，很多院校对待旅游电子商务课程不够重视，教学目标也不够明确。哪些内容必须讲、哪些必须进行上机实践等都没有一个明确的讲授标准，造成了不同教师讲授内容的侧重点不同。同时学院制定培养方案时将该门课程作为一门选修课，从学生的角度来看不够重视这门课程，认为可有可无。这样就造成了这门课程在教学规范上，在内容的系统性、科学性上大打折扣。

旅游电子商务作为一门专业考查课，目的就是让学生能够在实习中应用所学。旅游电子商务是一门跨学科、跨专业的新兴综合性课程，目前开设该课程的高校不是很多，它的理论和应用都在不断发展、不断完善的过程当中。关于该课程的教学方法，各学校都处于摸索阶段，缺少较为有效的可借鉴的教学模式。笔者结合自己近几年来的教学经验，从我国旅游电子商务的发展现状出发，与同事一道撰写了《旅游电子商务》。

电子商务在旅游业中的应用已被业界普遍接受，成为旅游企业进行市场竞争的主要技术手段。本教材同样也涵盖了饭店电子商务、旅行社电子商务、OTA电子商务、景区电子商务、目的地电子商务等协同发展和探索前进的新局面，尤其是移动电子商务和人工智能的融合，已成为智慧商务和智慧旅游建设的核心内容，这也极大地促进了旅游电子商务理论的进一步成熟。乡村旅游电子商务由于应用体系和发展不太成熟，本书没有提及与其相关的内容。期望本书的内容更符合旅游电子商务的学科体系，也符合学生学习和业界发展的要求。

由于旅游电子商务还处在快速发展过程中，其原理和应用体系还在不断完善，本书的内容调整是否符合目前读者的需要，还需要通过检验予以确认。旅游电子商务受数字化和移动互联网的影响很大，各种新业态应用不断涌现，我们对旅游电子商务研究的理论水平也很有限，希望各位同行能对本书的内容和结构提出宝贵意见，期望在以后再版中能进一步完善相关内容，万分感谢各位同行的支持。

编　者

目录

CONTENTS

目录

CONTENTS

目录

CONTENTS

项目一
旅游电子商务概述

任务目标

知识目标：

1. 掌握旅游电子商务的内涵、功能和应用领域。

2. 掌握我国旅游电子商务及国际旅游电子商务的发展。

3. 掌握旅游电子商务的价值链。

技能目标：

1. 培养学生应用旅游电子商务的基本技能。

2. 培养学生在旅游电子商务环境下解决问题的能力。

思政目标：

1. 培养学生良好的信息素养能力。

2. 培养学生创造性分析问题和解决问题的能力。

3. 培养学生协作、沟通能力，并通过真实的旅游电子商务案例让学生了解旅游电子商务的发展优势，从而激发学生学习旅游电子商务的兴趣。

任务引领

案例分析——携程旅行网

（一）公司概况

携程旅行网是中国领先的在线旅行服务公司，创立于1999年，总部设在中国上海。携程旅行网向超过5 000余万注册会员提供包括酒店预订、机票预订、度假预订、商旅管理、高铁代购以及旅游资讯在内的全方位旅行服务。携程旅行网目前已在北京、广州、深圳、成都、杭州、厦门、青岛、南京、武汉、沈阳、南通、三亚12个城市设立分公司，员工超过10 000人。

（二）发展背景

1999年10月携程旅行网开通。

2000年11月并购北京现代运通订房中心。

2002年3月并购北京海岸航空服务有限公司。

2004年9月与招商银行联合推出国内首张双币种旅行信用卡。

2004年12月斥资2 000万美元建造现代化在线旅行技术服务中心。

2007年5月推出国内首张商旅精英信用卡——中行携程卡。

2008年12月携程南通呼叫服务中心正式启用。

2010年5月8日，拥有超过1.2万个呼叫席位的携程信息技术大楼在江苏南通经济技术开发区正式落成，该区由此成为目前世界上最大的旅游业呼叫中心。

2011年1月21日宣布正式成立重庆分公司，并全力进军重庆旅游市场，大力拓展以重庆为出发地和目的地的旅游业务。携程是第一个在重庆成立分公司的著名在线旅游企业。

（三）商旅服务

酒店预订：携程旅行网拥有中国领先的酒店预订服务中心，为会员提供即时预订服务，合作酒店超过32 000家，遍布全球138个国家和地区的5 900余个城市，有2 000余家酒店保留房。

机票预订：携程旅行网拥有全国联网的机票预订、配送和各大机场的现场服务系统，为会员提供国际和国内机票的查询预订服务。目前，携程旅行网的机票预订已覆盖国内和国际各大航空公司的航线和航班，实现国内50多个城市市内免费送票，实现异地机票，本地预订、异地取送。机票直客预订量和电子机票预订量均在同行中名列前茅，成为中国领先的机票预订服务中心。

休闲度假：携程旅行网倡导自由享受与深度体验的度假休闲方式，为会员提供自由行、团队游、半自助、巴士游、自驾游、游轮、自由行PASS、签证、用车等全系列度假产品服务。其中，自由行产品依托充足的行业资源，提供丰富多样的酒店、航班、轮船、火车、专线巴士等搭配完善的配套服务，现已成为业内自由行的领军者；海外团队游产品摒弃传统团队走马观花的形式，以合理的行程安排和深入的旅行体验为特色，正在逐步引领团队游行业新标准。

旅游资讯服务：旅游资讯是为会员提供的附加服务。由线上交互式网站信息与线下旅行丛书、杂志形成立体式资讯组合。

VIP服务：携程旅行网在全国15个知名旅游城市拥有3 000多家特约商户，覆盖各地特色餐饮、酒吧、娱乐、健身、购物等生活各方面，VIP 会员可享受低至 5 折消费优惠。

（四）特色与优势

1. 服务特色

对于商旅客户来说，服务特色表现在：按企业的需求定制；有效的出差费用管理；随时随地享受服务。

对于休闲旅游者来说，服务特色表现在：完全个性服务；信息使用全面化；旅行、交友、娱乐并重。

2. 竞争优势

优质的服务：携程旅行网依托强大的技术能力，建立了先进的服务系统，近 4 000 位专业人员 24 小时为客户提供无微不至的服务，并以国际先进的六西格玛标准控制服务流程，确保客户的旅程高枕无忧。

实惠的价格：信息规模化和资源规模化是携程旅行网的核心优势之一。拥有亚洲旅行业首屈一指的呼叫中心，与全球 134 个国家和地区的 28 000 余家酒店建立长期稳定的合作关系，其机票预订网络已覆盖国际国内绝大多数航线，其规模化的运营降低了运营成本，进而有着更实惠的价格。

（五）服务与保障

携程旅行网将有资质的酒店、机票代理机构、旅行社提供的旅游服务信息汇集于互联网平台供用户查阅，同时帮助用户通过互联网与上述酒店、机票代理机构、旅行社联系并预订相关旅游服务项目。对用户预订的旅游服务项目中出现的问题等，携程旅行网并不承担责任，但携程旅行网将尽力协助用户与相关旅游服务项目提供商进行协商。不能协商解决的，用户可以向消费者协会投诉或通过法律途径解决。

携程旅行网严格保障用户隐私权，对上网用户的个人信息保密，未经上网用户同意不得向他人泄露，但法律另有规定的除外。用户自愿注册个人信息，用户在注册时提供的所有信息，都是基于自愿，用户有权在任何时候拒绝提供这些信息。注册个人信息的用户同意携程旅行网对这些信息进行善意利用。携程旅行网使用目前业界高可靠性的服务器软件，支持安全加密协议。

（六）案例点评

作为国内首屈一指的大型旅游网站，携程旅行网以全方位、多平台、信息广以及服务优良的综合素质，赢得了业内各方面的好评。

携程旅行网利用新媒体技术和电话呼叫中心系统为用户提供便利的预订服务，结合其有效的资源给客户带来了各类信息以及便利，依靠先进的服务和管理系统，携程旅行网为会员提供更加便捷和高效的服务。

作为中国领先的综合性旅行服务公司，携程旅行网凭借稳定的业务发展和优异的盈利能力，被誉为互联网和传统旅游无缝结合的典范。

问题：分析携程旅行网（Ctrip. com）的业务优势及面对的挑战有哪些。

第一节　什么是旅游电子商务

一、旅游电子商务的概念

旅游电子商务是指以网络为主体，以旅游信息库、电子化商务银行为基础，利用最先进的电子手段运作旅游业及其分销系统的商务体系。旅游电子商务为广大旅游业同行提供了一个互联网的平台。

中国旅游电子商务网站从 1996 年开始出现，目前具有一定旅游资讯能力的网站已有 5 000 多家。其中专业旅游网站 300 余家，主要包括地区性网站、专业网站和门户网站的旅游频道三大类。电子商务运用于旅游业，其发展势头十分强劲，已经成为信息时代旅游交易的新模式。在当今社会，随着分工体系的不断深化与细化，专业的体现已远远超越了单纯的技术层面，深刻地烙印在市场布局与战略规划之中。以国美电器及诸多大型超市的成功案例为鉴，这些企业通过构建高度专业化的销售平台不仅树立了鲜明的品牌形象，还赢得消费者广泛的赞誉，进而汇聚了庞大的客流量，有效驱动业绩的持续增长，简而言之，它们通过精准定位与高效运营，将市场细分与专业服务完美融合，实现了品牌与市场的双赢。

旅游电子商务为广大旅游业同行提供了一个互联网平台。旅游业最为专业的旅游买卖交易场，集聚了大量的游客客源，旅游企业及旅游相关企业，将旅游行业进行了细分，精致打造，为游客提供了专业的旅游服务。其强大的资源数据库、交易平台及多种游客出游必备的查询功能，成为游客出游的专业指导网站，每天巨大的客流，是在网上开店展示、宣传及销售的最佳窗口。旅游大卖场是一个免费的旅游广告发布场所，会聚了大量的旅游业同行和出游者，每天发布旅游咨询、询价信息、线路报价信息、寻找合作伙伴等旅游相关信息。

二、旅游电子商务的主要商务模式

（一）旅游企业之间的电子商务（B2B）

旅游企业之间的电子商务是利用计算机网络技术来管理企业、销售产品、服务用户等，实现所有旅游商务活动业务流程的电子化，不仅涉及外部业务流程的管理，还包括企业内部流程的电子化及管理信息系统的应用，从而提升旅游服务的效率和质量。

（二）旅游企业对旅游散客的电子商务（B2C）

旅游企业对旅游散客的电子商务是企业对消费者的电子商务，它是交易量最大的一种商务模式。这里的 C 主要是指散客消费者，如消费者的网络订房、预订机票以及预订自由行、预订度假产品等都属于 B2C 模式。在 B2C 模式下，企业主动提供信息，以激发旅游散客的旅游动机。旅游企业产品展示主要通过网上门店的形式，也可以通过中介代理服务商提供信息，从而实现旅游产品销售。

（三）旅游企业对企业客户的电子商务（B2E）

旅游企业对企业客户的电子商务是旅游企业对企业类客户开展的电子化服务模式。企业客户一般指非旅游类企业、机构、机关等，这些客户的外出考察、员工度假、集体旅游等往往选择与旅行社合作，成为旅游企业固定的客户群体。B2E 主要通过互联网信息系统实现业务数据交换，帮助企业客户安排公务出差、会议展览、度假旅游，控制差旅成本，降低与旅途有关的费用。这类商务模式目前发展势头良好，已成为旅游企业的主要业务之一。

（四）旅游消费者对旅游企业的电子商务（C2B）

旅游消费者对旅游企业的电子商务是消费者对企业的电子商务，这种商务模式是旅游消费者主动提出服务要求，通过网络发布旅游需求信息，旅游企业获取信息后，双方通过互动交流达成交易，如旅游消费者的自助游、定制旅游、网络旅游自定线路以及预订符合心理价位的客房等，都是这种模式的具体应用。目前，这种模式的实际操作包括以下三种情况：

（1）旅游消费者提供一个价格范围，让企业出价。

（2）旅游消费者设计一条线路，吸引其他旅游者在网上组团，随后向企业要价，以提高自己的议价能力。

（3）旅游消费者自行订制旅游计划。

目前，旅游电子商务的运行基本都采用线上到线下融合的模式（online to offline，O2O），我们称之为旅游 O2O 模式。例如百度推出的直达号，明确表示将在旅游 O2O 及其他生活服务领域发力；去哪儿网联合线下资源走旅游 O2O 方向融合线上服务；携程旅行网通过对线下资源的掌控坚持践行旅游 O2O 模式。在 O2O 模式下，旅游企业要做的就是帮助用户作消费决策。旅游企业通过旅游大数据、攻略、旅游点评、其他用户真实的体验和实时的照片或视频等知识普及性、情感传递性的方式，帮助旅游者作出消费决策，完成线上下单，提高客户的转化率，增加线上收益。

第二节　旅游电子商务的功能和应用领域

旅游电子商务的主要功能包括网上咨询、网上订票、电话咨询、旅游景点介绍、旅游时间安排、旅游计划安排等。旅游电子商务以网络为载体，以旅游信息库、网络银行为基础，利用先进的电子手段运作旅游业及其分销系统，它集合客户心理学、消费者心理学、商户心理学、计算机网络等多门学科，展现和提升了“网络”和“旅游”的价值，具有营运成本低、用户范围广、无时空限制以及能同用户直接交流等特点，能够提供更加精细化、人性化的服务。

旅游电子商务的功能一般可以分为基本功能和扩展功能两类。

一、旅游电子商务的功能

（一）基本功能

旅游电子商务系统的基本功能是实现产品信息的展示和产品的简单交易，具体包括以下几个方面：

1. 旅游信息发布功能

旅游信息发布功能主要涵盖旅游目的地的基本信息和企业产品信息以及相关的促销信息。信息发布需要企业网站和内部信息系统的无缝对接，由专门的人员对信息进行编辑、审核和发布。

2. 产品展示功能

产品展示功能主要是指在网站上介绍旅游产品，实现产品内容管理，并以多媒体或虚拟现实形式展示产品。产品展示的方式会影响消费者的选择，因此需要精心设计展示风格。产品展示需要美工、编程和编辑人员的配合，有时候还需要配备视频信息进行展示。

3. 咨询服务

客户的旅游咨询是互动环节的重要组成部分，如线路咨询、景区服务咨询、住宿咨询等。企业通过咨询可以了解客户的动机、需求和实际喜好，了解市场的热点情况，有效帮助其改进服务和完善产品。不论是网站、小程序还是移动服务 APP，都需要具备咨询服务的功能内容。

4. 预订功能

旅游电子商务系统应能接受客户的产品预订，并确认预订和实现对订单的管理。其中，确认环节是预订功能中最关键的设计内容，旅游产品要求能实时预订、实时确认，对于有效订单应有统一的安全管理设计。

5. 业务管道功能

业务管道功能主要是对电子商务业务进行统一的管道处理，既要考虑处理的吞吐量、处理速度、商务处理能力等，还要考虑业务处理的安全问题，要保证进入管道处理的业务实现进入管道处理的业务安全性与自动化。

6. 访问客户统计分析功能

设计该功能的目的是了解电子商务系统的关注度。在系统投入运行后需要分析客户的基本访问行为，统计客户的访问量和客户所在区域，为后续制定营销规划以及营销策略提供参考依据。

7. 统计报表功能

统计报表是为了掌握当前电子商务开展的情况，主要是对预订业务及订单情况的统计，形成月度报表、季度报表以及年度报表。报表的类型和具体格式需根据企业要求设计。

（二）扩展功能

旅游电子商务系统的扩展功能主要体现在商务分析上，如客户消费分析、趋势分析和数据挖掘等，以及一些智能化的业务处理。具体包括以下几方面：

1. 客户偏好挖掘

这是商务分析中常用的扩展功能，通过客户的消费资料挖掘客户的偏好，如旅游偏好、餐饮偏好、娱乐等。这是对客户的重要的深入挖掘，以分析客户的消费倾向，便于提供差异化服务或温馨的个性化服务。

2. 客户需求挖掘

电子商务系统通过客人的消费档案来分析游客的消费趋势，也可以通过消费者的访问行为来分析其潜在的需求。客户需求挖掘是对客户群体的数据挖掘，目的是设计出更好的产品来满足客户的需求。

3. 企业间系统对接功能

电子商务发展到一定程度，需要实现企业之间的系统对接，这是企业间协作不可或缺的功能，可以实现业务的无缝对接。一旦建立对接，企业间相互的业务就可以完全实现电子化处理。在电子商务环境下，旅游企业之间的电子业务都需要系统对接功能。

4. 知识管理功能

知识管理是信息管理发展的高级阶段，这里的知识是指企业经营知识，企业只要善于

归纳和总结知识，就能提升自己的经营能力，创造新时代的知识经济。

5. 网络营销绩效分析功能

电子商务的功能之一是网络营销。为了对网络营销进行有效评估，需要对每次网上的促销活动和网络营销效果进行在线分析。

6. 智慧服务功能

智慧服务主要体现在客户体验和个人中心两个方面，如客户的搜索、推荐、收藏、预订、支付、取消订单、限时付款、快捷登录、一键分享、在线客服、短信通知等功能体现了人工智能的应用；又如客户的积分管理入口、分销入口、订单中心、分销中心、退款功能、充值/提现功能、站内通知、收藏记录等同样体现了人工智能的应用。智慧服务一方面改进了客户服务，另一方面能提升客户的个性化体验。

二、旅游电子商务的应用领域

旅游电子商务系统需要内外部的信息整合和系统整合，管理信息系统仅是旅游电子商务系统的基础。旅游电子商务在企业中的应用除了交易这一核心功能外，还有与之相关的其他应用，具体包括以下几个方面。

（一）信息服务

信息服务是旅游电子商务系统的主要应用领域，主要提供完善的对客户和内部员工的信息服务，通过敏捷的信息服务提高企业的销售收益。现代旅游消费者对信息的需求很大，企业必须把自己的产品信息（包括相关信息）以多种形式提供给旅游者，保证旅游者在旅游前、旅游中、旅游后都能获取信息。旅游电子商务系统的信息服务需要具备以下一系列功能：

（1）采集信息：保证信息的实时性、有效性和完整性。

（2）整理信息：提供旅游者需要且有上下关联的信息，满足旅游者的实际需求。

（3）展示信息：以旅游者喜欢的、可互动的形式展示产品信息。

（4）搜索信息：帮助旅游者方便地获得信息，以激发旅游者的消费动机。

（5）储存信息：可储存暂时不用展示的信息，以备用或等查询时用，等待增值机会。

旅游者大多通过网站获取信息，而旅游代理商是通过电子分销系统获取信息。

（二）预订服务

预订服务是旅游电子商务系统的基本应用领域，是旅游电子商务交易的核心业务，旅游的大多数产品仅接受预订。因此，理论上，旅游电子商务是一种预约型的电子商务，主要提供行程服务和观光服务中的产品预订。作为一个旅游电子商务系统，其需要具备以下预订功能：

（1）订房服务：是饭店企业主业务，通过系统实现网络订房或在线订房。

（2）订票服务：是旅游交通企业的主业务，通过网络票务系统实现机票、车船票等的预订。

（3）景区电子票预订：是景区、景点企业的主业务，通过系统或网络实现景区电子门票的预订。

（4）导游预约：是旅行社或景区的主业务，通过系统实现网络的自助游或预约旅游目的地的导游。

（5）线路预订（包价产品）：是旅行社的主业务，通过网络可以预订旅游目的地提供的旅游线路产品或其他包价产品。

（三）分销服务

分销服务是旅游电子商务系统的又一重要应用领域。目前的旅游分销有专门的分销商，通过网络和终端客户系统实现销售，如携程旅行网、艺龙旅行网都是新型的网络电子分销服务商。

（四）网络营销

网络营销是旅游电子商务系统的又一重要应用领域，尤其是互联网出现以来，基于互联网络的市场营销已成为旅游目的地机构的主要营销方式，如电子营销（e-marketing）、万维网营销（web-marketing）等都是网络营销的新名词。旅游产品的销售都是营销先行，网络上进行营销和预订都是关联的。旅游电子商务系统的网络营销主要具有以下几个特点：

（1）跨时空：可以扩大营销的受众面。

（2）个性化：营销内容和界面可以按照用户的要求设定。

（3）可交互：营销过程可以及时沟通和商谈。

（4）差异化：营销内容可以按照客户的消费层次呈现。

（5）经济性：营销费用比传统营销有所减少。

（6）高效率：营销内容的制作、发布速度快，效率高。

（7）可评估：营销效果即时评估，且评估准确率高。

（8）技术性：营销实施需要技术人员的支持。

（五）客户关系管理

客户关系管理是旅游电子商务系统的重要应用领域，网络时代的产品销售、产品设计都是围绕客户展开的。旅游电子商务系统是开放型和互动式的，高效便捷实现客户关系的管理和维系。客户关系管理是在“接触管理”“客户关怀”等理念基础上，结合信息通信技术发展起来的一种商业模式，它整合对客户的沟通、销售、营销、分析等业务环节，形成客户关系管理（Customer Relationship Management，CRM）软件。旅游电子商务中要求的客户关系管理需要具备以下特点。

（1）智能化和人性化：系统利用数据驱动服务，让数据跑路，提升温馨服务。

（2）信息化和集成性：系统应减少信息“孤岛”，以满足客户消费中的信息要求。

（3）流程规范化：所有服务流程都有电子记录，以便整理和挖掘客户偏好。

（4）客户细分和服务等级化：重点做好对重要客户的服务，为其提供一对一的差异化服务。

（5）完善的售后服务：通过许可的互动，实现关怀式的信息服务。

（6）企业资源保护：企业数据的分类和许可管理，既开放又有严格的使用制度。

（7）客户关怀差异化：按照客户忠诚度和贡献度提供关怀服务策略。

（8）预测客户消费动向：通过联机分析，预测客户的消费趋势和对产品的要求。

客户关系管理越来越受到旅游企业的重视，许多旅游集团在开发电子商务系统的过程中重点开发客户关系管理的相关功能，以完成企业在经营中的客源地客户管理、客户的沟通、客户偏好的挖掘、重要客户的维系、细分客户、客户忠诚度分析以及互动交流等工作。

第三节　我国旅游电子商务的发展

我国旅游电子商务的发展是随着互联网技术的成熟应用而不断进步的。旅游业属于信息密集型行业，旅游企业的经营对信息高度依赖，因此，互联网出现以后，其对信息的传播作用被旅游业所关注，旅游网站在互联网上一枝独秀。无论是发达国家还是发展中国家，旅游网站都是发展最快、数量最多的行业性网站。借助于网络和移动电子商务的成熟，在消费者线上服务需求的推动下，近年来我国旅游电子商务得到了快速发展，已形成个性化旅游和虚拟旅游共存的发展趋势，从而使传统团队旅游的比例逐年降低。

一、我国旅游电子商务快速发展的原因

我国旅游电子商务起步于 1995 年，在 20 多年的发展过程中，最初的 10 年发展缓慢，主要解决了旅游电子商务能不能实现的问题，当时许多企业还存有疑虑而之后的 10 年，旅游电子商务发展迅速，主要面临的是怎么开展的问题。截至 2015 年，我国旅游电子商

务的发展主要考虑战略的问题，即怎样构建更有效的系统。旅游电子商务有助于企业发展已不容置疑，所有的旅游企业都认同旅游电子商务的作用。旅游电子商务在我国快速发展的原因，主要包括以下几点。

（一）互联网用户数量的快速发展

互联网用户的数量是开展电子商务的基础。旅游电子商务也一样，用户是其应用的主体。旅游消费者通过网络可以实现旅游信息查询、旅游产品预订、自由行等旅游活动，便利的信息获取成为人们纷纷上网的主要原因。

中国互联网络信息中心（CNNIC）2023 年 8 月 28 日在京发布第 52 次《中国互联网络发展状况统计报告》显示，截至 2023 年 6 月，我国网民规模达 10.79 亿人，较 2022 年 12 月增长 1 109 万人，互联网普及率达 76.4%；各类互联网持续发展，即时通信、网络视频、短视频用户规模分别达到 10.47 亿人、10.44 亿人和 10.26 亿人；数字化产品及服务加速发展，促使网民数字技能水平稳步提升，至少掌握一种初级数字技能的网民占整体比例的 86.6%，60 岁以上网民、农村网民等重点群体逐步掌握数字技能。

目前，我国已成为最大的互联网用户国。电子商务发展具有非常广阔的前景。我国互联网的网民规模已形成了庞大的电子商务基础，尤其是网络市场仍有很大的商务发展潜力，这为我国旅游电子商务的发展奠定良好的基础。在未来，我国旅游电子商务的发展还将保持良好的势头。

（二）国内生产总值的上升

国内生产总值（GDP）的上升，也是我国旅游电子商务快速发展的一个原因。国家统计局发布了《2022 年国民经济和社会发展统计公报》，初步统计，全年国内生产总值 1 210 207亿元，比上年增长 3%，世界排名第二，仅次于美国。全国人均国内生产总值 85 698 元。按照 2022 年人民币对美元的平均汇率计算，2022 年，我国的人均 GDP 大约是 1.27 万美元。我国 GDP 的上升、国民收入的增加以及人们生活水平的提高，推动了我国旅游业的快速增长，旅游已成为人们生活的一部分，这给我国旅游电子商务的发展带来了很大的机遇。

（三）个性化旅游需求的不断增长

旅游是一种体验型产品，每个人对旅游的体验都不同。网络的出现以及商务的电子化，使个性化旅游发展获得了技术支持。在信息化时代，得“个性”者得天下。旅游个性化的体现主要依赖于信息通信技术。基于信息通信技术的电子商务是实现个性化的主要技术手段，如个性化的旅游活动、个性化的行程安排、个性化的信息获取界面、个性化的出

游、个性化的餐饮、个性化的观光等，所有个性化的内容都与旅游电子商务的在线旅游相关。

二、我国旅游电子商务的主体结构

所谓电子商务的主体结构，是指参与交易的技术系统。我国旅游电子商务的主体结构是以云服务平台和旅游企业内部的网络为基础，共分四个层面，即由云服务平台和旅游企业内部网络、旅游电子商务系统或平台、基于网络的电子分销及直销、旅游网站等组成，这些主体都是为了旅游商务的电子交易而存在，旅游消费者通过这些层面的技术系统实现对产品的具体购买。在现阶段，我国旅游电子商务的主体结构，如图 1-1 所示。

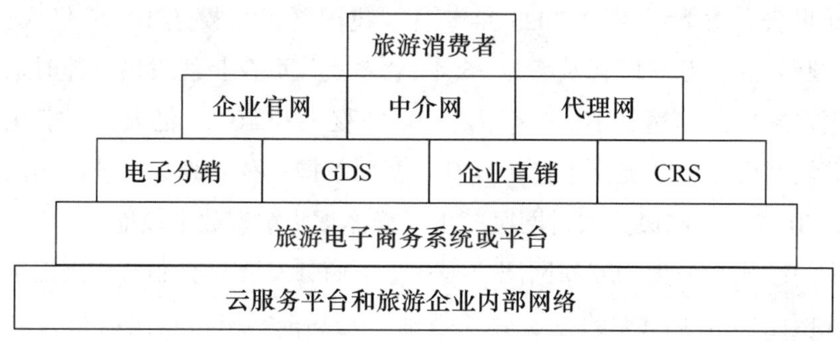

图 1-1　我国旅游电子商务的主体结构

（一）云服务平台和旅游企业内部网络

旅游商务都是企业行为，因此旅游电子商务的主体结构都是企业的技术系统。企业要开展电子商务或者构建内部网络，这是旅游电子商务运行的基础，或者通过云服务平台、软件即服务（SaaS）或平台即服务（PaaS）等模式构建电子商务基础。由于不同旅游企业间的差异很大，存在各种各样的内部网络结构形式，但其发展趋势都是基于互联网技术的内部网构建。内部网主要由 Web 服务器、应用服务器以及各种类型的工作站构成，其对外服务都通过网站来实现，因此企业的官网是内部网络对外的窗口。

（二）旅游电子商务系统或平台

旅游电子商务系统或平台是一个集成系统，平台化是电子商务发展的大趋势，每个旅游企业都有自己的电子商务系统，其运行主要依靠企业的内部网络或云系统，这是企业开展电子商务交易的基础性系统。有些企业的系统范围比较完整，属于完全的电子商务系统，有些企业的系统可能还是不完全的电子商务系统。另外，旅游企业有多种类型，其应用系统可以分为旅游饭店电子商务系统、旅行社电子商务系统、旅游景区电子商务系统，以及旅游中介服务的电子商务系统。有一些旅游目的地机构开发了旅游电子商务系统，主要为旅游目的地机构开展网络营销，兼做一些代理型商务，但不是主要的业务。旅游电子商务系统有独立型和企业间协作型等不同类型。

（三）基于网络的电子分销及直销

网络型的电子分销既是旅游电子商务主体结构中的重要组成部分，也是旅游业的主要电子商务形式。直销也是企业电子商务系统的重要组成部分，可以采用 APP 或小程序的形式。目前，电子分销主要包括互联网电子分销和全球电子分销两种形式。互联网电子分销有计算机预订系统、中央预订系统（CRS）和网络中介分销商三种形式。全球电子分销属于国际分销，它使用专门的增值网络，近年来也开始结合互联网发展国际分销。

1. 互联网电子分销

目前，互联网电子分销是我国旅游业的主要分销方式，有资源型企业自己的分销系统，也有中介服务企业的分销系统。目前市场上中介服务企业的电子分销系统比较常见，因为中介服务商自己没有资源型产品，只能通过提供完善的信息服务来分销或代理资源型企业的产品，如携程旅行网、艺龙旅行网、飞猪旅行网、同程网等。这些网络中介服务企业有丰富的旅游产品信息，吸引了大量的访问者，形成了旅游产品分销的商机，成为国内主要的电子分销服务商。资源型企业的电子分销主要是用电脑预订系统或中央预订系统，如饭店集团企业一般都使用中央预订系统。

2. 全球电子分销

全球电子分销是一种综合性的分销系统，主要提供航空交通、旅游度假、汽车租赁、客房预订等分销服务。它开始由航空公司等分销商投资建设，使用专门的增值网络，现在已发展到互联网领域。我国应用全球电子分销系统主要是接入服务，通过该系统为国外游客预订国内客房产品提供通路，因此国内的饭店企业应用全球电子分销系统比旅行社要多得多。

（四）旅游网站

在旅游电子商务系统中，旅游网站是其中的重要组成部分，是所有系统对外服务的窗口，包括企业官网、中介网站、分销网站、代理网站等，它们有些是营销型的，有些是商务型的。其中，企业官网是指企业自己的网站，如饭店企业自身的网站、旅行社自身的网站、旅游景区自身的网站等，它们是企业电子商务系统的主要窗口。中介网站是指电子中介服务商通过代理、分销实现产品交易的网站，如订房服务、订票服务、租车服务等。分销网站是指电子分销商的商务网站，包括各种综合性的网站或门户网站。通过代理网站开展电子商务，也是许多旅游企业常采用的一种方式。旅游企业使用代理网站的主要目的就是扩大自己电子商务的受众面，突破自身资源和 IP 访问的限制，接触到更广泛的目标客

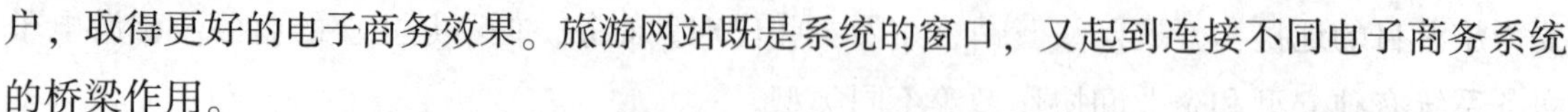

户，取得更好的电子商务效果。旅游网站既是系统的窗口，又起到连接不同电子商务系统的桥梁作用。

三、我国旅游电子商务发展的主要特点

我国旅游电子商务的发展是以网络中介服务商为主流，它们引领了电子商务在旅游业的应用潮流。对于大多数旅游企业而言，它们在网络技术、计算机技术、数据库技术等方面缺乏人才，往往属于一种被动的应用状态。总的来说，目前电子商务所要求的安全技术，尤其是数据保护技术以及社会环境的政策、法律和法规已趋于成熟，也有许多技术管理的内容和政策、法规还在探索之中，我国旅游电子商务已进入快速发展时期。从近几年的发展情况来看，我国旅游市场的发展潜力非常巨大，不管是旅游网站的发展还是应用软件的发展，都已经形成了一定的规模。分析近几年我国旅游电子商务的发展特点，可以归纳为以下几点。

（一）以旅游资源和旅游服务为特征的网站发展迅速

旅游网站自 1996 年出现在我国以来，目前在所有旅游资源型企业中几乎都已普及。这些网站主要是介绍资源服务信息（如景区资源信息），并通过互联网提供网上预订服务。从目前对相关网站的应用分析来看，大多数网站主要是为企业提供营销服务和咨询服务，属于营销型网站的居多，少数企业直接利用网站开展电子商务的直销，真正开展电子商务并产生效益的企业官网还是少数。对于服务型网站而言，盈利是其主要目的，如分销型、代理型网站都属于服务型网站，电子商务所创造的效益是企业的主要收益。

（二）旅游企业的信息系统正在逐步完善

目前，一些旅游企业的信息系统从无到有、从有到功能完善再到支持电子商务，都反映了企业信息系统发展及完善的过程。在旅游企业的信息系统应用中，旅游企业集团成为信息系统发展的主要力量，它们引导了信息系统的发展和完善，如企业资源计划系统（ERP）应用、客户关系管理系统（CRM）应用以及全球分销系统（GDS）应用等，都起步于旅游集团企业。目前，旅游电子商务应用以及差异化服务等理念也已经在旅游企业集团中全面开展。

（三）移动商务与电子商务整合的旅游创新服务成为增长点

手机是旅游消费者必带的移动设备，尤其是 4G/5G 通信的应用，手机的信息传输和互动能力得到提升，成为移动商务的主要终端设备。例如金手指信息科技（杭州）有限公司（简称金手指）就应用自主研发的专利技术，开发和推出了杭州市旅游和城市公共信息

的智能手机短信搜索平台和服务，向去杭州的旅游者提供包括杭州市景区景点、饭店和公交乘车等旅游信息在内的二十几类的全天候短信查询服务，去杭州的旅游者可以使用手机随时随地、方便快捷地查询在杭州的游玩和住宿等信息。此项服务已经在杭州运行了多年，受到了旅游者的热烈欢迎和好评。未来，移动商务与电子商务的整合将成为旅游创新服务新的增长点，既方便了旅游消费者获取信息，又方便了旅游消费者的商务操作。

（四）旅游电子商务发展过程中的基础理论研究存在不足

当前，旅游学术界普遍热衷于对旅游电子商务应用意义的探讨，而对基础理论的研究则不够重视，进行基本概念梳理或试图构建学科框架的文章难得一见，研究的重心顾此失彼。一些高等学校对旅游管理专业的旅游电子商务学科建设还不够重视，影响了对旅游电子商务基础理论的研究。

（五）我国旅游电子商务服务提供方式存在不足

由于我国社会数字化程度不高以及 GDS 应用不普及，影响了旅游电子商务服务提供的多样性，进而影响了中小型旅游企业开展电子商务。在我国，占旅游饭店总数 43% 的未评星级饭店和占住宿设施总数 96% 的国内饭店和招待所，在饭店综合信息化系统方面仍处于初级应用状态。多数旅游企业的数字化建设基本局限于孤立的业务应用或封闭系统等，其数字化整合缺乏应有的系统战略。旅行社的情况与饭店业大致相同，少数大型企业建立了云管理和云服务系统，且应用规模和深度发展较快；中小型企业仍处在数字化的起步阶段，发展较为迟缓。旅游景区电子商务服务的提供方式可能更糟，大多数的非 A 级景区提供的还是人工服务，根本没有电子商务服务的系统概念。

总的来说，我国旅游电子商务的发展有喜人的一面，更有不足的一面，与发达国家的旅游电子商务发展相比，还有较大的差距。我们可以从企业网站，GDS 系统，企业信息系统，电子商务占比，CRM、ERP 应用，在线互动，业务支撑系统，差异化服务，系统功能等方面与欧美发达国家进行比较，如表 1-1 所示。

表 1-1 旅游电子商务相关项目比较

项目	国内情况	欧美发达国家
企业网站	大多数是宣传产品，商务功能不强	基本以商务为主
GDS 系统	国内还没有自己的 GDS 系统	20 世纪 70 年代就有，目前覆盖率达 85% 以上
企业信息系统	基本普及，整合后的平台很少	企业普及了信息系统，多数平台化
电子商务占比	电子商务占市场的比重达 35% 左右，在线商务的收入不到 12%	占比在 75%～85%，在线商务收入超过 50%

续表

项目	国内情况	欧美发达国家
GRM、ERP 应用	集团企业有少数应用	集团企业几乎普遍应用
在线互动	基本实现，只有少数有机器人服务	大多数企业已实现
业务支撑系统	局部性数据交换	实时联机服务、数据互联
差异化服务	少数集团企业有差异化服务	多数集团企业有差异化服务
系统功能	电子商务系统的功能还不完善	交易和后续功能非常完善

第四节　国际旅游电子商务

随着我国经济的发展，人们有了走出去看看的愿望和能力。因此，旅游不仅仅限于国内，而是一个国际化的商务活动，旅游业也成为全球化最早的一个产业。据统计，2022 年我国出境旅游人次将与 2021 年基本持平，维持在 2 600 万人次至 3 000 万人次的水平。旅游活动带来的经济增长相当可观，泰国等国家主要靠旅游发展社会经济。通常将处理国际出境游业务的信息系统称为国际旅游电子商务，近年来，国际旅游电子商务被公认为最有发展前景的一个经济领域。

一、互联网用户发展与国际旅游电子商务

互联网的发展推动了旅游业的快速发展。数据报告（Data Reportal）最新发布的 *Digital 2023* 报告指出，截至 2023 年初，全球互联网用户规模达 51.6 亿人，占全球总人口的 64.4%。根据国家发展和改革委员会的数据，截至 2023 年 2 月末，我国移动互联网用户数达 14.68 亿户，比上年末净增 1 422 万户。互联网用户数，尤其是移动互联网用户数的增加将加快旅游电子商务的发展。不管是旅游前、旅游中还是旅游后，游客获取信息的渠道首选就是移动互联网。目前，互联网用户具有以下几个特点：

（1）受教育程度比较高。

（2）普遍利用网络了解旅游目的地的信息。

（3）年轻人所占的比例较大，喜欢通过网络预订机票、住宿等旅游产品。

（4）具有在线交流、咨询和互动的习惯。

（5）个性化的自助旅游成为年轻互联网用户的偏好。

互联网用户的这些特点是推动旅游电子商务发展的主要动力。许多旅游企业为了满足互联网用户的需求，通过网站推出在线预订的商务策略。此外，以下几点也是推动旅游电子商务发展的主要原因。

（一）电子商务技术的发展

电子商务技术（如产品展示技术、内容管理技术、管道业务处理技术、在线视频技术、安全技术以及在线互动技术等）的发展是助推旅游电子商务发展的主要原因。全球化电子商务的兴起营造了利用信息化手段改造旅游业的大环境，使旅游业成为最早和最广泛应用电子商务的行业之一。国际电子商务的发展也为信息技术的进步提供了实践动力，如网络编程技术、数据交换技术、SaaS（软件即服务）技术、数据分析与服务技术等，加快了旅游电子商务的发展。

（二）新型旅游消费观念推动了旅游电子商务的发展

在互联网的影响下，人们的旅游消费观念发生了变化，他们获取旅游信息的主动性使旅游方式发生了改变，如个性化旅游、自由行已成为互联网用户最为推崇的旅游方式，休闲和旅游消费已成为理性的大众消费方式。在互联网用户尤其是许多年轻人中间，下面一些新型的旅游消费观念已经普遍存在：

（1）旅游者参与旅游产品设计的意愿在增强。

（2）在线旅游者喜欢自己组团的情况在不断增加。

（3）喜欢定制旅游的消费者在不断增加。

（4）信息获取的低成本，使旅游者旅游动机决策的随意性增强。

（5）旅游前先查询网络信息，旅游者更加关注旅游质量与性价比（需要网络比价）。

（6）自己选择线路、自己安排住宿的自由行将成为旅游消费的主要趋势。

（7）在线旅游与在线网络游戏的结合将成为新的休闲产品。

（三）互联网成为旅游者获取信息的主渠道

近几年，获取出游信息的渠道已超过80%来自互联网。在美国等发达国家，互联网已成为旅游者获取信息的主渠道。我国的情况也是一样，随着旅游目的地信息系统的不断完善，许多旅游者都通过互联网从旅游目的地信息系统获取信息，虽然没有做过全面的调查，但笔者相信互联网必然是我国旅游者获取信息的主渠道。

二、在线国际旅游市场不断增长

在线旅游（也称网络预订）市场是通过网络环境交易旅游产品的场所。近年来，在线旅游市场在美国和欧洲各国的带动下发展迅速，已成为旅游电子商务应用的最大网络交易市场，旅游电话预订、旅行社预订、网络预订已呈三分天下的格局。但从发展的趋势来看，网络预订的市场份额还在不断上升，如美国的网络预订市场份额已占旅游预订市场的69%，超过了市场总额的二分之一。

（一）专门的旅游电子商务服务商

专门的旅游电子商务服务商是在线旅游市场的主力，其优势是能提供各种各样的旅游产品，如机票、订房、旅游线路、包价产品等，如著名的 priceline. com、expedia. com、travelocity. com、tvtravelshop. de 都是专业的旅游电子商务服务商。美国的三大在线旅游电子商务服务商的市场份额要占美国在线市场的 40%，它们是在线旅游市场增长的主要力量。

（二）专门的电子分销服务商

专门的电子分销服务商主推旅游产品的分销，如饭店客房、各种机票或票务、旅游线路等产品，尤其是饭店客房产品，其分销的市场份额在不断增长。目前，最大的电子分销商 OTA 已有逐渐取代全球分销系统（GDS）的趋势，虽然还有一些高端饭店加盟了 GDS 的电子分销渠道，但分销主渠道已发生了变化。而旅行社是最早使用 GDS 的，如美国的旅行社 100%使用 GDS，欧洲的旅行社 40%（部分国家 85%）使用 GDS，我国旅行社使用 GDS 的比例还不到 17%，但它们的分销份额都在逐步下降，将来分销渠道将由 GDS 和 OTA 平分天下，OTA 已成为新兴的电子分销服务商。

（三）全球化旅游企业集团在线销售不断增长

大型旅游集团的在线销售成为在线旅游市场的主要增长点。近年来，大型企业集团纷纷建立自己的在线销售网络，其在线销售不但促进了旅游在线市场的不断增长，也提升了自己直销业务的销售额，在线直销成为这类集团新的经济增长点。近年来，旅游企业集团中发展最快的，也是在线销售增长最快的企业，如美国的运通公司（americanexpress. com），它的在线销售所占的市场份额非常大。其他重点进行在线销售的主要是酒店集团，如希尔顿酒店集团（hilton. com）、法国雅高集团（accor. com）、洲际集团（ichotelsgroup. com）、凯悦酒店集团（hyatt. com）以及香格里拉集团（shangri-la. com）等。

（四）在线查询旅游信息的比例不断提高

近年来，在线查询旅游信息的数量非常大，尤其集中在查询旅行机票、旅游线路、景点介绍、饭店住宿等方面的信息。丰富的旅游信息激发了旅游者的出游动机，方便的在线查询功能也增加了在线旅游市场的发展机会，使旅游者利用网络安排旅游行程成为可能，由此进一步促进了在线旅游的发展。

三、美国旅游电子商务的发展

美国是互联网的发源地，其旅游电子商务走在世界的前列已是不争的事实。美国基于互联网的旅游电子商务起步于 20 世纪 90 年代中期，尤其是 OTA 电子商务发展迅速。总体上看，目前美国旅游市场总额超过三分之二来自旅游电子商务方式，尤其是OTA所占市场份额比较大，传统的饭店业、旅行社已基本转型实现传统商务的电子化，在旅游业的各个层面形成了功能齐全、覆盖各个产业体系的旅游电子商务系统软件。美国在信息技术应用方面，传统旅游的电子化，如旅游资源数据库、旅游企业与门户网站结盟、个性化订制以及推行电子票务方面都走在世界前列。

（一）美国旅游电子商务的内容

美国旅游电子商务的内容分为两方面：一方面是企业和旅游消费者相关的商务，主要是各种旅游产品的预订；另一方面是旅游企业之间的协作型电子商务，即企业与企业之间的电子商务。企业协作型电子商务是发展的重点，主要涉及饭店与旅行社、旅行社与景区，以及团队旅游的行程和观光，都需要企业间协作型电子商务的支持。在企业与旅游者之间，美国旅游电子商务主要涉及机票预订、客房预订、度假产品预订以及各种门票的预订。旅游消费者可以在线预订的旅游产品主要包括以下几方面（根据美国在线市场整理）。

（1）预订机票：100%实现电子票务。

（2）预订客房：有超过90%的在线旅游者预订酒店客房。

（3）预订租车：几乎100%的自由行旅游者预订租车。

（4）预订博物馆：博物馆和体育比赛的门票预订实现了电子化。

（5）预订景区、公园门票：超过60%的在线旅游者预订景区门票。

（6）预订游轮：预订游轮的在线旅游者的数量在逐年增加。

在美国，旅游电子商务的商业模式主要有：

（1）Priceline，多盈利模式并行发展。

（2）Expedia，品牌多元化发展。

（3）TripAdvisor，基于“旅游社区”的旅游O2O生态系统。

（4）TravelZoo，在线旅游信息服务+Top20精选特惠。

美国旅游电子商务模式对中国的启示：

（1）融合旅游资源、构建旅游电商联盟。

（2）挖掘大数据价值、提供个性化服务。

（3）发展旅游社区，打造定制化旅游。

（4）完善平台建设、开拓海外市场等。

（二）美国旅游电子商务网站

美国的旅游电子商务网站几乎没有不盈利的，大多数旅游电子商务网站都有相当可观的年收入。由于商业盈利属于企业机密，我们无法获取这些商务网站的盈利情况，但可以

通过分析其用户数来推断其盈利能力。

例如：previewtravel. com、travelscape. com、lonelyplanet. com、citysearch. com 都是人气很旺的旅游网站，这些网站近年来的发展是美国旅游电子商务发展的一个缩影。

（三）美国旅游电子商务的运作机制

在美国，旅游电子商务的网站有很多类型，有旅游产品供应商的网站、航空公司的网站、中介服务商的网站，以及大型综合性购物网站开辟的旅游频道网站。归纳起来，这些网站的运作机制主要有以下几种。

1. 供应商直接交易机制

供应商直接交易机制，由旅游产品供应商的电子商务系统与客户直接进行交易，对外也是通过网站窗口提供交易服务。美国的万豪国际酒店集团、凯悦国际酒店集团、希尔顿集团等都有完善的预订系统来开展电子商务。在旅行社方面，美国环球旅行社、华人旅行社、西玛国际旅游公司等都有可以直接交易的旅游电子商务系统供旅游散客报名组团。在航空公司方面，美国的航空公司最早开展旅行商务的电子化服务，所有航空公司都有自己的网站以实现电子票务的预订，有些航空公司的电子商务甚至延伸到了饭店的客房预订，发展成为全球分销系统，如 Sabre。Sabre 被视为全球分销系统的先驱。

2. 交易佣金机制

采用交易佣金机制的主要是新型的旅游服务中介，它们没有自己的实体资源型企业，主要利用电子商务手段提供信息和交易服务，通过成交的业务获取交易佣金，为企业获取收益。美国许多综合性购物网站中的旅游频道、城市门户网站中的旅游频道以及一些专业旅游服务型网站，都是以交易佣金机制的方式为网站获取收益。这些网站的中介服务主要包括预订机票、预订客房、预订租车、预订旅游线路等，属于在线代理销售的方式。

3. 导航台分销机制

在美国的旅游电子商务领域，网上旅游开展得如火如荼，不仅专业旅游网站的数量惊人，而且已经形成了类型、功能比较齐全，涵盖旅游业各个领域的网上旅游产业体系。旅游商品及服务的在线销售正在影响着越来越多的家庭、商务旅游者、旅游服务提供商等，同时其网站建设的投资规模并不亚于其他领域。究其原因，在于这个市场的潜力十分巨大。

但大多数小规模的中介服务网站要想盈利，需要扩大知名度和提高访问流量，其中提高网站的访问流量是关键。可行的方法就是让自己的网站与访问流量大的网站进行合作，将其访问流量吸引到自己的网站上来，由此出现了导航台分销机制。这种分销机制是利用大型网站导航台的访问流量，实现旅游产品分销的一种旅游电子商务，如 Preview Travel、Travelocity 等旅游网站都投入上百万美元用以在著名导航台上建立独家链接。

4. 门户网站的分销机制

在美国，一些大型的综合性门户网站已认识到旅游市场的价值，纷纷主动与一些旅游网站合作。目前，美国10个访问量最高的门户网站中的9个已经分别与6家旅游在线预订网站结盟。在这种合作模式中，旅游中介服务提供商大多都要求门户网站独家使用其预订服务平台，但是门户网站并不能约束中介服务商在其他门户网站上做广告或利用门户网站的广告实现商务，如Travelocity与Yahoo！门户网站合作，Expedia. com与Microsoft门户网站合作，Preview Travel与Lycos门户网站合作，TheTrip. com与Alta Vista门户网站合作，Travelocity与Netscape门户网站合作等。

5. 全球分销系统机制

利用全球分销系统实现旅游产品分销是近年来旅游电子商务的又一种运作方式。美国连锁饭店预订系统和中小型饭店联合预订系统基本都与全球分销系统联网，它们通过各种方式与全球分销系统连接，实现旅游产品的电子分销，由此成为规模最大的旅游分销系统。在美国，全球分销系统从航空机票预订开始，然后发展到饭店的客房预订，最后发展到旅行社线路包价产品预订，形成各自企业预订系统到全球分销系统的巨大网络，体现了旅游产品在线市场的整合和全球化。

第五节 旅游电子商务的价值链

价值链的概念最早由迈克尔·波特（Michael Porter）在其所著的《竞争优势》一书中提出的，他指出：“每一个企业都是在设计、生产、营销、销售、发送和辅助其产品的过程中进行种种活动的集合体。所有这些活动都可以用价值链表示出来，一定水平的价值链是企业在一个特定产业内的各种活动的组合。”旅游电子商务的价值链也一样，也由各种商务活动组成，其中有旅游行业角度的价值链，也有旅游企业角度的价值链。电子商务对旅游业价值链的影响，主要是改善旅游业的价值链并提升价值链中的附加值。

一、旅游行业间的价值链关系

旅游行业的价值链包括旅游资源、旅游产品、销售渠道、旅游者四个环节。从旅游资源到旅游者再回到旅游资源，每经过一个环节，价值链的价值便会体现并增加其附加值，最终的价值由旅游者实现，使其得到身心愉悦的旅游体验。旅游电子商务的价值链应以行业价值链为基础，重点改善对旅游者的服务环节，将旅游者的行为作为旅游行业价值链流程的核心与起点，整个价值增值过程可以归结为“需求—服务—供应”。在旅游业的供需过程中，旅行社是行业价值链的核心环节，要发挥电子商务的服务作用，旅行社必须探索旅游行业相互之间的价值链关系。下面以旅行社为例介绍其关联的行业间价值链关系（见图 1–2）。

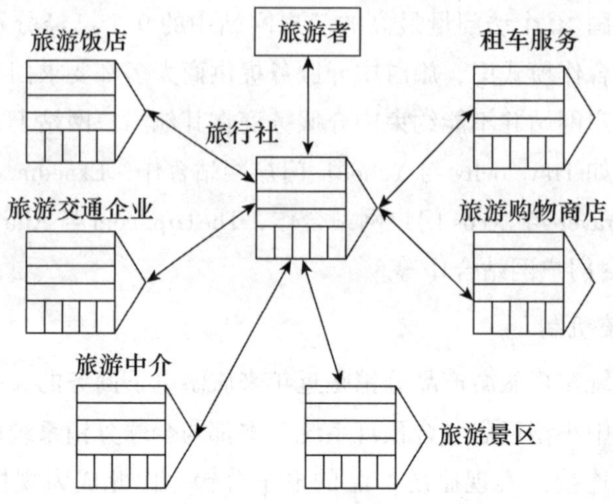

图 1–2　以旅行社为中心的行业间价值链关系

（一）旅行社与旅游饭店之间的价值链关系

旅行社组织团队旅游需要安排住宿。安排得好，旅行社和旅游饭店都能获利；安排得不好，就会产生恶意竞争。旅行社与旅游饭店的价值链是安排团队成员住宿，旅游饭店由于旅行社获得客源，旅行社获得旅游饭店的代理服务，从而共同获得收益。电子商务可以帮助旅游饭店和旅行社在该价值链中获得价值提升，如利用电子商务可以降低相互之间的业务管理成本，并降低与顾客沟通的成本。

（二）旅行社与旅游景区之间的价值链关系

基于电子商务的旅游业价值链，是通过信息的流动促使旅游者的流动。旅行社与旅游景区之间的价值链就是通过信息纽带实现旅游者到旅游景区的观光体验。旅行社与旅游景区之间的价值链主要是安排旅游团队的观光，旅游景区通过旅行社获得观光客源，旅行社从中获取服务佣金，从而共同获得收益。电子商务同样为其中的相关业务单位获得价值提供帮助，如组织客源成本下降、营销成本下降，这不但降低了管理成本，还可以通过网络效应相互促进业务的发展。电子商务信息的透明度可以减少行业中的恶意竞争，使旅行社和旅游景区都能提升自己在该价值链中的附加值。

（三）旅行社与旅游交通企业之间的价值链关系

旅行社与旅游交通企业是亲密的合作伙伴，尤其是与航空公司。旅行社与旅游交通企业存在的业务主要是行程中预订机票和各种车船票。旅行社的旅行服务是通过航空公司或铁路等其他交通企业获取代理服务，航空公司或铁路等其他交通企业通过旅行社获得客源，双方通过该价值链的合作获得收益。双方相互的业务可以通过分销系统的客户端实现协同处理，并通过网络降低业务处理的成本和销售成本。在电子商务环境下，旅行社通过信息纽带获得了更多的机票代理业务，旅游交通企业则获得了更多的客源，双方都实现了附加值的提升。

（四）旅行社与旅游购物商店之间的价值链关系

旅游购物对旅行社来说是一个重要的价值链环节。旅游能够促进商品的流通，也能够提升旅游购物商店的销售收入。在旅游电子商务环境中，旅行社、旅游购物商店都通过信息的形式，把旅游目的地的特色商品介绍给旅游者，实现 O2O 的商业模式。网络的应用使合作双方在价格上相互透明，避免了抬价销售的现象，有利于旅游购物环节的良性循环，从而使该价值链健康有序地发展。

二、旅游电子商务的价值链分析

旅游电子商务的价值链分析应该从企业角度开始，而不是从旅游行业的角度去分析。具体到企业的旅游电子商务价值链分析，关键是寻找最有价值的环节，该环节通过电子商务能获得更大的收益（可以自动处理的环节）。电子商务的作用就是改善通过分析获得的重要价值链（附加值最大的环节），但每个企业的重点价值链环节不一定相同。对于重点价值链环节可以重点采取电子商务手段，使该价值链发挥更大的价值（附加值）。在旅游企业中，不管销售什么产品、提供什么服务，销售环节和信息沟通环节始终是最适合电子商务处理的环节，其次是营销和客户服务环节。图 1-3 是旅游企业电子商务价值链分析图。

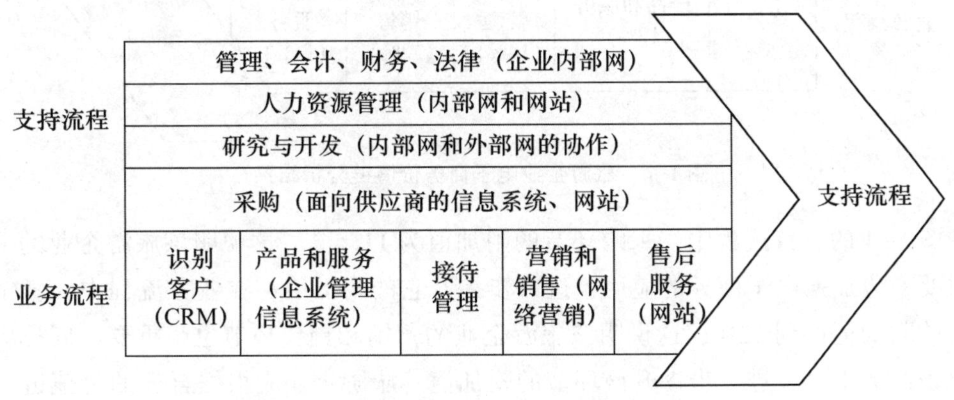

图 1-3 旅游企业电子商务价值链分析

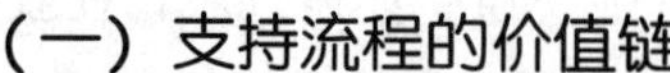

（一）支持流程的价值链

支持流程是指企业中的管理、会计、财务、法律、人力资源管理、研究与开发、采购等环节，这些环节与企业产品相关的业务不进行直接联系，属于支持业务活动的流程环节，旅游企业大多数的后台部门都属于支持流程。价值链分析就是找出支持流程中的最大附加值，分析电子商务应用对其附加值的影响，通过电子商务应用挖掘实现其附加值的提升，如人力资源电子挖掘、电子招聘等。

（二）业务流程的价值链

业务流程的价值链是企业中直接与经营相关的价值链环节，其每个环节与产品设计、销售、服务直接相关，如识别客户、产品和服务、接待管理、营销和销售以及售后服务等都属于业务流程环节，其价值链分析同样需要分析每个环节的附加值，寻找最大的附加值，分析电子商务应用对其的影响。旅游企业中开展电子商务的环节，如 CRM 的应用、网络营销、商务网站是旅游企业提升价值链附加值的关键，它最终通过电子商务创造自身经营的竞争优势，图 1-4 是某企业价值链分析后的流程各环节的附加值情况。

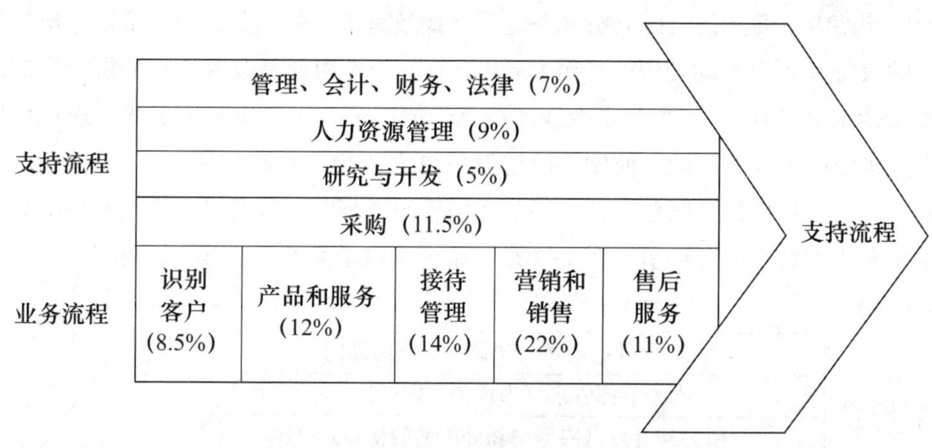

图 1-4　旅游企业电子商务价值链分析结果

在图 1-4 的支持流程中，采购环节的附加值为 11.5%，这说明该旅游企业的采购环节很重要，应加强电子商务的应用，进一步提升它的附加值；在业务流程中，营销和销售环节的附加值达到 22%，这说明该旅游企业的营销和销售环节也很重要，同样应积极利用电子商务手段，进一步提升该环节的附加值。旅游企业应根据自己的价值链分析情况，将经营中重要的价值链环节作为电子商务应用的突破口，借助电子商务保持自己的竞争优势。

第六节 旅游电子商务的存在问题

一、企业问题

大多数旅行社包括一些知名旅行社都认为，目前大多数消费者依然凭借传统的服务方式选择旅游公司，因而忽视了应用电子商务系统所能带来的潜在收益。从成本角度考虑，建设电子商务网站需要较大支出以购买相关软硬件设备、引进人才，但是相应的回报却难以保障。从实施角度考虑，电子商务是新生事物，旅游公司没有相关经验和人才，不清楚如何着手开展电子商务。

二、产品问题

很多旅游企业即便建设了网站，网站上也只是进行一些诸如景点、旅游路线、旅游知识等介绍性的描述，还没有充分利用电子商务在商家与顾客之间架起“直通桥”，也不能提供全面的、专业的、实用的一整套的旅游服务，不能尽显旅游电子商务的无限魅力。旅游网站功能非常简单，具体表现在：网站功能简单、内容更新不及时、搜索功能差、网络广告形式单一、虚拟社区没有发挥应有的作用、网站不能给浏览者的留言予以及时回复。

随着经济和社会的逐步发展，人们不再满足于简单的温饱问题，而是转向更高水平的生活要求，个性化服务观念得到了普及且受到了认可。在这种背景下，旅游电子商务平台应该提供更多的个性化服务，即开发人员应确保产品从消费者角度出发，旅游的路线、方式都应该是消费者自己的选择，要让每一个平台用户参与旅游产品的定制活动。

就现阶段而言，旅游网站能够提供出行交通方式、景区门票、酒店公寓等预约，只是简单把这些打包成为旅游套餐，没有从平台用户角度去设置套餐。产品种类很单一，无法满足平台用户的个性化需求，没有给平台用户自主定制旅游套餐的机会。旅游网站的服务意识还没有贴合平台用户的需求，忽视与平台用户的交流。如果平台用户的体验感觉不够完美，就会转向其他平台，从而网站会流失平台用户。

俗话说“世界上没有一片相同的叶子”。每一个平台用户都是独立存在的，人生体验不同，想法不同，个人兴趣爱好也不同。如果不让每个个体参与进平台的建设中，不为平台用户设置个性化套餐，旅游网站也就难以留住更多的用户。在各种平台竞争激烈的时代，懂得怎样更好地贴合平台用户的需求，提供怎样的旅游套餐才能留住顾客，才能在这激烈的竞争中胜出。

另外旅游网站的产品价格虚高。就服务费用而言，有的旅游网站的机票改签费竟然高

达 60%；在产品价格上，个别旅游网站不在价格上做出调整，将会流失一大批消费者。

三、人才问题

目前，旅游网站信息构建所需的硬件和软件都已比较成熟。旅游网站的建设、运营和管理涉及多方面的知识，从业人员不但要具备较丰富的网络技术、电子商务知识，同时还应具备旅游专业知识、市场营销及管理等方面的知识。事实上，现在缺乏既熟悉电子商务又精通旅游业务的复合型人才。正是由于人才的缺乏，致使旅游公司的电子商务不能顺利开展和发展壮大。

随着旅游电子商务的飞速发展，旅游电子商务人才紧缺的问题日渐显现出来。尤其缺乏全能型的人才。专业人才的紧缺制约着旅游电子商务平台的发展，也制约着旅游电子商务的发展。《基于招聘网站的中国旅游电商人才需求分析》一文提到企业对平台运营、电商销售和旅游顾问需求量较大，分别占 31%、29%、25%。2016 年旅游电子商务人才缺口高达 10 万人，2017 年升至 15 万人，到 2019 年更是达到 30 万人。人才的缺失使得旅游电子商务平台运营不够专业化、操作不规范的问题频发。

四、安全问题

（一）网络安全缺乏信心

目前，网上交易的阻力之一就是安全问题。电脑病毒和非法闯入等均对电子商务网络系统构成威胁。很多用户不愿意进行网上支付是因为担心网络安全没有保证，以致自己的信用卡等资料被网络黑客窃取造成损失。除此之外，就是网上交易需要进行一系列的用户认证程序，用户大量的隐私被暴露在网上，这使得越来越重视隐私权的公众不愿意进行网上交易。

（二）支付存在安全隐患

很多人不在网站上购买旅游产品，其实是源于对网络安全的担心，特别是病毒入侵和电脑黑客的存在，导致客户资料丢失、资金被盗的情况时有发生，网络支付仍然是需要解决的大问题。

携程旅行现有的支付方式包括现金支付、支票支付、信用卡支付、借记卡支付以及银联卡支付。携程旅行网在 2014 年 3 月 22 日发生了客户信息外泄的事件，有 93 名用户的支付信息存在潜在风险。携程旅行网出现泄露信息的问题，主要是因为支付技术上出现了漏洞，再加上操作不规范。它保存了按国际惯例不该保存的信息，还没有进行加密。

（三）信用安全有待加强

尽管电子商务发展迅速，但是普及率还有待加强。据调查，目前我国有网购行为的网民还局限于年轻人，广大的有经济实力的中年人并没有被发展起来，除了一部分人不会使用电脑以外，更大的原因是人们对电子商务信用的顾虑。如旅游公司景点描述不符，旅游团队夸大宣传，纪念品以次充好等。如何保证旅游公司在网络上的宣传属实，如何保证旅游公司本身的信用，成为进一步开拓旅游网络市场的关键问题。

五、法律问题

没有中间商的旅游电子商务交易所涉及的法律问题比较简单，旅游者只是通过旅行社或酒店的网站发出预订申请，而确认和收付款的过程都是在线下通过电话、传真和现金交易完成的，与传统的旅游交易过程没有太大区别，大多数的纠纷也都可以通过现有的旅游业有关法律法规来解决。然而，在旅游产品的电子交易中普遍依靠庞大的中间商销售网络，就会涉及中间商的问题。

以目前国内知名的两大旅游中介网站——携程旅行网和艺龙网的操作流程为例，客人通过中间商的网站进行预订后，中间商再与酒店或地接社联系，预订用房、用车或导游服务等具体内容，得到确定的答复之后再与客人确认。结算方式通常有两种：旅游者将款项付给中间商，中间商扣除自身应得佣金后按事先约定的底价付给供应商；旅游者直接将款项付给供应商，由供应商返还佣金给中间商。在这一系列的环节中，从法律的角度来看，常见的问题有以下几种。

（一）预订成功后客人取消、更改或预订成功而不到店

在非电子商务情况下，酒店与客人的合同关系从客人办理完登记手续之时开始，但在有中间商的旅游电子商务交易中，客人与中间商之间、中间商与酒店之间分别都存在合同关系，客人的预订一旦被酒店和中间商确认，合同实际上已经生效。但在多数情况下，酒店和中间商都无法约束客人，当客人变更、取消预订甚至预订成功而不到店时，往往酒店要独自承担损失，遇到旺季房间紧张时，酒店预留的房间空置，损失更为严重。而目前国内的一些大型的旅游网站，为了平衡酒店与客人的权利义务关系，已经开始能够按照酒店的需要，通过技术手段的支持，要求网上预订的客人提供担保（一般用信用卡进行担保）。以携程旅行网为例，如果旺季酒店房间紧张，客人可以向携程旅行网提出需要担保的请求：客人一旦担保预订成功，并在超过酒店预先规定的时间之后取消，则须扣除客人全额房款或仅扣除第一晚房费，这样一来基本上可以满足大部分酒店的要求。但是，在目前国内大部分酒店“吃不饱”的情况下，虽然有这种机制，但酒店为了增加客源，一般不愿用

“担保”挡住一部分客人，使得仍然有一些客人随意地更改原已订好的行程，甚至不通知中间商和供应商，从而造成后两者的损失。

（二）供应商不履行合同规定的接待义务

旅游电子商务过程中，由供应商不履行合同义务所造成的纠纷也占有相当比例。例如游客通过中间商网站预订好房间或地接服务，到达酒店却被告知无房，或到达机场发现无人接机，排除中间操作过程的失误和技术上的出错，这种情况往往是由于供应商的不诚信引起。游客完全可以凭预订时的有效证明，通过合法途径要求供应商承担违约责任。作为第三方的旅游中间商应该协助旅游者提供相关证明，为旅游者争取应得的权利。

（三）收费方式和标准发生分歧

第一，酒店对于已经确认的预订，临时房间紧张而要求中间商或客人更改付款方式，例如原先确认的前台现付改为提前×天预付，否则房间不予保留。这种情况目前在国内通过中间商的旅游电子商务交易中还是比较普遍的。与前文所述供应商不履行接待义务的情况应当等同看待，属于供应商违约，因为一旦预订被酒店确认，等于承诺已经生效，合同即已生效，酒店无权因为房间紧张等非不可抗力的原因单方面要求更改合同条款，只能通过中间商约定从下一张订单开始按新的付款方式执行。

第二，客人到店后酒店给的价格与在中间商预订时所承诺的价格不一致。从目前国内出现此类问题的情况来看，绝大多数并非中间商、供应商故意为之。由于客人预订和确认的过程都要通过客人—中间商、中间商—供应商两个环节，常有可能因人为操作失误。出现供应商与中间商承诺的价格不一致的情况，只要一方能够出具关于事先约定的价格的有效证明，则可要求对方按原价格执行，损失由出现失误的一方承担，客人在这种情况下不承担责任。

第三，关于酒店房价服务费的分歧。根据国家旅游局、财政部、国家物价局、国家税务总局于 1989 年 3 月发布、1990 年 1 月 1 日起施行的《关于旅游涉外饭店加收服务费的若干规定》，国内大多数城市的酒店净房价之外需要额外收取 5%～20%不等的“服务费”或“政府调节基金”，但不少客人在通过网络交易时，并不知晓中间商所报出的房价是否包含服务费，到了酒店前台被要求加收此费用，从而导致纠纷。大多数情况下，酒店和中间商虽然没有赔偿责任，但有告知的义务，尤其是在客人所看到的进行网上交易的界面上应该注明是否包含服务费以及服务费的标准等。

（四）供应商提供的信息与真实产品不符

出现此类纠纷需要具体情况具体分析，法律角度上所认定的“不符”，必须有明确的标准衡量，一般如酒店方擅自更改预订的房型、地接社擅自更改游客行程等可以被认定为酒店或地接社的违约，需要承担违约责任。但诸如“酒店地段不像宣传得便利”“地接社服务不如宣传得好”等问题，缺乏明确衡量标准，没有法律依据。

（五）旅游法规体系的不完善

统观目前国内旅游业相关的法律体系，还远远不能适应旅游业本身快速发展的需求，旅游业发展迅速与旅游立法相对滞后的矛盾始终比较突出。至今旅游行业还没有一部综合性的“旅游法”，只有三部行政法规，旅游业包括的六要素中，只有旅行社（含导游、领队）领域的法规比较健全。在近几年的两会上，人大代表和政协委员所提出的有关“旅游法”立法的建议始终有增无减，也从一个侧面反映了我国旅游行业立法的迫切要求。一个完善的旅游法律体系应该包括民事基本法、旅游基本法、旅游单行法以及相关行政法规、地方性旅游法规、地方政府规章、部门规章等。

六、服务问题

目前有的旅游网站没有建立起完善的客服体系，服务依靠智能在线客服，服务体系缺乏灵活性和人性化。携程旅行网的智能在线客服主要依靠事先设置好的程序来实现回复功能，平台用户提问到设置好的问题，才能得到回复；如果平台用户提问其他问题，就不会得到解答。平台用户得不到解答，就不会在携程平台上预订旅游活动。这种不灵活、不人性化的方式会影响平台用户的体验效果，不利于平台的发展。

项目小结

本章主要系统地介绍了旅游电子商务的概念。第一，介绍旅游电子商务，讨论了旅游电子商务的定义和系统组织架构的层次。这是理解和应用电子商务的基础，它对社会的电子商务和社会的数字化会产生积极的影响。第二，系统地介绍了旅游电子商务的功能，包括基本功能和扩展功能，以及电子商务在企业经营中的应用领域，为后面叙述旅游电子商务系统应用软件的功能结构做准备。第三，介绍了国际旅游电子商务的概念以及美国旅游电子商务的初步概况及其发展前景。第四，归纳了我国旅游电子商务发展的概况以及我国旅游电子商务未来的前景。第五，介绍了旅游电子商务价值链的概念，提示企业应根据自己的价值链分析选择电子商务应用的突破口，以提升企业的价值链附加值，即提升自身的市场竞争优势。

思考题

一、单项选择题

1. 在商务活动的四种基本流中，（　　）最为重要。

A. 物流　　B. 商流

C. 资金流　　D. 信息流

2. 下列关于电子商务的说法正确的是（　　）。

A. 电子商务的本质是技术　　B. 电子商务就是建网站

C. 电子商务是泡沫　　D. 电子商务本质是商务

3. 1995 年 10 月，全球第一家网上银行“安全第一网上银行”在（　　）诞生。

A. 美国　　B. 英国

C. 日本　　D. 中国

4. 我国目前的网上证券交易模式是（　　）。

A. 券商网上电子交易模式　　B. 完全网上电子交易模式

C. 券商理财模式　　D. 非完全网上电子交易模式

5. 将物流分为一般物流和特殊物流是按（　　）划分的。

A. 物流的内容　　B. 物流规模和影响层面

C. 地域范围　　D. 物流的目的和出发点

6. 供应链管理流程包括三个阶段，三个阶段形成三个系统，其中不包括（　　）。

A. 分析研究系统　　B. 执行评估系统

C. 实施系统　　D. 计划系统

7. 客户关系管理与客户服务的区别不包括（　　）。

A. 主动性不同　　B. 最终目标不同

C. 对待客户态度不同　　D. 与营销的关系不同

8. 下列说法正确的是（　　）。

A. 客户关系管理只注重吸引新顾客

B. 客户关系管理实质上是一种“关系营销”

C. 交易营销更注重保留客户，建立长期稳定关系

D. 上述说法都不正确

二、多项选择题

1. 电子商务网络系统主要包括（　　）。

A. 远程通信网　　B. 有线电视网

C. 无线电通信网　　D. Internet

2. 电子商务的一般框架中包括哪几个层次？（　　）

A. 网络层　　B. 应用层

C. 服务支持层　　D. 技术支持层

3. 下面属于服务支持层的是（　　）。

A. 安全服务　　B. 支付服务

C. CA 认证　　D. 目录服务

4. 常用的流媒体播放器软件有（　　）。

A. Media Studio　　B. Media Player

C. RealPlayer　　D. Quick Timer

5. 常用的图像处理软件有（　　）。

A. Photoshop　　B. Visual Basic

C. Fireworks　　D. 3D MAX

三、判断题

1. 电子商务技术包括能与银行等金融机构合作，提供可靠的结算方式。（　　）

2. 浏览器的基本用途是允许用户在自己的计算机上查找、检索、采集、获取 Web 上的各种资源。（　　）

3. 现阶段我国的电子商务法律环境还不健全。（　　）

4. SET 协议主要是针对 B2C 电子商务的一个协议。（　　）

5. 第四方物流的工作重点在于控制和管理特定的物流服务。（　　）

6. 第三方物流是个性化的物流服务。（　　）

7. 供应链管理起源于 20 世纪 20 年代。（　　）

8. 客户关系管理就是客户服务。（　　）

四、填空题

1. 互联网最基本的特征是__________、__________与价格实惠、合算。

2. 电子金融包括网络银行，__________、__________，网上理财等各种通过网络实现的金融服务内容。

3. 电子支票的使用步骤是购买电子支票，__________、__________。

4. 所谓物流，是指物质资料从__________到__________的物理性流动。

5. 降低配送成本的途径是__________、__________，合并配送，适当延迟。

五、简答题

1. 传统的信息流程有哪些缺陷？
2. WWW 服务器的任务是什么？
3. 电子现金支付方式的特点是什么？

六、论述题

试述决定企业开展电子商务是否成功的因素。

项目二
大数据与旅游电子商务的技术发展

任务目标

知识目标：

1. 掌握大数据与旅游电子商务的技术框架。
2. 掌握大数据与旅游电子商务的三种技术模式。

技能目标：

1. 培养学生的数据分析和数据处理能力。
2. 培养学生的实际应用能力，提高学生的数据可视化能力。

思政目标：

1. 培养学生良好的团队协作意识。
2. 培养学生的创新思维和解决问题的能力。
3. 培养学生协作、沟通能力，并通过真实的营销过程让学生感受大数据与旅游电子商务技术的魅力，从而激发学生学习旅游电子商务的兴趣。

任务引领

2023 年 11 月 3 日，文化和旅游部市场管理司与阿里云公司签订合作框架协议，共同推动文旅行业的数字化转型。双方将在数字化建设、云环境服务、大数据应用、管理模式创新等方面展开广泛合作，以构建信息化、数字化、网络化、智能化的文旅生态系统。

此次合作框架协议的签订，是文化和旅游部市场管理司和阿里云公司在数字化时代的一次重要合作。双方的合作将推动文旅行业向数字化、智能化方向发展，为游客带来更好

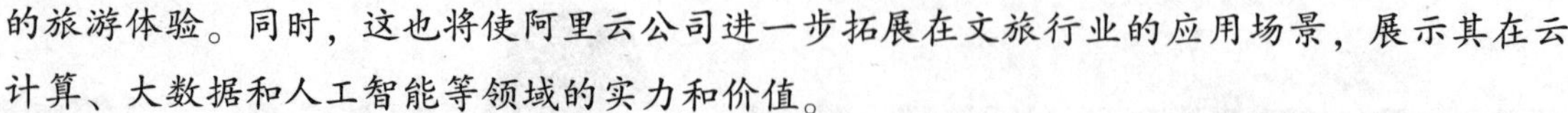

的旅游体验。同时，这也将使阿里云公司进一步拓展在文旅行业的应用场景，展示其在云计算、大数据和人工智能等领域的实力和价值。

任务实施

第一节　旅游电子商务的技术框架

一、电子商务在旅游业中的应用

旅游电子商务是指以网络为载体，以旅游信息库、网络银行为基础，利用先进的电子手段运作旅游业及其分销系统的商务体系。目前，电子商务在旅游业务中的主要应用包括信息查询服务、在线预订服务、客户服务、代理人服务、网上促销、旅游线路设计、消费指南、导游预订服务、旅游广告服务、游客社区服务等。旅游业的电子商务有以下主要优势。

（一）简化旅游票据

旅游业不用面临电子商务发展中的复杂、费力的物流配送问题，无票旅行的概念将是旅游电子商务发展的必然趋势。随着金融机构的参与，网上结算方式免去了旅游者携款办理各种手续的麻烦，避免了交易中跨地域支付、三角债、资金截留、挪用等问题，提高了资金的风险防范能力。

（二）高旅游信息服务水平

旅游电子商务像一张无形的大网，把众多的旅游供应商、旅游中介、旅游者紧密联系在一起。通过旅游网站，消费者能迅速得到比具体旅游服务更为重要的各种旅游信息。景区、旅行社、旅游饭店等旅游相关行业，如租车业，可借助同一网站招徕更多的顾客，将原来市场分散和利润点集中起来，提高了资源的利用效率。

（三）促进旅游业的健康、快速发展

通过旅游电子商务平台，可以将无形的旅游产品有形化。网络旅游快捷地提供了大量旅游信息和虚拟旅游产品，网络多媒体给旅游产品提供了“身临其境”的展示机会。这种全新的旅游体验，使“足不出户，畅游天下”的梦想成真，培养和壮大了潜在的游客群。

（四）旅游宣传促销更加低成本化

借助网络传媒的数据库、丰富多彩的表现形式，合理的广告成本、强大的传播能力、独特的科技形象等，不仅确保了旅游产品的品质，而且避免了复杂冗长的旅游营销宣传资料，克服了人力、物力、财力的巨大浪费，使促销成本急剧下降。

（五）有利于信息反馈

传统的信息反馈方式大多是旅行社向旅游者打电话、寄反馈卡、召开座谈会等形式，不仅费用高，而且反馈速度慢。由于电子信息传递是双向式的，商家不仅可以发送信息，也可以收到访问者的信息，所以，利用旅游电子商务不仅可以大大提高信息反馈速度，而且也减少了通过电话可能导致的信息不准，这样有利于旅游企业及时收集信息，改进工作，缩短了旅游产品的生产周期，促进了企业良性循环。

二、旅游电子商务的技术框架概述

电子商务的技术框架结构是指电子商务活动环境中所涉及的各个领域以及实现电子商务应具备的技术保证。从总体上来看，电子商务框架结构由三个层次和两大支柱构成。其中，电子商务框架结构的三个层次分别是网络层、信息发布与传输层、电子商务服务和应用层，两大支柱是指社会人文性的公共政策和法律规范以及自然科技性的技术标准和网络协议。

（1）网络层。网络层指网络基础设施，是实现电子商务的最底层的基础设施，它是信息的传输系统，也是实现电子商务的基本保证。它包括远程通信网、有线电视网、无线通信网和互联网。因为电子商务的主要业务是基于 Internet 的，所以互联网是网络基础设施中最重要的部分。

（2）信息发布与传输层。网络层决定了电子商务信息传输使用的线路，而信息发布与传输层则解决如何在网络上传输信息和传输何种信息的问题。目前 Internet 上最常用的信息发布方式是在 WWW 上用 HTML 语言的形式发布网页，并将 Web 服务器中发布传输的文本、数据、声音、图像和视频等的多媒体信息发送到接收者手中。从技术角度而言，电子商务系统的整个过程就是围绕信息的发布和传输进行的。

（3）电子商务服务和应用层。电子商务服务层实现标准的网上商务活动服务，如网上广告、网上零售、商品目录服务、电子支付、客户服务、电子认证（CA 认证）、商业信息安全传送等。其真正的核心是 CA 认证。因为电子商务是在网上进行的商务活动，参与交易的商务活动各方互不见面，所以身份的确认与安全通信变得非常重要。CA 认证中心，充当着网上“公安局”和“工商局”的角色，而它给参与交易者签发的数字证书，就类似于“网上的身份证”，确认电子商务活动中各自的身份，并通过加密和解密的方法实现网上安全的信息交换与安全交易。

在基础通信设施、多媒体信息发布、信息传输以及各种相关服务的基础上，人们就可以进行各种实际应用。比如供应链管理、企业资源计划、客户关系管理等各种实际应用的信息系统，以及在此基础上开展企业的知识管理、竞争情报活动。而企业的供应商、经销商、合作伙伴以及消费者、政府部门等参与电子互动的主体也是在这个层面上和企业产生各种互动。

（4）公共政策和法律规范。法律维系着商务活动的正常运作，对市场的稳定发展起到了很好的制约和规范作用。进行商务活动，必须遵守国家的法律、法规和相应的政策，同时还要有道德和伦理规范的自我约束和管理，两者相互融合，才能使商务活动有序进行。

随着电子商务的产生，由此引发的问题和纠纷不断增加，原有的法律法规已经不能适应新的发展环境，制定新的法律法规并形成一个成熟、统一的法律体系，成为世界各国发展电子商务的共同课题。

（5）技术标准和网络协议。技术标准定义了用户接口、传输协议、信息发布标准等技术细节。它是信息发布、传递的基础，是网络信息一致性的保证。就整个网络环境来说，标准对于保证兼容性和通用性是十分重要的。网络协议是计算机网络通信的技术标准，对于处在计算机网络中的两个不同地理位置的企业来说，要进行通信，必须按照通信双方预先共同约定好的规程进行，这些共同的约定和规程就是网络协议。

三、旅游电子商务技术框架的主要内容

旅游电子商务的技术框架主要表述为3F+2S+P。3F即信息流（Information Flow）、资金流（Capital Flow）和物流（Goods Flow）。2S即安全（Security）和标准化（Standardization）建设。P表示政策法规。

（1）信息流：包括商品信息的提供、促销行销、技术支持、售后服务等，也包括诸如询价单、报价单、付款通知单等商业贸易单证，还包括交易方的支付能力、支付信誉等。

（2）资金流：主要是指资金的转移过程，包括付款、转账等过程。

（3）物流：指物质实体（商品和服务）的流通过程，具体包括运输、储存、配送、装卸搬运、保管及物流信息管理等各种活动。

从技术角度看，旅游电子商务的基础框架结构由以下三部分组成。

（一）企业内部网

企业内部网由Web服务器、电子邮件服务器、数据库服务器以及客户端的PC机组成。所有这些服务器和PC机都通过先进的网络设备集线器HUB或交换器SWITCH连接在一起。

Web服务器可以向企业提供一个内部WWW站点，借此提供企业内部日常的信息访

问；电子邮件服务器为企业内部提供电子邮件的发送和接收；数据库服务器通过 Web 服务器和由自己对企业内部和外部提供电子商务处理服务；客户端 PC 机则用来为企业内部员工提供访问工具，员工可以通过 Internet Explorer 等浏览器在权限允许的前提下方便快捷地访问各种服务器。

（二）企业外联网

企业外联网是架构在企业内联网和供应商、合作伙伴、经销商等其他企业内联网之间的通信网络。也可以说，企业外联网是由两个以上的企业内联网连接而成的。这样，组织之间就可以访问彼此的重要信息，如订购信息、交货信息等。当然，组织间通过外联网各自的需要共享一部分而不是全部的信息。

（三）Internet

Internet 是电子商务最广泛的层次。任何组织都可以通过 Internet 向世界上所有的人发布和传递信息，而任何人都可以访问 Internet 获得相关信息和服务。当企业需要和其他公司和广大消费者进行交流的时候，就必须充分利用互联网。互联网是目前世界上最大的计算机通信网络，它将世界各地的计算机网络联结在一起。企业开展全面的电子商务必须借助互联网。只有在企业内联网、外联网以及借助互联网的前提下，企业才可能实现真正意义上的完全的电子商务。

电子商务平台的技术架构可以分为单层、两层、三层。三层架构是电子商务平台的发展方向，主要的三层架构包括 CLUB 三层架构、SOA 三层架构和大数据三层架构。

1. 单层架构

单层架构，也就是单一层级架构，简单来说就是将整个平台合并在一起，即把前端页面、网站后台、数据库、用户数据管理、在线支付等都放在一起。这种模式的优点是开发和维护成本相对较低，而缺点则是安全性差。

2. 两层架构

两层架构，也被称为 BS 架构，即 Browser-Server 架构。它将客户端（浏览器）和服务器分开，客户端只承担显示和交互的功能，而前台和后台服务都在中央服务器上进行处理。这种架构的优点是可以通过互联网轻松地让用户使用电商平台，同时后台管理也可以简化，因为所有服务均在一个中央服务器中。

3. CLUB 三层架构

CLUB 三层架构是一种常见的电商架构模式。它主要由前台系统、服务端和数据存储系统三个层级构成。前台系统包括网站和移动端，服务端可以划分为应用程序服务器、任务服务器、消息服务器等，数据存储系统可以是 MYSQL、ORACLE、COUCHBASE 等。

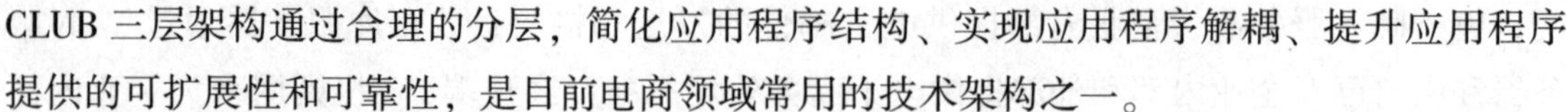

CLUB 三层架构通过合理的分层，简化应用程序结构、实现应用程序解耦、提升应用程序提供的可扩展性和可靠性，是目前电商领域常用的技术架构之一。

4. SOA 三层架构

SOA 三层架构，即面向服务架构，是将整个应用分成多个模块，每个模块通过服务实现对其他模块的调用。这种架构将各种功能模块拆分开来，可以独立开发和运行，使得整个系统更加可维护和可扩展。SOA 架构的核心是服务治理，针对大规模和多业务的电商网站具有很强的可拓展性，在集成各种系统和扩展后台功能时十分方便。

5. 大数据三层架构

大数据三层架构主要应用于电商平台的数据分析和营销方面，它将数据集中存储、处理、分析、可视化等功能都整合在一起，让电商平台更有效地利用数据。其中的三层分别是数据处理层、数据计算引擎层和数据可视化展示层。

未来的电子商务平台将会越来越依赖云计算、大数据、人工智能等新兴技术，涌现出更多的技术架构模式。对于电商平台来说，技术架构的升级和演变，是为了更好地服务于消费者和商家，降低开发和维护成本，提高安全性和可扩展性。总之，电子商务平台的技术架构是平台开发和维护的基础，各种技术模块的相互协同、合理组织和架构布局都会对电商平台的成败产生重要影响。

电商系统技术架构图是设计和运行电商系统的重要工具和指南。它提供了系统各个组件和模块之间的关系和交互方式，帮助团队成员更好地理解和协作。关键的组件包括用户界面层、应用层、数据层、中间件层和基础设施层，它们共同工作以实现用户浏览、下单、支付和配送等功能。了解电商系统技术架构图的重要性和工作流程，有助于我们更好地构建和优化电商系统，提升用户体验和系统性能。

第二节　网络技术

网络技术主要是研究计算机网络和网络工程等方面的基本知识和技能，包括网络管理、网络软件部署、系统集成、网络安全与维护、计算机软硬件方面的维护与营销、数据库管理等内容。

一、网络技术是旅游产业电子商务创新所需要的

产业网络对打造中国旅游经济升级意义重大。中国在许多传统行业中均是后来者，今天又面临着诸如产能过剩、耗能过大、服务业水平不高、服务成本居高不下等挑战，用产业网络实现升级，可能是最好的应对方式。同时，这会带动中国信息技术的创新。网络技

术面临的各种问题正是旅游企业技术创新的机会。从芯片到系统软件，从商业模式到组织形态的创新，为未来中国诞生影响世界的技术企业提供了前所未有的需要和可能。

在以“大数据”为核心的时代，中国优秀的数理化教育及人才数量也意味着得天独厚的资源。在未来产业网络时代，中国应有可能成为世界“数据工厂”的中心。今天这些技术名称，如IP、4G、大数据、云计算，在未来20年将会像电、汽车、抗菌素等工业革命的重大发明一样，不仅作为工具，而是成为塑造企业、社会、国家最重要的力量。产业网络就是这些力量的呈现。

移动网络不仅仅局限于APP，甚至不局限于手机。由Google公司生产的一款“拓展现实”眼镜Google Glass（谷歌眼镜）就具有智能手机一样的功能。谷歌眼镜配备了一个投影显示器，一个能拍摄视频的摄像头，镜框上有触控板。它还带有麦克风和喇叭，各种传感器、陀螺仪，还有多种通信模式。另据此前报道，谷歌眼镜采用了虚拟现实技术，能够实现日历、语音搜索、Google+、时间、温度、短信、拍照、地理位置、音乐、搜索和摄像等功能。此前曝出的拍照样张显示，它的拍照效果十分清晰，可与卡片相机媲美。为了展示谷歌眼镜的拍照功能，谷歌安排工程师戴着眼镜在旧金山上空跳伞，一路通过它进行“视频直播”。至此，“眼镜APP”成功问世。

谷歌开创的先例，引发更多人的思考，甚至有人提出，不应该单独成立无线事业部，而应将无线事业部渗透到所有产品中去，这样智能终端的概念才会拓展，创新的产品才会出现。

在大数据的应用上，谷歌曾利用大数据技术对全球登革热趋势进行过预测，他们得到的预测数据和实际的数据非常吻合，这就带来了一个好处，我们可以通过这一趋势预测它的发病时间和周期以及它的振荡。这就是大数据所带来的一些价值。

二、网络技术的工作内容

（1）管理和维护硬件设备。负责公司硬件设备如电脑、电话、服务器、打印机、投影仪、移动存储设备、监控设备等的安装、配置、运行、故障处理等。

（2）负责和维护软件系统。负责工作系统如桌面系统、网络系统、综合布线系统、门禁系统、安防监控系统、会议系统、录播系统、广播系统等相关项目的运行、维护等。

（3）从事网络管理。主要负责Windows服务器搭建、网络搭建、网络运行、网络应用、网络结构设计、网络系统管理、数据库管理、网络安全管理、服务器运维等。

（4）负责保证公司软硬件及网络的安全性、稳定性运行。定期对系统和相关设备进行检查、测试、保养，确保各系统和设备处于良好的技术状态，并做好相关记录，维护和监控公司局域网、广域网，保证其正常运行，定期制作相关报告。

（5）做好数据管理工作。维护数据中心，对系统数据进行备份，为数据安全提供保障。

（6）提供IT技术服务支持。及时解答客户对各系统和在设备使用过程中的疑问，指导客户正确操作和使用，同时为公司其他部门提供软硬件技术支持。

（7）提供专业化建议。定期向公司进行汇报，对公司信息化建设提出合理化管理建议并协助实施。

（8）负责做好网络的保密工作。正确运用防火墙技术、加密技术、口令管理、用户账号管理技术，完善网络安全。

（9）做好病毒防治及应急管理工作。做好病毒防治工作，制订应急管理预案、可行性补救方案及相关措施等。

（10）其他。协助行政工作及完成上级领导交办的其他工作。

三、网络技术的作用

（1）网络技术是从20世纪90年代中期发展起来的新技术，它把互联网上分散的资源融为有机整体，实现资源的全面共享和有机协作，使人们能够透明地使用资源的整体能力并按需获取信息。

网络技术包括高性能计算机、存储资源、数据资源、信息资源、知识资源、专家资源、大型数据库、网络、传感器等。当网络则被认为是互联网发展的第三阶段。网络可以构造地区性的网络、企事业内部网络、局域网络，甚至家庭网络和个人网络。网络的根本特征并不一定是它的规模，而是资源共享，消除资源孤岛。

网络技术包括资源共享。资源共享是人们建立计算机网络的主要目的之一。计算机资源包括硬件资源、软件资源和数据资源。硬件资源的共享可以提高设备的利用率，避免设备的重复投资，如利用计算机网络建立网络打印机；软件资源和数据资源的共享可以充分利用已有的信息资源，减少软件开发过程中的劳动，避免大型数据库的重复建设。

（2）网络技术具有很大的应用潜力，能同时调动数百万台计算机完成某一个计算任务，能汇集数千科学家之力共同完成同一项科学试验，还可以让分布在各地的人们在虚拟环境中实现面对面交流。

网络的关键技术有网络结点、宽带网络系统、资源管理和任务调度工具、应用层的可视化工具。网络结点是网络计算资源的提供者，包括高端服务器、集群系统、MPP系统大型存储设备、数据库等。宽带网络系统是在网络计算环境中，提供高性能通信的必要手段。资源管理和任务调度工具用来解决资源的描述、组织和管理等关键问题。

（3）网络技术也包括数据通信，数据通信是计算机网络最主要的功能之一。数据通信是依照一定的通信协议，利用数据传输技术在两个终端之间传递数据信息的一种通信方式和通信业务。它可以实现计算机与计算机、计算机与终端以及终端与终端之间的数据信息传递，是继电报、电话业务之后的第三种最大的通信业务。数据通信中传递的信息均以二进制数据形式来表现。数据通信的另一个特点是总与远程信息处理相联系，包括科学计算、过程控制、信息检索等内容的广义的信息处理。

（4）网络技术包括集中管理、计算机网络技术的发展和应用，已使得现代的办公手段、经营管理等发生了变化。目前，已经有了许多管理信息系统、办公自动化系统等，通过这些系统可以实现日常工作的集中管理，提高工作效率，提升经济效益。网络技术能够实现分布式处理。网络技术的发展，使得分布式计算成为可能。对于大型的课题，可以分为许许多多小题目，由不同的计算机分别完成，再集中起来，解决问题。

（5）网络技术负荷均衡，负荷均衡是指工作被均匀地分配给网络上的各台计算机系统。

网络控制中心负责分配和检测，当某台计算机负荷过重时，系统会自动转移负荷到较轻的计算机系统去处理。由此可见，计算机网络可以大大扩展计算机系统的功能，扩大其应用范围，提高可靠性，为用户提供方便，同时也减少了费用，提高了性能价格比。

总之，网络技术要掌握计算机网络的基础知识，了解数据通信的原理，熟悉计算机网络的组成与体系结构、TCP/IP 模型，掌握局域网工作原理和一种流行局域网的应用，了解计算机网络管理和结构化布线的基本概念，掌握 Windows 下用户管理及各种网络服务的架设技术。

第三节　多媒体技术

随着科技的不断发展，多媒体技术已经成为我们日常生活中不可或缺的一部分。从电视、电影、音乐、游戏到社交媒体，多媒体技术已经深入我们生活中的方方面面。

一、多媒体技术的概念与特点

多媒体可以简单地理解为：把文字、声音、图形、图像等其中的两种以上结合在一起使用的一种表现形式。多媒体应用在许多方面，如听歌、视频（包括视频聊天、视频会议、视频看病、视频学习等），看电影和电视剧等。多媒体计算机包括计算机硬件和计算机软件：其中计算机硬件是我们普通的计算机添加了光盘驱动器和声卡（音频卡、视频卡等）；计算机软件除支持多媒体播放的操作系统外，还包括一些应用软件，比如，多媒体文件播放软件 Realplayer，多媒体信息编辑处理软件 Photoshop 等，多媒体应用开发软件 Flash，多媒体应用系统等。

多媒体技术就是通过计算机对语言文字、数据、音频、视频等各种信息进行存储和管理，使用户能够通过多种感官跟计算机进行实时信息交流的技术。多媒体技术所展示、承载的内容实际上都是计算机技术的产物。我们所谓的媒体就是指承载和传输某种信息或物质的载体。可分为五大类：感觉媒体、表示媒体、表现媒体、存储媒体和传输媒体。在计算机领域里，媒体主要是传输和存储信息的载体，传输的信息包括语言文字、数据、视频、音频等；存储的载体包括硬盘、软盘、磁带、磁盘、光盘等。多媒体是把各种媒体的功能进行科学的整合，为用户提供更加直观生动的信息展现。

“多媒体”的特点：

（1）集成性。能够对信息进行多通道统一获取、存储、组织与合成。它采用了数字信号，可以综合处理文字、声音、图形、动画、图像、视频等多种信息，并将这些不同类型的信息有机地结合在一起。

（2）交互性。信息以超媒体结构进行组织，可以方便地实现人机交互。换言之，人可以按照自己的思维习惯，按照自己的意愿主动地选择和接受信息，拟定观看内容的路径。交互性是多媒体应用有别于传统信息交流媒体的主要特点之一。传统信息交流媒体只能单向地、被动地传播信息，而多媒体技术则可以实现人对信息的主动选择和控制。

（3）智能性。提供了易于操作、十分友好的界面，使计算机更直观、更方便、更亲切、更人性化。

（4）控制性。多媒体技术是以计算机为中心，综合处理和控制多媒体信息，并按人的要求以多种媒体形式表现出来，同时作用于人的多种感官。

（5）非线性。多媒体技术的非线性特点将改变人们传统循序性的读写模式。以往人们读写方式大都采用章、节、页的框架，循序渐进地获取知识，而多媒体技术将借助超文本链接（Hyper Text Link）的方法，把内容以一种更灵活、更具变化的方式呈现给读者。

（6）实时性。当用户给出操作命令时，相应的多媒体信息都能够得到实时控制。

（7）互动性。它可以形成人与机器、人与人的互动。人机相互交流是多媒体最大的特点。

（8）方便性。用户可以按照自己的需要、兴趣、任务要求、偏爱和认知特点来使用信息，任取图、文、声等信息表现形式。

（9）动态性。“多媒体是一部永远读不完的书”，用户可以按照自己的目的和认知特征重新组织信息结构，增加、删除或修改节点，重新建立链接。

二、多媒体技术的应用

多媒体技术具有直观易懂、信息量大、传播快等特点，大大促进了多媒体技术的快速发展。因此，多媒体技术的应用领域非常广泛，几乎遍布各行各业和人们生活的各个方面。以下只是其中的几个主要方面。

（一）教育与培训

多媒体技术的应用将改变传统的教学模式，使教材和学习方法发生了重大变化。多媒体技术可以用声、图、文并茂的电子书代替纸质教材，以更直观、更活跃的方式向学生展示丰富的知识，改变以往不灵活的教学方式。

多媒体技术不仅可以展示图片、文字和丰富多彩的信息，还可以提供人机交互方式。通过这种交互学习方法，学习者可以根据自己的基础和兴趣选择他们想学的东西。这种积极的参与模式可以提高学习者的积极性和兴趣。预计今后多媒体技术将越来越多地应用于现代教育实践，推动整个教育事业的发展。

（二）电子商务

通过互联网，客户可以浏览商家在互联网上展示的各种产品，并获取价格表、产品说明等其他信息，订购他们喜欢的产品。电子商务可以大大缩短销售周期，提高销售人员的工作效率，提高客户服务质量，降低上市、销售、管理和交付成本，形成新的优势条件。因此，多媒体技术将帮助电子商务成为社会的重要销售手段。

（三）信息发布

公司、企业、学校甚至政府部门都可以建立自己的信息网站，使用大量媒体信息展示自我和提供信息服务。此外，信息发布不是大组织的特权，每个人都可以建立自己的信息主页或网站。现如今的微信朋友圈使得信息发布和传播方便快捷，受到智能手机用户的青睐。

（四）商业广告

大型商场、车站、机场、酒店等多媒体广告系统与液晶显示屏、电视墙等显示设备相结合，可以完成广告制作、商品展示等多种功能。这种广告具有丰富多彩、生动的特点，往往给人一种震撼的视觉冲击。

（五）影视娱乐业

计算机刚出现时，人们主要用它来判断数学运算和逻辑。后来，人们在计算机上开发了声音、图形和图像处理功能，并将娱乐功能添加到计算机系统中。随着多媒体技术的发展越来越成熟，在影视娱乐业，使用多媒体技术已成为趋势。

（六）游戏

游戏具有多媒体的刺激，游戏者可以通过电脑与游戏互动，轻松进入角色，感觉身临其境。

（七）电子出版业

电子出版物的产生和发展，不仅改变了传统图书的发行、阅读、收藏、管理等方式，

也对人类传统文化概念产生巨大影响。

（八）虚拟现实

虚拟现实是一项与多媒体技术密切相关的新技术，它通过综合应用计算机图像、模拟与仿真、传感器、显示系统等技术和设备，以模拟仿真的方式，给用户提供一个真实反映操纵对象变化与相互作用的三维图像环境所构成的虚拟世界，并通过特殊设备（如头盔和数据手套）给用户提供一个与该虚拟世界相互作用的三维交互式用户界面。

（九）工业和科学计算

多媒体技术在工业生产实时监控系统中，尤其在生产现场设备故障诊断和生产过程参数监测等方面有着非常重大的实际应用价值。特别在一些危险环境中，多媒体实时监控系统将起到越来越重要的作用。

将多媒体技术用于科学计算可视化，可使本来抽象、枯燥的数据用二维或三维图形、图像动态显示，使研究对象的内因与其外形变化同步显示。将多媒体技术用于模拟实验和仿真研究，会大大促进科研与设计工作的发展。

（十）医疗影像

现代先进的医疗诊断技术的共同特点是，以现代物理技术为基础，借助计算机技术，对医疗影像进行数字化和重建处理，计算机在成像过程中起着至关重要的作用。随着临床要求的不断提高以及多媒体技术的发展，出现了新一代具有多媒体处理功能的医疗诊断系统。多媒体医疗影像系统在媒体种类、媒体介质、媒体存储及管理方式、诊断辅助信息、直观性和实时性等方面，都使传统诊断技术相形见绌，引起医疗领域的一场革命。同时，多媒体技术在网络远程诊断中也发挥着至关重要的作用。

（十一）文物保护

中国是世界闻名的文明古国，有着悠久的历史文化和丰富的文物古迹。有些文物难以保存。为了保留文物的原貌，可以拍照留存，用于今后观赏并为有能力修复时做参考。同时，可以对珍贵文物进行三维模型制作。另外，可以将多媒体技术应用在非物质文化遗产保护中，促进非物质文化遗产的传承。多媒体技术在文物图片保护与修复方面发挥着巨大的作用。

除上面所介绍的多媒体技术的应用领域外，多媒体技术也应用在旅游业，如旅游景点的导游系统以及世界美景、风土人情的多媒体展示等。事实上，随着多媒体技术的不断更新和发展，新的应用领域也将随着人类丰富的想象力而不断产生。

第四节 大数据技术

一、大数据技术的概念

大数据技术的目的是通过数据分析、处理和挖掘，提取出重要的、潜在的信息和知识，并将其转化为有用的模型，应用到科研、生产、运营和销售过程中，以解决实际问题。因此，大数据技术在电子商务中的应用可以有效地解决上述问题。

大数据这个概念火了很久，它其实就是一套完整的“数据+业务+需求”的解决方案，涉及五个领域：第一，业务分析；第二，数据分析；第三，数据挖掘；第四，机器学习；第五，人工智能。从一到五，越来越需要技术背景；从五到一，越来越贴近具体业务。其实，除了像搜索引擎这样依靠数据技术而诞生的产品外，大部分互联网产品在生存期，即一个产品从“0 到 1”的阶段，并不是特别需要大数据技术，而在产品的发展期，也就是从“1”到“无穷”的阶段，“大数据技术”对产品的作用才会逐渐体现。主要原因是初期产品的功能和服务较少，也没有“积累的用户数据”用于模型研发，所以，我们常听说“构建大数据的壁垒”，这里面“数据技术”是小壁垒，“大数据”本身才是大壁垒。

“大数据”是一个体量特别大、数据类别特别大的数据集，并且这样的数据集无法用传统数据库工具对其内容进行抓取、管理和处理。“大数据”首先是指数据体量（Volumes）大。大型数据集一般在 10TB 规模左右。在实际应用中，很多企业用户把多个数据集放在一起，已经形成了 PB 级的数据量。其次是指数据类别（Variety）大。数据来自多种数据源，数据种类和格式日渐丰富，囊括了结构化、半结构化和非结构化数据。再次是数据处理速度（Velocity）快。在数据量非常庞大的情况下，也能够做到数据的实时处理。最后是指数据真实性（Veracity）高，随着社交数据、企业内容、交易与应用数据等新数据源的兴起，传统数据源的局限被打破，企业越发需要有效的信息之力以确保其真实性及安全性。

二、大数据技术的特点

（1）数据体量巨大，从 TB 级别跃升到 PB 级别。

（2）数据类型繁多，如前文提到的网络日志、视频、图片、地理位置信息等。

（3）价值密度低，以视频为例，连续不间断监控过程中，可能有用的数据只有一两秒。

（4）处理速度快（1 秒定律），这一点也和传统的数据挖掘技术有着本质的不同。物联网、云计算、移动互联网、车联网、手机、平板电脑、PC 以及遍布地球各个角落的各种各样的传感器，无一不是数据来源或者承载的方式。

大数据技术是指从各种各样的巨量数据中，快速获得有价值信息的技术。解决大数据问题的核心是大数据技术。目前所说的“大数据”不仅指数据本身的规模，也包括采集数据的工具、平台和数据分析系统。大数据的研发目的是发展大数据技术并将其应用到相关领域，通过解决巨量数据处理问题促进其突破性发展。因此，大数据时代带来的挑战不仅体现在如何处理巨量数据从中获取有价值的信息，也体现在如何加强大数据技术研发，抢占时代发展的前沿。

三、大数据技术的应用

近年来，随着大数据时代的到来，大数据技术逐渐成为各行各业的热门话题，得到了广泛应用。

（1）在金融领域，大数据技术可以帮助银行、保险公司进行风险管理和数据分析，提高业务效率和客户体验。如美国的花旗银行，利用大数据技术进行数据挖掘和分析，实现了对客户的精准营销，提高了客户满意度和业务收益。

（2）在医疗领域，大数据技术可以帮助医院、医疗机构更好地管理医疗资源，提高医疗效率和服务质量。如中山大学附属第一医院，通过大数据分析，实现了对药品使用情况、医疗器械耗材使用情况等数据的实时监控，提高了医院的工作效率和经济效益。

（3）在教育领域，大数据技术可以帮助学校、教育机构更好地管理学生信息和教育资源，提高教育质量和教育效果。如英国的克莱尔教育集团，其利用大数据技术对学生的学习情况进行跟踪和分析，为学生提供了更加个性化的学习方案和教育服务。

（4）在电商领域，大数据技术可以帮助电商企业更好地了解消费者需求和购买行为，提高产品销售和服务质量。如阿里巴巴，利用大数据技术进行用户行为分析和数据挖掘，为商家提供了更加精准的营销策略和服务方案。

大数据应用的关键，也是其必要条件，就在于“IT”与“经营”的融合。当然，这里“经营”的内涵可以非常广泛，小至一个零售门店的经营，大至一个城市的经营。总之，大数据技术的应用正在不断拓展，未来将会在各个行业得到更广泛的应用和推广。

四、大数据技术的内容

大数据技术包括以下内容。

（1）数据采集：ETL 工具负责将分布的、异构数据源中的数据如关系数据、平面数据文件等抽取到临时中间层后进行清洗、转换、集成，最后加载到数据仓库或数据集市中，成为联机分析处理、数据挖掘的基础。

（2）数据存取：关系数据库、NOSQL、SQL 等。

（3）基础架构：云存储、分布式文件存储等。

（4）数据处理：自然语言处理（Natural Language Processing，NLP）是研究人与计算机交互的语言问题的一门学科。处理自然语言的关键是要让计算机“理解”自然语言，所以自然语言处理又称自然语言理解（Natural Language Understanding，NLU），也称为计算语言学（Computational Linguistics），一方面它是语言信息处理的一个分支，另一方面它是人工智能（Artificial Intelligence，AI）的核心课题之一。

（5）统计分析：假设检验、显著性检验、差异分析、相关分析、T 检验、方差分析、卡方分析、偏相关分析、距离分析、回归分析、简单回归分析、多元回归分析、逐步回归、回归预测与残差分析、岭回归、Logistic 回归分析、曲线估计、因子分析、聚类分析、主成分分析、因子分析、快速聚类法与聚类法、判别分析、对应分析、多元对应分析（最优尺度分析）、Bootstrap 技术等。

（6）数据挖掘：分类（Classification）、估计（Estimation）、预测（Prediction）、相关性分组或关联规则（Affinity Grouping Or Association Rules）、聚类（Clustering）、描述和可视化（Description And Visualization）、复杂数据类型挖掘（TEXT、WEB、图形图像、视频、音频等）。

（7）模型预测：预测模型、机器学习、建模仿真。

（8）结果呈现：云计算、标签云、关系图等。

项目小结

本项目介绍了大数据与旅游电子商务的技术框架以及常见的三种技术模式：网络技术、多媒体技术和大数据技术。首先，介绍了旅游电子商务的技术框架：网络层、信息发布层与传输层、电子商务服务和应用层，以及将电子商务的框架主要表述为信息流、资金流和物流。其次，讲述了网络技术是产业信息技术的创新，网络技术包括高性能计算机、存储资源、数据资源、信息资源、知识资源、专家资源、大型数据库、网络、传感器等。多媒体技术就是通过计算机对语言文字、数据、视频等各种信息进行存储和管理，使用户能够通过多种感官跟计算机进行实时信息交流的技术。它有集成性、交互性、智能性、控制性、非线性、实时性、互动性、信息使用方便性和结构的动态性等特点。解决大数据问题的核心是大数据技术。目前所说的“大数据”不仅指数据本身的规模，也包括采集数据的工具、平台和数据分析系统。大数据研发目的是发展大数据技术并将其应用到相关领域，通过解决巨量数据处理问题促进其突破性发展。通过本项目的学习，让学生对大数据与旅游电子商务技术有了全面的认知。

思考题

一、单项选择题

1. 下面不属于电子商务的一般框架中三大支柱的是（　　）。

A. 国家政策及法律规范　　B. 技术标准和网络协议

C. 物流体系的构建　　D. 技术支持层

2. 下面不属于应用层的是（　　）。

A. 网上理财　　B. 网上购物

C. 网上办公　　D. 数据库技术

3. 可以实现与主机总线的通信连接，还可以实现数据链路层、物理层功能的常常集成在主板上的常用插卡是（　　）。

A. 音频卡　　B. 网络卡

C. 视频卡　　D. 调制解调器

4. 对高级语言源程序进行多闪扫描产生出机器语言的目标程序，执行速度较快的程序是（　　）。

A. 解释程序　　B. 编译程序

C. 扫描程序　　D. 汇编程序

5. 计算机网络定义中自治计算机的特点不包括（　　）。

A. 没有明确主从关系　　B. 必须联网工作

C. 可以为本地和远程用户服务　　D. 分布于不同地理位置

6. 动画和视频都是利用快速变换帧的内容而达到运动效果的，帧率为 30fps 的电视制式是（　　）制式。

A. PAL　　B. NTSC

C. SECAM　　D. FLASH

7. 下列哪项不是多媒体技术的主要特性（　　）。

A. 实时性　　B. 交互性

C. 集成性　　D. 动态性

8. 声音是一种波，它的两个基本参数为（　　）。

A. 振幅、频率　　B. 音色、音高

C. 噪声、音质　　D. 采样率、量化位数

9. 当前大数据技术的基础是由（　　）首先提出的。

A. 微软　　B. 百度

C. 谷歌　　D. 阿里巴巴

10. 大数据的起源是（　　）。

A. 金融　　B. 电信　　C. 互联网　　D. 公共管理

11. 根据不同的业务需求来建立数据模型，抽取最有意义的向量，决定选取哪种方法的数据分析角色人员是（　　）。

A. 数据管理人员　　B. 数据分析员

C. 研究科学家　　D. 软件开发工程师

12. （　　）反映数据的精细化程度，越细化的数据，价值越高。

A. 规模　　B. 活性　　C. 关联度　　D. 颗粒度

13. 数据清洗的方法不包括（　　）。

A. 缺失值处理　　B. 噪声数据清除

C. 一致性检查　　D. 重复数据记录处理

二、多项选择题

1. 什么时候需要使用 MIDI？（　　）

A. 没有足够的硬盘存储波形文件时

B. 用音乐伴音，对音乐质量要求不很高时

C. 想连续播放音乐时

D. 想音乐质量更好时

2. 下列说法正确的是（　　）。

A. 不同的媒体所表达信息的程序不同

B. 任何媒体之间都可以直接进行相互转换

C. 媒体之间的关系也代表着信息

D. 有格式的数据才能表达信息的含义

3. 下列哪些是目前声音卡具备的功能？（　　）

A. 录制和回放数字音频文件　　B. 实时压缩/解压缩数字音频

C. 语音特征识别　　D. 混音

4. 在网络爬虫的爬行策略中，应用最为基础的是（　　）。

A. 深度优先遍历策略　　B. 广度优先遍历策略

C. 高度优先遍历策略　　D. 反向链接策略

E. 大站优先策略

5. 当前，大数据产业发展的特点是（　　）。

A. 规模较大　　B. 规模较小

C. 增速很快　　D. 增速缓慢

E. 多产业交叉融合

6. 下列关于脏数据的说法中，正确的是（　　）。

A. 格式不规范　　B. 编码不统一

C. 意义不明确　　D. 与实际业务关系不大

E. 数据不完整

7. 传统数据密集行业积极探索和布局大数据应用的表现是（　　）。

A. 投资入股互联网电商行业　　B. 打通多源跨域数据

C. 提高分析挖掘能力　　D. 自行开发数据产品

E. 实现科学决策与运营

8. 大数据人才整体上需要具备（　　）。

A. 数学与统计知识　　B. 计算机相关知识

C. 马克思主义哲学知识　　D. 市场运营管理知识

E. 在特定业务领域的知识

三、判断题

1. 供应方和需求方统称为电子商务用户，包括个人用户和企业用户。（　　）

2. 认证机构（Certificate Authority，CA）是法律承认的权威机构，负责发放和管理数字证书，以使网上交易各方能够相互确认身份。（　　）

3. 物流中心接受卖家的送货要求，组织运送无法从网上直接发送的商品，跟踪商品的运输进度，将商品送到消费者手中。（　　）

4. 电子商务的一般框架包含四个层次和三大支柱。（　　）

5. 网络层是指网络基础设施，是实现电子商务的最底层的基础设施。（　　）

6. MIDI 具有生成文件较小、容易编辑、音乐效果好等优点。（　　）

7. CD-ROM 和 DVD 存储数据的原理是一样的。（　　）

8. MIDI 文件保存的是 MIDI 设备演奏的乐曲波形数据。（　　）

9. 就合成乐曲的音质而言，FM 合成器比波表合成器合成的音质好。（　　）

10. 通常的扫描仪，数码相机和数码摄影机的光电转换元件都是 CCD。（　　）

11. 在噪声数据中，波动数据比离群点数据偏离整体水平更大。（　　）

12. 对于大数据而言，最基本、最重要的要求就是减少错误、保证质量。因此，大数据收集的信息量要尽量精确。（　　）

13. 一般而言，分布式数据库是指物理上分散在不同地点，但在逻辑上是统一的数据库。因此，分布式数据库具有物理上的独立性、逻辑上的一体性、性能上的可扩展性等特点。（　　）

四、填空题

1. 计算机网络中常用的三种有线通信介质是__________、__________、__________。

2. 局域网的英文缩写为__________，城域网的英文缩写为__________，广域网的英文缩写为__________。

3. 双绞线有__________、__________两种。

4. 计算机网络是__________技术与__________技术密切组合的产物。

5. 通信子网主要由__________和__________组成。

五、简答题

互联网提供的服务主要有哪些？企业电子商务系统由哪几部分组成？

项目三
旅游电子商务支付

任务目标

知识目标：

1. 掌握旅游电子商务支付的三种模式。
2. 了解网络银行的模式和网络银行的特点。
3. 了解电子商务面临的主要安全威胁。

技能目标：

1. 能够通过理论和实践，掌握第三方支付的操作技能。
2. 熟练掌握移动支付的使用等。

思政目标：

1. 提升学生对旅游电子商务支付工作的理解和热爱。
2. 培养学生对旅游电子商务支付的网络安全意识和防范网络安全风险的意识。
3. 培养学生积极主动的工作态度、分析问题和解决问题的能力。

任务引领

全新的旅游预订方式——旅游电子票

长期以来，传统的旅游信息咨询、旅游线路查找以及旅游合同签订等旅行前的准备工作，都费时费力，让人感到琐碎。日前，春秋旅游网正式推出了“旅游电子票”概念，为人们出行提供了一个省心、省时、方便快捷的新型旅游预订方式，也为旅行社的经营带来了全新的理念。

机票电子票早已有之，但使用旅游电子票，春秋国旅此举在国内尚属首例。在欧美信息发达国家和中国几大航空公司中，电子客票、无纸化乘机已成事实，甚至在欧美国家已非常普遍。近年来，我国信息产业发展及旅行社电子商务实施日趋成熟，为什么中国游客不能实现“一站式”方便快捷的旅游预订服务呢？基于此，春秋国旅大胆尝试推出“旅游电子票”的全新运作模式，意欲凭借在全国31个分社和近2 000个网络成员组成的接待网络，以及每月几千航次的包机线路，向游客提供“贵宾纯玩团”“自由人”“爸妈之旅”“度假产品”“中外宾客同车游”等国内和出境旅游产品，探索为游客提供网上优质服务、降低旅游产品价格的新途径。

春秋旅游电子票区别于门市旅游预订和航空电子客票的形式，它并不是“票”，而是一种新型的旅游预订方式——将现在传统模式中从下订单到付款再到签合同等过程全都在网上“一站搞定”。省心、省时、方便快捷是它最大的特点，正是这些优点使它成为工作繁忙的白领消费阶层钟爱的时尚方式。

订旅游电子票的全过程：打开春秋旅游网主页，游客需要先注册为春秋会员，然后进行线路查询和选择线路，对其价格满意后，选择“网上预订”，同意并接受春秋旅游网根据由上海市旅游事业管理委员会制定、上海市工商局监制的《上海市国内旅游合同示范文本》2004-B版的要求和内容制作的承诺条款，再输入招商银行一卡通的银行账号，进行网上支付即可完成，支付时不需要手续费。

不过在网上签订的合同仅仅是游客的意向合同，春秋旅游网会在支付成功后两个小时内处理确认，随后派出自己的快递人员登门补签具体的合同，具体商榷游客的个性化要求。随后的拿票及何时出发等事宜还需要电话联系。毕竟，签订合同需要甲乙双方面对面洽谈商榷，更何况旅游又是一个涉及个性化需求很大的事情，所以，目前还做不到完全的无纸化。但是，整个过程，不需要游客怎样“出动”，而是在网上签订意向合同后，就稳坐家中，等待专人到家服务。

为了推行这种方式春秋旅游网所采取的主要鼓励方式是，加大旅游电子票的优惠额度，比如以前在网上预订，游客可享受十几块、几十块的优惠，而现在，旅游电子票可以把国内长线旅游线路优惠到300元的额度，短线的1～2日游也能优惠30元左右，价格较高的出境旅游线路最多能优惠500元。这在平时的门市销售中，是颇具诱惑力的价格。

（资料来源：张军．大型旅行社开展旅游电子商务的成功案例分析——以上海春秋国旅为例［J］．技术经济与管理研究，2005（6）：60-61.）

思考：春秋国旅的电子票有什么优点？对促进旅游有什么作用？

第一节　旅游电子商务支付模式

旅游电子商务交易过程中，按照支付的流程不同，主要存在四种电子商务支付模式。

一、支付网关模式

支付网关模式是指游客或商家（旅行社、酒店）把支付指令传送到银行的支付网关，然后通过银行的后台设施完成支付的业务模式。在该模式下，商业银行单独建立支付网关。

在网银支付模式和支付网关模式中，系统由用户系统、银行网站、网银中心、业务数据中心、银行柜台和认证中心等组成。用户系统是用户进行网上交易的游客端集成环境，使用用户系统完成认证介质登录并访问网络银行系统。银行网站是进行网上业务的窗口，提供游客端到网银中心的连接。网银中心位于银行端，包括交易服务器、安全认证加密系统等。交易服务器起支付网关的作用，在应用层上负责转发用户系统与业务数据中心的通信，支持常见的 SSL、SET 等支付协议，将游客端发送来的数据进行解密，转换成银行业务格式，与业务数据中心进行交互。一些网银系统建立了安全认证加密系统（如加密机），专门用于数据加密、解密，验证数字签名，以减少系统安全漏洞。同时，交易服务器还与认证中心有接口，用于查询用户证书的合法性与有效性。业务数据中心是网银账务中心，保存所有用户的账户信息。银行柜台可授权进行网上业务交易，银行柜台与业务数据中心相连，完成一般的开户、存取款等交易；同时与认证中心连接，完成用户公、私密钥的生成及证书颁发、撤销等工作。认证中心负责网银中心和用户证书的颁发、验证、废止和维护等工作。

二、网络银行支付模式

网络银行是指银行利用 Internet 技术，通过建立自己的 Internet 站点和 WWW 主页，向游客提供开户、销户、查询、对账、转账、信贷、网上证券、投资理财、网上支付等金融业务的虚拟银行。游客可以通过它完成网上支付，此模式需要商家在银行中开设结算账户，游客在银行中开设支付卡，并在卡中存有一定数量的钱款。

利用网络银行支付典型流程：

（1）游客连接互联网，检索商品，填写网络订单。

（2）客户机对订单加密并提交。

(3) 商家接收订单，向网络银行发送订单金额。

(4) 网络银行在验证商家身份后，给游客提供支付界面。

(5) 游客在核对完网络银行界面的支付信息后，填入自己的支付卡号、密码进行支付。

(6) 银行通过后台处理系统检验用户的支付卡有效后，把货款从游客账户转到商家账户，并向商家网站发送支付成功消息。

(7) 商家网站向游客发送支付成功消息。

(8) 商家给游客发订单。

三、第三方支付模式

在第三方中介模式中，利用的支付网关或系统是由第三方机构建设的，而不是由银行或银行联合体建设的。换言之，网上支付服务是由第三方机构提供的，而不是商业银行或传统支付系统的运营者。在近几年的电子商务浪潮中，该模式已成为网上支付领域的最大特色，也是人们议论和关注的焦点。

第三方支付模式的典型业务流程为：

(1) 游客访问主页，浏览商品，验证商户数字证书，申请空白订货单。

(2) 游客挑选商品，填写订单，同时输入信用卡信息和身份识别码，经浏览器扩展部分验证无误后，读取信用卡信息，并由用户形成支付指令，与订单同时发往商户。

(3) 商户后端服务器中的支付处理模块在收到订单信息和支付信息之后，初步确认游客的交易意图，在对游客身份认证完成之后，将两种信息发往信用卡信息中心进行确认并申请授权。

(4) 经支付平台检查过的合法支付指令被传送到信用卡信息中心进行联机实时处理，经过信用卡真实性、持卡人身份合法性以及信用额度的确认后，信用卡信息中心决定是否授权，并将结果传回商户服务器。

(5) 接到信用卡授权之后，商户便可继续交易，向游客发送货物，并向游客索取交易完成的标志。

(6) 信用卡信息中心在当日、次日或约定的一定时间间隔内将信用卡授权产生的转账结算数据传往收单行，进行账务处理。

(7) 收单行将转账数据及相关信息传往发卡行进行认证（在信用卡信息中心认证基础上的认证，充分保证支付系统的安全性）。

(8) 转账业务经发卡行认证传回收单行，同时发卡行将游客的消费金额记入其消费信贷账户中并开始计息，收单行则把商户的货款收入记入其存款账户中。

(9) 转账结果再分别由发卡行和收单行传往信用卡信息中心，以便其更新数据库，从而方便商户和游客查询。

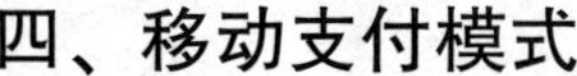

四、移动支付模式

移动支付主要是基于手机银行基础上的一种新型的支付模式，其特点是可随处支付，交易时间短。手机银行指通过 GSM 网络将游客手机连接至银行，利用手机界面直接完成各种金融理财和支付服务等的虚拟银行，目前有短信手机银行和 STK 卡手机银行。要使用手机支付，游客必须在银行开通手机银行服务，将银行账号与手机绑定，商家必须在银行开设结算账户。

利用手机银行进行支付典型流程：

（1）游客在网上购物，生成订单后，选择手机银行支付。

（2）支付信息由银行发送到游客手机上，游客选择账号确认支付，并把确认短信发给银行。

（3）银行在收到确认短信后将货款从游客账户中转账到商家账户，完成支付。

（4）商家发订单给游客。

第二节　网络银行支付

一、网络银行的概念与特点

网络银行（Internet Bank 或 E-bank）也称为在线银行，是利用 Internet、Intranet 与相关技术，处理传统的非现金类银行业务，完成网上支付等电子商务中介服务的新型银行。

网络银行的特点可以概括为“3A”，因为它不受时间、空间限制，能够在任何时间（Anytime）、任何地点（Anywhere）以任何方式（Anyhow）为客户提供金融服务，可以针对客户的具体需要提供个性化服务，有利于企业和个人进行理财，有利于银行降低经营成本，提高资金的周转速度。

1995 年 10 月 18 日，全球第一家网络银行——安全第一网络银行（Security First Net-Work Bank，SFNB）在美国成立。

1996 年 2 月，中国银行第一个在互联网上建立了主页，成为中国第一家使用互联网发布信息的银行。

二、网络银行的分类

网络银行发展的模式有两种：一种是完全依赖于互联网的无形的电子银行，也叫“虚拟银行”。所谓虚拟银行就是指没有实际的物理柜台作为支持的网络银行，这种网络银行一般只有一个办公地址，没有分支机构，也没有营业点，采用国际互联网等高科技服务手段与客户建立密切的联系，提供全方位的金融服务。另一种是在现有的传统银行的基础上，利用互联网开展银行业务，即传统银行利用互联网作为新的服务手段为客户提供在线服务，实际上就是传统银行在互联网上的延伸，这是目前网络银行存在的主要形式，也是绝大多数商业银行采取的网络银行发展模式。

我国没有出现真正意义上的纯粹的网络银行（也就是“虚拟银行”），国内现在的银行基本属于第二种模式。

三、网络银行支付流程

比起传统的银行支付，网络银行支付更加安全、便捷，是消费者和商家们最常使用的支付方式。

网络银行支付流程分为四个步骤。

第一步：在线登录。

首先，使用者登录网络银行，并输入账号和密码进行身份验证。一旦身份认证通过，就可以进入网络银行支付流程。

第二步：信息填写。

接下来，用户填写收款人的信息，例如姓名、账号等。然后，输入要支付的金额，并在留言栏填写所需汇款说明。

第三步：支付确认。

支付信息一旦填写完毕，系统会自动根据银行的规则和服务费计算扣款额度，为防止资金损失，用户还需要确认支付信息，对金额、姓名等信息做最后确认。

第四步：交易完成。

如果支付信息确认无误，用户可以点击“支付”按钮，完成交易。网络银行系统会以电子邮件的形式发出支付成功的通知，同时也会提示用户保存支付凭证，以备后续查询。

网络银行支付安全性要求用户务必妥善处理好自己的账号、密码，在付款过程中，一定要谨慎确认信息，以防出现资金损失的情况。

四、网络银行支付的安全隐患及防范

（一）安全隐患来源

随着互联网技术的不断发展，网络银行支付已成为人们日常生活中的重要支付方式。然而，随之而来的是越来越多的安全隐患。这些隐患主要来源于以下几个方面。

1. 网络攻击

网络攻击是网上支付安全隐患的重要来源之一。黑客通过各种手段，如钓鱼、恶意软件等手段获取用户支付信息，再进行非法交易或者盗取用户的财产。

2. 恶意软件

恶意软件是指通过邮件、聊天工具等途径植入用户计算机中的恶意程序，通过窃取用户信息或者远程操控计算机实现盗取账号、密码等信息的行为。恶意软件可以在用户不知情的情况下进行操作，从而造成用户的财产损失。

3. 社交“工具”

社交“工具”是指攻击者利用社交关系和人性弱点，通过伪装成朋友或者某些身份获取用户信息，并骗取密码、账号等信息的攻击手段。这种攻击方法十分隐蔽，需要用户增强对不明身份的警惕。

4. 不当操作

用户在使用网上支付时，应当进行规范合规的操作。否则，就会在操作过程中存在安全隐患。常见的不当操作包括在公共场所使用网上支付、打开未知邮件等。在使用网上支付的过程中，必须注意安全操作规范，从而避免不必要的风险。

（二）如何防范网络银行支付安全隐患

1. 信息加密

在支付环节中采用信息加密技术，加密用户的支付信息，防止黑客窃取用户的信息，保障用户权益。现在的网上支付平台大多数采用 128 位 SSL 加密技术，能够有效保障用户支付信息的安全。

2. 使用安全认证

网上支付平台提供了双重身份验证、短信验证等多种验证方式，可以有效防范黑客攻击。使用这些验证手段，用户在登录账户、进行支付等操作时，需要输入手机验证码等信息，增强了账户安全性。

3. 保护个人信息

用户在使用网上支付时，一定要注意保护自己的个人信息。如不在公共场所操作账户，使用网站提供的用以提高安全性的“个人信息保护计划”。避免在没有安全保障的环境下进行网上支付。

4. 防病毒

在使用网上支付的过程中，需要注意及时更新病毒库，定期进行杀毒，避免恶意软件进入。使用正版操作系统、软件以及安全有保障的浏览器等也能起到一定的防范作用。

五、网络银行支付的未来

网上支付是现代生活中不可缺少的一部分，尽管存在安全隐患，但是通过防范措施能够有效保障用户的权益。在使用网上支付时，用户应该加强安全意识，完善安全操作规范，从而避免不必要的风险和损失。

网上支付的未来伴随着技术的不断进步，其安全性得到逐步提高，更多的便捷与安全手段被加入网上支付平台中。例如支付宝、微信支付等平台通过各种技术手段保障用户的支付安全。在未来，需要更加注重安全技术的运用，提高网上支付的安全性。

◎案例链接

保护网络密码安全

杨先生在卡上存入100万元，第二天卡内就少了995 050元，仅剩下4 950元，而此时卡、USB Key等文件资料都还好好地躺在他的保险柜里。为此，杨先生将银行告上法庭，索赔100万元。法院作出一审判决，认为原告未妥善保管密码是巨款被取走的原因，遂驳回其诉讼请求，并判令其负担案件受理费13 800元。经过分析，问题终于浮出水面。主要原因就是该用户开通了网络银行，设置了网络银行的密码，并设置了账户安全方式：USB Key验证，但是他却将账户、密码告诉了第三方，以为第三方没有USB Key就无法转账。看起来好像是没有问题的，但实际操作中，该用户应该在USB Key下载了证书之后再将密码告诉第三方。问题就出在该用户还没有下载USB Key证书就把密码告诉了第三方，那么第三方可以去再买个USB Key，马上下载证书，配合密码就可以转款了。像这种双方控款的情形，应该是查询密码可以告诉第三方，转账密码不能告诉任何人。现在一般的网络银行都是设置查询密码和转账密码的，转账密码是绝对不可以告诉任何人的。

思考：如何保护自己的网络银行安全？

第三节　第三方支付

一、第三方支付的概念

第三方支付是指具有相应资格的非银行独立金融机构，依托于互联网并搭建于银行、销售、买家之间的金融结算和周转的“中间平台”，非面对面地为商家和银行之间提供安全、快捷、高效的资金结算服务。

第三方支付机构承担着保障交易安全性的责任，并且简化了交易流程，让其不受时间、空间的限制。第三方支付起源于早期在线交易，现已发展为交易渠道，在各类交易环境中提供方便快捷的支付结算的服务工具。

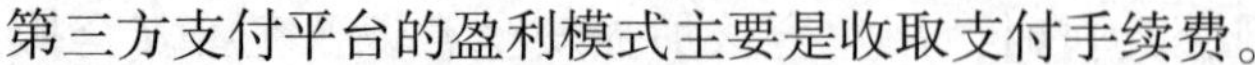

第三方支付平台的盈利模式主要是收取支付手续费。

二、第三方支付的种类

目前国内第三方支付的模式可分为支付网关模式（简单支付通道模式）和平台账户模式两种。支付网关模式只是一个很简单的通道，把银行和用户连接起来，买家通过第三方支付平台付款给卖家，从而实现网上在线支付。这种方式提供的实际应用价值相对有限，而且并不十分方便。

平台账户模式又可分为监管型账户支付模式和非监管型账户支付模式（纯账户支付模式）。监管型账户支付模式是指买卖双方达成付款的意向后，由买方将款项划至其在支付平台上的账户。待卖家发货给买家，买家收货后通知第三方支付平台，第三方支付平台于是将买方划来的款项从买家的账户划至卖家的账户。这种模式的实质是以第三方支付公司作为信用中介，在买家确认收到商品前，代替买卖双方暂时保管货款，例如阿里巴巴的“支付宝”。非监管型账户支付模式是指买卖双方均在第三方支付平台内部开立账号，第三方支付公司负责按照付款方指令将款项从其账户中划付给收款方账户，以虚拟资金为介质（付款人的账户资金需要从银行账户充值）完成网上款项支付，使支付交易只在支付平台系统内循环。此类模式有代表性的第三方支付平台是99Bill（快钱），如图3-1所示。

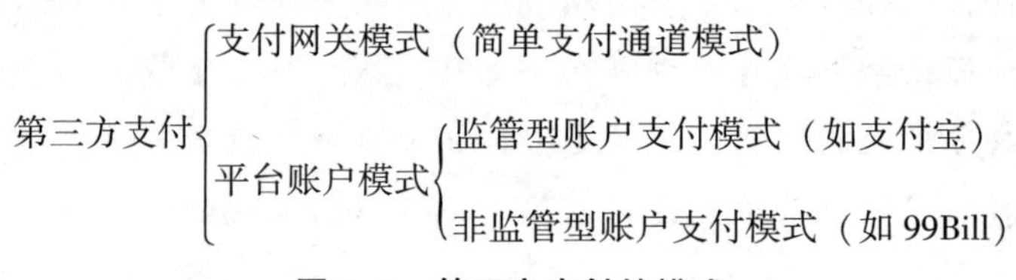

图3-1　第三方支付的模式

三、第三方支付企业竞争分析结果

（一）对在位企业

根据网络环境下用户具有消费黏性和跟随性，具有高市场占有率的企业只要其保持自己的服务质量，并通过产品的创新满足消费者的需求，则它将在很大程度上持续占有高的市场份额，并且市场份额有继续扩大的趋势。由此来看，第三方在线支付市场的领导者与追随者之间始终保持的是一种竞争关系，则其最优选择是竞争，以此来稳固和不断扩大自身的市场份额。

对于追随者来说，要根据其现有的市场份额A和自身的承受能力B去判断是选择留下还是退出，即权衡A与B的关系，若A<0，或A>0且A<B，则追随者选择退出市场；若A>B，则追随者选择留下。

由于支付市场面对的法规监管程度的不确定性，在位企业应该努力提高自己产品的服务质量，留住现有顾客，并开拓新顾客；同时也在技术上不断创新，满足顾客的更多需求。

在位企业还应不断寻求企业的盈利点，在法律法规允许的范围内，不断提高企业的盈利能力，从而增强企业自身的竞争力。

（二）对未在位企业

新进企业很难打开市场，未在位的企业如果选择进入，其取得的支付很大程度上将为负值，故而未在位企业最佳的选择是不进入。在激烈的竞争中，在位企业无论何时都会选择竞争，这种竞争的方式可能是价格战，也可能是差异化战略或其他战略。

认真分析市场环境，评估企业自身产品、技术、资本等方面的优劣势情况，理性地选择是否进入第三方在线支付市场，而不能盲目跟进。

四、国内第三方支付平台比较

通过对具有代表性的四大支付平台的了解，我们可以从以下几个方面对国内第三方支付平台进行综合对比。如表 3-1 与表 3-2 所示。

表 3-1　四大平台基本情况与类型比较

产品	面市时间	是否收费	服务领域	主要客户
支付宝	2003 年 10 月	全免费	C2C，B2C，B2B	企业、个人
财付通	2005 年 9 月	全免费	C2C，B2C，B2B	企业、个人
银联	2002 年 6 月	适度收费	B2C，B2B	企业、个人
快钱	2005 年 1 月	适度收费	B2B、手机、电话	企业、个人
项目	典型网站	特征		
宿主型	淘宝网	依托知名网站，自行开发		
	腾讯网			
独立型	银联电子支付	独立，只专注于提供第三方支付平台服务		
	快钱			

表 3-2　四大支付平台优劣势比较

平台	优势	劣势
支付宝	①具有良好的信用度和网站品牌支撑 ②在线支付手续费全免 ③付款到账发货，快速高效 ④全额先期赔偿损失	①流程有漏洞，有欺骗行为 ②偏向买方，发生纠纷时听买家解释 ③由于免费，盈利不足

续表

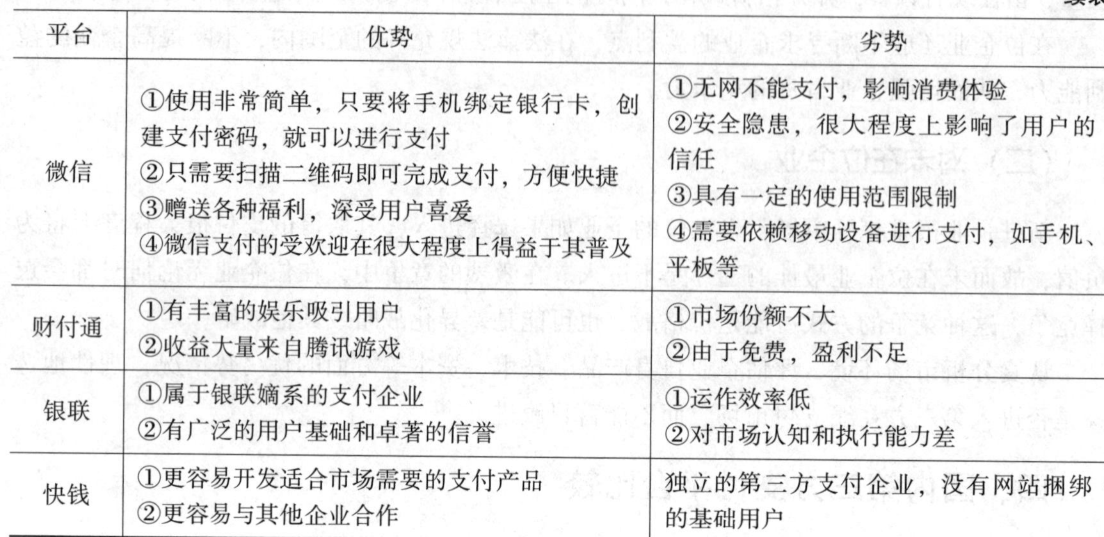

平台	优势	劣势
微信	①使用非常简单，只要将手机绑定银行卡，创建支付密码，就可以进行支付 ②只需要扫描二维码即可完成支付，方便快捷 ③赠送各种福利，深受用户喜爱 ④微信支付的受欢迎在很大程度上得益于其普及	①无网不能支付，影响消费体验 ②安全隐患，很大程度上影响了用户的信任 ③具有一定的使用范围限制 ④需要依赖移动设备进行支付，如手机、平板等
财付通	①有丰富的娱乐吸引用户 ②收益大量来自腾讯游戏	①市场份额不大 ②由于免费，盈利不足
银联	①属于银联嫡系的支付企业 ②有广泛的用户基础和卓著的信誉	①运作效率低 ②对市场认知和执行能力差
快钱	①更容易开发适合市场需要的支付产品 ②更容易与其他企业合作	独立的第三方支付企业，没有网站捆绑的基础用户

五、基于第三方支付平台的电子商务交易流程

（1）消费者在商家网站上选购物品，协商价格，并最终确定购买物品，从商家那里得到自己的订单号。

（2）消费者通过特定的银行卡将货款转账给支付平台的“信用中转账户”，并设定商家发货的期限。

（3）支付平台的“信用中转账户”收到消费者的货款后，将通过一定手段如电子邮件或短信的方式通知商家在消费者规定的期限内发货，如果在一定的期限内商家并未按要求将消费者购买的物品发出，则执行第 6 步流程，支付平台通过电子邮件或短信等相关手段通知消费者所订购货物发货未成功，并询问消费者货款是退回消费者账户还是暂存于支付平台。

（4）商家通过支付平台提供的查询功能查询消费者的支付情况，如果查询到消费者已将相关货款转入“信用中转账户”或收到支付平台的货款已到“信用中转账户”的通知，则商家发出消费者所订商品，并对自己已发出的相关物品进行登记，以备消费者查询。

（5）支付平台如果收到商家确已将消费者所定物品发出的有效证明，则将相关的货款从“信用中转账户”转入“商家账户”，完成支付后将在第一时间将支付信息通知商家，并把商家的发货细节信息以及货款已付信息通知消费者。

（6）如果商家在一定期限内并未将消费者所定的物品按要求发出，则消费者支付的货款将从“信用中转账户”转回消费者账户，此操作完成后，支付平台将在第一时间通知消费者交易失败的信息。

（7）退货程序的启动。如果确实发现商家所发出物品严重与订单不符，则消费者与支付平台交涉。如果确实查证属实，则由支付平台先行从商家的违约保证金中对消费者进行赔付，并通知商家此结果，随后启动对商家的信用进一步处理的流程（见图 3-2）。

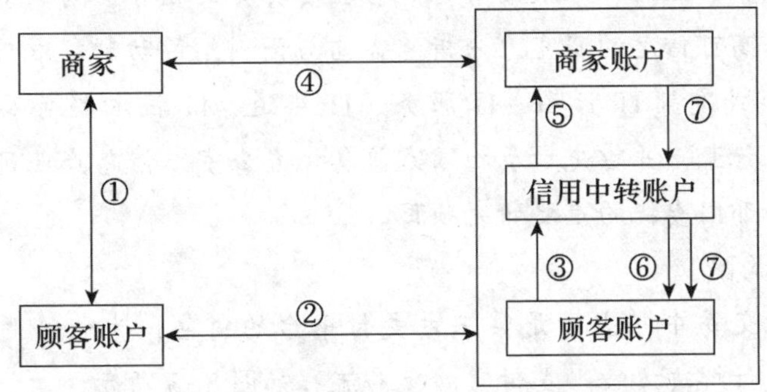

图 3-2 基于第三方支付平台的电子商务交易流程

◎案例链接

第三方支付平台——支付宝

一、基本框架与功能

（一）基本情况

支付宝（https：//www. alipay. com/）是提供网上支付服务的第三方支付平台，于 2003 年 10 月在淘宝网推出，由阿里巴巴公司创办。支付宝一经推出，短时间内迅速成为使用极其广泛的网上安全支付工具，深受用户喜爱，引起业界高度关注，用户覆盖了整个 C2C、B2C 以及 B2B 领域。截至 2008 年 1 月 14 日，使用支付宝的用户已经超过 6 300万，支付宝日交易总额超过 3. 1 亿元人民币，日交易笔数超过 135 万笔。

支付宝庞大的用户群吸引了越来越多的互联网商家主动选择支付宝产品和服务，目前除淘宝和阿里巴巴外，支持使用支付宝交易服务的商家已经超过 30 万家；涵盖了虚拟游戏、数码通信、商业服务、机票等行业。这些商家在享受支付宝服务的同时，更是拥有了一个极具潜力的消费市场。

支付宝以其在电子商务支付领域先进的技术、风险管理与控制等能力赢得银行等合作伙伴的认同。目前已和国内中国工商银行、中国农业银行、中国建设银行、招商银行、上海浦发银行等各大商业银行以及中国邮政、VISA 国际组织等各大机构建立了战略合作，成为金融机构在网上支付领域极为信任的合作伙伴。

支付宝品牌以安全、诚信赢得了用户和业界的一致好评。支付宝被评为 2005 年网上支付最佳人气奖、2005 年中国最具创造力产品、2006 年用户安全使用奖；同时支付宝也在 2005 年中国互联网产业调查中获得“电子支付”第一名，名列中国互联网产业品牌 50 强以及 2005 年中国最具创造力企业称号。2006 年 9 月，在中国质量协会用户委员会及计世资讯主办的“2006 年中国 IT 用户满意度调查”中，支付宝被评为“用户最信赖互联网支付平台”。

计世资讯（CCW Research）依托于计算机世界传媒集团①，接受国务院信息化工作办公室、国家信息和工业化部以及国有资产管理委员会的指导，为政府、产业、企业各层面提供专业化、高可信度的研究、分析、咨询与预测，帮助制定准确、完善的战略与战术决策。研究领域覆盖 IT 产品、IT 服务、IT 渠道、IT 技术趋势及政府、制造、金融、电信等十几个行业，并曾先后承担国家信息化办公室、信息产业部和国有资产管理委员会等相关政府部门委托的重要研究项目。

（二）功能结构图

支付宝在网上交易中充当的是第三方支付平台的角色，为电子商务提供安全、简单、便捷的在线支付解决方案。支付宝的交易流程如图 3-3 所示。

买家选择商品 → 买家支付到支付宝 → 买家收货确认 → 支付宝付款给卖家

图 3-3　支付宝的交易流程

二、商业模式

（一）目标客户群

支付宝刚创立时的目标客户是淘宝网用户，为他们提供一种安全、便捷的支付方式。随着支付宝的影响力不断提升，支付宝开始为阿里巴巴中国网站用户以及其他非阿里巴巴旗下网站提供支付平台。截至 2006 年底，支付宝已有 3 300 万用户，是我国最大的第三方网上支付平台。

（二）营利模式

截至 2006 年底，支付宝对所有用户均是免费使用，没有营利模式。但从 2007 年 2 月开始，支付宝将向非淘宝网卖家收取一定比例的技术服务费用，收费标准约为交易总额的 1.5%。淘宝网用户可以继续免费使用支付宝。

（三）核心能力

与国内其他第三方支付平台相比，支付宝的核心能力主要体现为两点：一是强大的后盾为其提供的庞大客户群，淘宝网、阿里巴巴中国站都支持支付宝，这为支付宝获得了其他任何第三方支付平台无法比拟的客户数量；二是安全保障，支付宝对外推出“全额赔付”的政策，使用户有了安全保障。

三、经营模式

支付宝前期为淘宝网订制，后扩展到阿里巴巴中国站和非阿里巴巴旗下网站。2003 年 10 月阿里巴巴公司推出支付宝的目的就是解决旗下 C2C 网站——淘宝网支付困

① 计世资讯（CCW Research），全称为北京时代计世资讯有限公司，是中国 IT 产业前瞻性预测与用户应用研究的权威市场调研和咨询机构。

难的问题，从而推动淘宝网的发展。后来随着产品的成熟，开始在阿里巴巴中国站和非阿里巴巴旗下网站推广，且不收取任何费用。

与各大银行、金融机构合作，圈地电子支付市场。支付宝目前已和国内的中国工商银行、中国农业银行、中国建设银行、招商银行、上海浦发银行等各大商业银行以及中国邮政、VISA 国际组织等各大机构建立了战略合作，成为金融机构在网上支付领域极为信任的合作伙伴。另外，支付宝还与中国建设银行合作，发布了国内首张真正专注于电子商务的联名借记卡——支付宝龙卡及电子支付新产品——支付宝卡通业务。该卡除了具有建行龙卡借记卡的所有功能外，还能使持卡人享受到电子支付创新产品支付宝卡通的服务。持卡人将支付宝账户与支付宝龙卡通过建行柜台签约绑定后，可登录支付宝账户，直接通过支付宝龙卡账户，完成持卡人在支付宝平台的在线支付业务。同时，持卡人还能通过支付宝卡通完成支付宝龙卡账户余额和支付限额的查询服务。

推出“全额赔付”等措施，打造安全信用体系。目前，网上支付最大的障碍就是赔付问题。支付宝对此认识很深，于 2005 年 2 月率先推出“全额赔付”制度。在使用支付宝支付的网站，如果在成交协议后，卖家没有向买家寄送货品或者买家收到的物品与描述不符，淘宝作为第三方监管将为买家提供与货品价值等额的“全额赔付”。2006 年 6 月，支付宝又推出国内支付领域首张数字证书，并向所有经过认证的网民免费发放，使网上购物者有了身份确认和全额赔付的双重保障。2006 年 10 月，支付宝再推出“电子机票”全额赔付制度，凡是支付宝的用户，只要用其支付宝账户登录游易网进行机票订购，都可享受全额赔付待遇。另外，为了消除用户担心支付宝挪用“沉淀资金”的疑虑，支付宝于 2006 年 5 月与中国工商银行签订托管协议，支付宝所有的客户交易保证金都将统一存放在中国工商银行备案允许的资金托管账户，由中国工商银行总行对支付宝公司交易资金情况进行综合审计，每月提交资金托管报告披露客户保证金存管情况，并出具支付宝客户交易保证金专用存款账户的资金存管情况，在支付宝客户交易保证金出现重大异常情况时，向相关部门报告并可以根据相关规定拒绝支付宝不符合规定的业务请求。

结合案例回答：

1. 作为国内第三方支付平台的领头羊，支付宝如何做到网上购物无风险？
2. 支付宝与传统银行有什么区别？

第四节 移动支付

一、移动支付的概念

移动支付是一种在移动设备上进行商务活动的方式，是指参与交易的双方为了得到所需的产品和服务，通过移动终端（手机、PDA 等）和移动通信网络实现交易的一种现代化手段。移动支付系统为每个手机用户建立了一个与其手机号码关联的支付账户，用户通过手机即可进行现金的划转和支付。移动支付作为通信技术和金融服务结合的服务方式，在未来几年内将成为移动增值业务的新亮点。

电子支付服务运营商 Worldplay 发布的《2021 全球支付报告》数据显示，我国国内所有的支付方式中，移动支付的占比达到 50%，成为我国消费者选择最多的支付方式。

移动支付用户数量达到 8. 5 亿，2011—2020 年，我国移动支付用户规模逐年增长。中国互联网络信息中心发布的第 47 次《中国互联网络发展状况统计报告》数据显示，截至 2020 年 12 月，我国移动支付用户规模达到 8. 54 亿，比 2019 年 6 月增长了 34. 9%，网民移动支付的使用比例由 2018 年底的 72. 5%提升至 86. 4%。移动支付业务规模超 400 万亿元。中国人民银行发布的数据显示，截至 2020 年底，我国移动支付业务 1232. 20 亿笔，金额 432. 16 万亿元，同比分别增长 21. 48%和 24. 50%。

二、移动支付的类型和特点

（一）移动支付的类型

（1）根据支付金额的大小，可以将移动支付分为小额支付和大额支付。小额支付业务指运营商与银行合作，建立预存费用的账户，用户通过移动通信的平台发出划账指令代缴费用；大额支付指把用户银行账户和手机号码进行绑定，用户通过多种方式对与手机捆绑的银行卡进行交易操作。

（2）根据支付时支付方与受付方是否在同一现场，可以将移动电子支付分为远程支付和现场支付。如通过手机购买铃声就是远程支付，而通过手机在自动售货机上购买饮料则是现场支付。

（3）根据实现方式的不同，可以将移动支付分为两种：一种是通过短信、WAP（无线应用协议，Wireless Application Protocol）等远程控制完成支付；另一种是通过近距离非接触技术完成支付，主要的近距离通信技术有蓝牙、RFID（无线射频识别，Radio Frequency Identification）和 NFC（近距离无线通信，Near Field Communication）等。

（二）移动支付的特点

（1）方便易行。与其他支付方式相比，移动支付方便易行，只需要拨打相应的电话号码或者发送消息即可。

（2）兼容性好。以银行卡为例，目前中国的银行卡种类很多，要让 POS（销售终端——POS，Point of Sale）机能够兼容所有的银行卡显然难度很大，而移动运营商只有中国移动和中国联通，因此，兼容性难题轻松化解，广大手机用户可以很方便地使用移动支付业务。

（3）支付成本低。利用手机支付，移动运营商可以以很低的电话费或短消息费用，甚至可以免费，通过与商家利润分成或者广告来实现业务收入。

（4）安全性好。移动支付一般是小额支付，相对其他支付方式对安全要求低。

三、移动电子支付的业务类型和运营模式

（一）移动支付的业务类型

（1）手机小额服务。主要使用手机账号或特制的小额账号完成支付功能。一般采用 SMS（短信，Short Messaging Service）、WAP、USSD（非结构化补充数据，Unstructured Supplementary Service Data）、K-Java（嵌入式设备的 JAVA 软件）等实现，通过将手机绑定银行卡、网络银行为小额账户充值，通过运营商提供业务、管理用户账户，第三方交易服务提供商提供支付平台，付费采用预付费实时扣除、后付费记账等方式完成。

（2）金融移动服务。移动运营商与金融机构合作，将手机与银行卡绑定，从银行卡支付交易费。金融移动服务一般由运营商提供信道，目前主要是短信模式，银行负责资金管理、结算等。这种服务的付费采用实时扣除，并支持信用卡支付。

（3）公共事业缴费。在银行营业网点开办通过移动支付业务进行公共事业缴费，并在第三方平台通过移动网络通知用户确认交易。这种使用移动终端代缴公共事业费的业务目前已在上海付费通、捷银等第三方支付服务公司平台实现。

（4）产业链。移动支付产业链环节包含运营商、银行、信用卡机构、第三方交易平台、解决方案提供商、终端厂商、商户和用户等。

（二）移动支付的运作模式

目前移动支付业务的运作模式主要分为银行运作、运营商运作和第三方运作。

（1）银行运作模式。通过专线将银行网络与移动通信网络进行互联，将银行账户与手机账户绑定，电信运营商为银行提供渠道。

（2）运营商运作模式。以用户的手机话费账户等小额账户作为移动支付账户进行消

费，如手机钱包等业务。

（3）第三方运作模式。是通过搭建独立于银行和移动运营商的第三方移动支付平台，连接客户、银行及 SP（移动互联网服务内容应用服务的直接提供者，Service Provider），并负责客户银行账户与服务提供商银行账户之间的资金划拨和结算，如广州的金中华、上海的捷银等公司均采用这种模式提供数字化产品销售、电子票务等增值服务。

四、移动支付体系架构及流程

移动支付处理系统中涉及的主要实体有客户、商家和移动支付处理中心（Mobile Payment Processing Agent）以及银行系统，如图 3-4 所示。

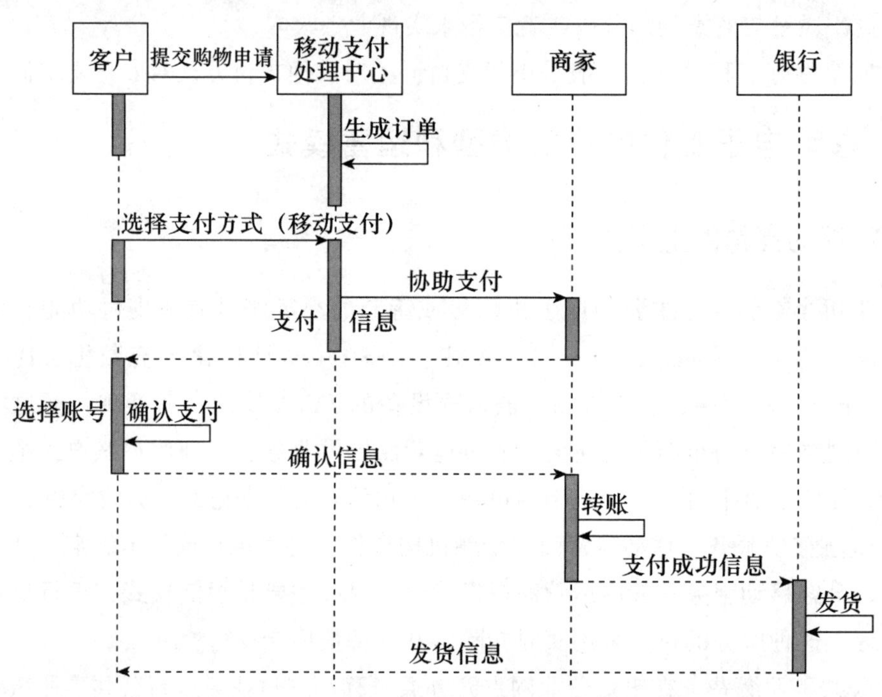

图 3-4 移动支付体系架构及流程

从图 3-4 可以看出，移动支付处理中心是整个支付处理系统中的核心，它负责联系系统中的其他实体，提供支付处理服务。同时，移动支付处理中心还用于维护用户信息及认证服务。移动支付处理中心实现了提供管理与客户、商家和支付服务之间的交互。通常移动支付处理中心可以由移动运营商来实现。支付服务提供商（银行）向移动支付处理中心提供支付服务。

一个移动支付交易主要包括这样一个过程：

◆客户在网上购物，生成订单后，选择手机银行支付。

◆支付信息由银行发送到客户手机上，客户选择账号确认支付，并把确认短信发给银行。

◆银行在收到确认短信后将货款从客户账户转账到商家账户，完成支付。

◆商家发货给客户。

于是整个支付过程可以分为对客户的身份认证和交易处理两个部分。

（1）对客户的身份认证：

◆客户首先访问商家提供的网站，请求身份认证。

◆客户将认证请求发送给移动支付处理中心，移动支付处理中心通过一定的身份认证机制（应用级的身份认证）来认证客户的身份是否合法。

◆移动支付处理中心将认证结果发送给商家。如果客户通过验证，则可以进行交易，否则，终止交易。

（2）对客户进行身份认证后，支付过程可归纳如下：

◆客户接入网络，进入商家为客户提供的界面浏览并选择商品。

◆客户选择好商品后，将购买指令发送给商家。

◆商家收到购买指令后，将购买指令及相关信息发送给移动支付处理中心。

◆移动支付处理中心将确认购买信息发送到客户的移动终端上，请求客户确认。如果没有得到确认消息，则拒绝交易，购买过程到此终止。

◆客户将确认消息发送给商家。

◆商家将客户确认购买信息发送给移动支付处理中心，请求支付操作。

◆移动支付处理中心通知客户进行支付操作。

◆客户使用自己的移动终端输入自己的银行信用卡的账号、密码以及金额等信息，发送给移动支付处理中心。

◆移动支付处理中心向支付服务提供商（银行）请求兑现支付。

◆兑现支付后，移动支付处理中心通知商家可以交付商品，并保留交易记录。

◆商家交付商品，并保留交易记录。

◆商家将交易记录写入前台消费系统，以供客户查询。

至此，一个完整的移动交易过程结束。实际应用根据应用的不同需求及环境，其实现过程可能会与上面步骤有所不同。

五、移动支付应用——“手机钱包”

“手机钱包”是中国移动、中国银联联合各大国有及股份制商业银行共同推出的一项全新的移动电子支付通道服务。“手机钱包”通过把客户的手机号码与银行卡等支付账户进行绑定，随时随地为拥有中国移动手机的客户提供移动支付通道服务。客户可使用手机短信、语音、WAP、K-Java、USSD 等操作方式，管理自己指定的银行卡账户或小额中间账户并实现从账户中进行扣费。手机钱包支持的具体的服务包括查缴手机话费、动感地带充值、个人账务查询、购买彩票、手机订报、购买 IP（网际协议，Internet Protocol）卡、手机捐款、远程教育、手机投保、公共事业缴费等多项业务。在这些业务中，“手机钱包”签约商户负责提供客户购买的各项产品或服务，“手机钱包”移动支付平台负责处理支付信息。

目前，“手机钱包”已在北京、天津、黑龙江、山东、湖北等地开通了移动支付业务，并将在上海、广东、四川、吉林、海南等地，开展手机缴费、手机投保、手机投注、手机缴税、手机购买数字点卡、公共事业缴费等多项移动电子商务服务。

项目小结

本项目介绍了旅游电子商务常见的三种支付模式。首先介绍了网络银行的概念、特点、基本业务类型及我国网络银行的发展状况，接着讲述了我国第三方支付平台，最后介绍了电子支付的发展新趋势——移动支付的概念、类型、业务类型、运营模式和流程。通过本项目的学习，让学生对电子支付和网络银行有了全面的认知。

思考题

一、单项选择题

1. 认证中心的核心职能是（　　）。

A. 验证信息　　B. 签发和管理数字证书

C. 公布黑名单　　D. 撤销用户的证书

2. 防止他人破坏传输的数据，确定发送信息人的身份所采用的一种手段是（　　）。

A. 加密技术　　B. VPN 技术

C. 数字签名　　D. 手工签名

3. 下面行为破坏了计算机通信信道完整性的是（　　）。

A. 抢注域名　　B. 数据被篡改

C. 个人信息被窃　　D. 拒绝攻击

4. 允许带一定特性的外部用户进入受保护网络的一种软件或硬件装置叫（　　）。

A. VPN　　B. 防火墙

C. 入侵检测系统　　D. 服务器

5. 全球第一家完全通过国际互联网经营的独立银行是（　　）。

A. 美国安全第一网络银行　　B. 英国安全第一商业银行

C. 美国安全第一商业银行　　D. 日本安全第一网络银行

6. 出于安全性支付考虑，网上支付密码最好的组合是（ ）。

A. 银行提供的原始密码　　B. 生日的数字

C. 字母和数字混合　　D. 常用的英文单词

7. 在对称加密体制中，加密密钥即（ ）。

A. 解密密钥　　B. 私密密钥

C. 公开密钥　　D. 私有密钥

8. 借记卡、信用卡属于电子货币的哪一类（ ）。

A. 储值和信用卡型　　B. 智能卡型

C. 电子支票型　　D. 数字现金型

9. 通常由中央银行运行，采用 RTGS 模式，一个国家支付体系的核心应用系统属于电子支付系统的哪一类（ ）。

A. 大额支付系统　　B. 联机小额支付系统

C. 脱机小额支付系统　　D. 电子货币

二、多项选择题

1. 网络银行具有如下特点（ ）。

A. 没有分支机构　　B. 低廉的成本和高额的回报

C. “3A”服务　　D. 方便快捷

2. 数字签名的主要方法有（ ）。

A. RSA 签名　　B. PHP 签名

C. DSS 签名　　D. HASH 签名

三、判断题

1. 国内首家通过互联网发放第一笔贷款的网络银行是蚂蚁金服。（ ）

2. ATM 属于电子支付系统中的脱机小额支付系统。（ ）

四、填空题

1. 电子货币的表现形式可以分为四大类：储值和信用卡型、智能 IC 型、__________和电子支票型。

2. 电子商务交易的安全性包括可靠性、__________、保密性、完整性和不可抵赖性。

五、名词解释

1. 电子货币

2. 区块链

3. 比特币

4. CA

六、简答题

1. 什么是第三方支付平台？以支付宝为例说明第三方支付平台的工作原理。

2. 简述什么是网上银行。

3. 简述对计算机网络系统安全性产生威胁的因素有哪些。

七、案例分析

阅读本项目第二节的“案例链接”——保护网络密码安全。思考：如何保护自己的网络银行安全？

项目四
旅游电子商务模式

任务目标

知识目标：

1. 掌握旅游电子商务的经营模式。
2. 理解按信息终端形式划分的旅游电子商务模式。
3. 理解旅游电子商务企业全产业价值链服务模式。
4. 理解旅游电子商务企业特色产业价值链服务模式。

技能目标：

1. 能够通过理论和实践，掌握旅游电子商务经营模式的操作技能。
2. 熟练掌握旅游电子商务企业全产业价值链服务模式等。

思政目标：

1. 提升学生对旅游电子商务经营模式的理解。
2. 培养学生对旅游电子商务经营模式运营的概念。
3. 培养学生积极主动的工作态度、分析问题和解决问题的能力。

任务引领

黄山旅游电子商务生态系统

智慧黄山旅游信息化项目，依托途马网为多景区、多酒店及多层级、多应用提供旅游电子商务服务平台；更为满足高级复杂开放式平台架构的需求，把黄山旅游电子商务打造成大黄山旅游门户；向游客、市民等综合消费者提供大黄山宣传营销、消费资讯服务网络平台；向政府和行业管理者提供行业管理系统和数据支持的一站式个性化综合性业务平台。

智慧黄山旅游电子商务生态系统（见表4–1）的演化是黄山市委、市政府立足旅游资源优势，以途马网为基础，以途马公司为运营载体进行组织架构和功能拓展的结果。第一阶段2010～2012年为快速发展阶段，主要任务是完成建设精品旅游、电子商务、电子政务、网络和信息安全基础设施等重大项目，初步构建智慧黄山应用体系和支撑环境；第二阶段2013～2015年为全面提升阶段，主要任务是全面提升网络通信能力和信息安全保障水平，全面提升政府信息化管理和服务水平，全面提升信息化与产业化融合水平，基本建成以“城市网络化、政府智能化、产业数字化”为主要特征的“智慧城市”。

表4–1　智慧黄山旅游电子商务生态系统构成

领导团体	黄山市委、市政府、黄山旅游主管部门和途马公司以途马网为基础建立的智慧黄山综合门户网
关键团体	黄山市旅游景区景点、星级酒店饭店、星级农家乐、旅游商品生产企业、旅行社、旅游主管部门、博物馆、展览馆、温泉、度假村、高尔夫球场等旅游产品服务提供商和注册为会员的游客以及携程、驴妈妈、途牛等网络旅游代理商
支持团体	电信服务商、软硬件与网络技术服务商、网络结算金融服务商、物流服务商、交通运输服务商等支持机构
依靠团体	小型旅游餐饮、住宿、农家乐企业、旅游休闲酒吧、会所、影城、导游、旅游商品零售个体从业者、民俗文化从业者和当地依靠旅游文化谋生的居民等

智慧黄山旅游电子商务生态系统建设的指导思想是“服务政府决策、服务广大游客、服务广大市民”。建设内容有五大工程，即数字化精品旅游推进工程、国际化旅游综合信息服务平台建设工程、黄山旅游综合服务系统建设完善工程、黄山旅游目的地营销系统建设完善工程、旅游综合管理信息系统完善工程。

智慧黄山综合门户网于2011年5月上线，汇集资讯、商务、政务、生活等方面的子网页。外界可以通过综合门户资讯网来了解黄山，它涵盖所有的旅游要素信息，通过立体式的网络营销，整合整个黄山市旅游资源；商务网打造吃、住、行、游、购、娱的全能交易平台；政务网是行业管理互联网平台，打造旅游电子政务功能；生活网解决各种民生需求。

智慧黄山对于安徽省甚至全国而言，都是探索旅游信息化高级阶段创新发展路径的有益尝试，也是建立旅游景区电子商务生态系统的成功应用。

（资料来源：田大江，王云．旅游全程电子商务服务模式及应用研究：基于旅游相关利益主体需求及旅游产业价值链分析的视角［M］．北京：旅游教育出版社，2021.）

思考：请分析说明黄山旅游电子商务生态系统有哪些优点？它给你什么启示？

第一节 旅游电子商务的经营模式

旅游电子商务是指以网络为主体，以旅游信息库、电子化商务银行为基础，利用最先进的电子手段运作旅游业及其分销系统的商务体系。那么旅游电子商务的经营模式是什么呢？下面就为大家具体介绍旅游电子商务的经营模式。

一、B2B 交易形式

在旅游电子商务中，B2B 交易形式主要包括以下几种情况：

（1）旅游企业之间的产品代理，如旅行社代订机票与饭店客房，旅游代理商代售旅游批发商组织的旅游线路产品。

（2）组团社之间相互拼团，也就是当两家或多家组团旅行社经营同一条旅游线路，并且出团时间相近，而每家旅行社只拉到为数较少的客人。这时，旅行社征得游客同意后可将客源合并，交给其中一家旅行社操作，以降低规模运作的成本。

（3）旅游地接社批量订购当地旅游饭店客房、景区门票。

（4）客源地组团社与目的地接社之间的委托、支付关系等。

旅游业是一个由众多子行业构成、需要各子行业协调配合的综合性产业，食、宿、行、游、购、娱各类旅游企业之间存在复杂的代理、交易、合作关系，旅游 B2B 电子商务有很大的发展空间。

旅游企业间的电子商务又分为两种形式：

一是非特定企业间的电子商务。它是在开放的网络中为每笔交易寻找最佳的合作伙伴。一些专业旅游网站的同业交易平台就提供了各类旅游企业之间查询、报价、询价直至交易的虚拟市场空间。

二是特定企业之间的电子商务。它是在过去一直有交易关系或者今后一定要继续进行交易的旅游企业之间，为了共同经济利益，共同进行设计、开发或全面进行市场和存量管理的信息网络，企业与交易伙伴间建立信息数据共享、信息交换和单证传输。如航空公司的计算机预订系统就是一个旅游业内的机票分销系统，它连接航空公司与机票代理商。机票代理商的服务器与航空公司的服务器是在线实时连接的，当机票的优惠和折扣信息有变化时会实时地反映到代理商的数据库中。机票代理商每售出一张机票，航空公司数据库中的机票存量就会发生变化。B2B 电子商务的实现大大提高了旅游企业间的信息共享和对接运作效率，提高了整个旅游业的运作效率。

二、B2E 交易模式

此处，B2E 中的 E，指旅游企业与之有频繁业务联系，或为之提供商务旅行管理服务的非旅游类企业、机构、机关。大型企业经常需要处理大量的公务出差、会议展览、奖励旅游事务。他们常会选择和专业的旅行社合作，由旅行社提供专业的商务旅行预算和旅行方案咨询，开展商务旅行全程代理，从而节省时间和财务成本。另一些企业则与特定机票代理商、旅游饭店保持比较固定的业务关系，由此享受优惠价格。

旅游 B2E 电子商务较先进的解决方案是企业商务旅行管理系统。它是一种安装在企业客户端的具有网络功能的应用软件系统，通过网络与旅行社电子商务系统相连。在客户端，企业差旅负责人可将企业特殊的出差政策、出差时间和目的地、结算方式、服务要求等输入 TMS，系统将这些要求传送到旅行社。旅行社通过电脑自动匹配或人工操作为企业客户设计最优的出差行程方案，并为企业预订机票及酒店，同时将预订结果反馈给企业客户。通过 TMS 与旅行社建立长期业务关系的企业客户能享受到旅行社提供的便利服务和众多优惠，节省差旅成本。同时，TMS 还提供统计报表功能。用户企业的管理人员可以通过系统实时获得整个公司全面详细的出差费用报告，并可进行相应的财务分析，从而有效地控制成本，加强管理。

三、B2C 交易模式

B2C 旅游电子商务交易模式，也就是电子旅游零售。交易时，旅游散客先通过网络获取旅游目的地信息，然后在网上自主设计旅游活动日程表，预订旅游饭店客房、车船机票等，或报名参加旅行团。对旅游业这样一个旅客高度地域分散的行业来说，旅游 B2C 电子商务方便旅游者远程搜寻、预订旅游产品，克服距离带来的信息不对称。通过旅游电子商务网站订房、订票，是当今世界应用最为广泛的电子商务形式之一。另外，旅游 B2C 电子商务还包括旅游企业对旅游者拍卖旅游产品，由旅游电子商务网站提供中介服务等。

四、C2B 交易模式

C2B 交易模式是由旅游者提出需求，然后由企业通过竞争满足旅游者的需求，或者是由旅游者通过网络结成群体与旅游企业讨价还价。

旅游 C2B 电子商务主要通过电子中间商进行。这类电子中间商提供一个虚拟开放的网上中介市场，提供一个信息交互的平台。上网的旅游者可以直接发布需求信息，旅游企业查询后双方通过交流自愿达成交易。

旅游 C2B 电子商务主要有两种形式。第一种形式是反向拍卖，是竞价拍卖的反向过程。由旅游者提供一个价格范围，求购某一旅游服务产品，由旅游企业出价。出价可以是公开的或隐蔽的，旅游者将选择认为质价合适的旅游产品成交。这种形式，对于旅游企业来说吸引力不是很大，因为单个旅游者预订量较小。第二种形式是网上成团，即旅游者提出他设计的旅游线路，并在网上发布，吸引其他相同兴趣的旅游者。通过网络信息平台，将愿意按同一条线路出行的旅游者会聚到一定数量，这时，他们再请旅行社安排行程，或直接预订饭店客房等旅游产品，可提升与旅游企业议价及优惠的增强与升级，或者优惠力度。

旅游 C2B 电子商务利用了信息技术带来的信息沟通面广和成本效益高的特点，特别是网上成团的运作模式，使传统条件下难以兼得的个性旅游需求满足与规模化组团降低成本有了很好的结合点。旅游 C2B 电子商务是一种需求方主导型的交易模式，它体现了旅游者在市场交易中的主体地位，对帮助旅游企业更加准确和及时地了解客户的需求，对实现旅游业向产品丰富和个性满足的方向发展起到了促进作用。

第二节 按信息终端形式划分的旅游电子商务模式

旅游电子商务的网络信息系统中必须具备一些有交互功能的信息终端，使信息资源表现出来被人们利用，同时接受用户向电子商务体系反馈的信息。按信息终端形式划分的旅游电子商务包括网站电子商务、语音电子商务、移动电子商务和多媒体电子商务。

一、网站电子商务

用户通过与网络相连的个人电脑访问网站实现电子商务，是目前最通用的一种形式。互联网是一个全球性媒体。它是宣传旅行和旅游产品的一个理想媒介，集合了宣传册的鲜艳色彩、多媒体技术的动态效果、实时更新的信息效率和检索查询的交互功能。它的平均成本和边际成本极为低廉。一个网站，无论是 1 万人还是 1 000 人访问，其制作和维护的成本都是一样的。目的地营销组织在运用其他手段进行营销时，预算会随着地理覆盖范围的加大而增加。而互联网与地理因素毫无关系，在全球宣传，销售的成本与在本地销售的成本并无差别。互联网用户以年轻、高收入人群居多，是有潜力的旅游市场。

我国旅游网站的建设最早可以追溯到1996年。经过几年的摸索和积累，国内已经有相当一批具有一定资讯服务实力的旅游网站，这些网站可以提供比较全面的，涉及旅游中食、住、行、游、购、娱等方面的网上资讯服务。按照不同的侧重点可以分为以下六种类型。

（1）由旅游产品的直接供应商所建。如北京昆仑饭店、上海青年会宾馆、上海龙柏饭店等所建的网站就属于此类型。

（2）由旅游中介服务提供商，又叫作“在线预订服务代理商”所建。大致可分为两类：一类由传统的旅行社所建，如云南丽江南方之旅、休闲中华分别由丽江南方旅行社有限责任公司和广东省口岸旅行社推出；另一类是综合性旅游网站，如携程旅行网、中国旅游资讯网等，它们一般有风险投资背景，将以其良好的个性服务和强大的交互功能抢占网上旅游市场份额。

（3）地方性旅游网站。如金陵旅游专线、广西华光旅游网等，它们以本地风光或本地

旅游商务为主要内容。

(4) 政府背景类网站。如航空信息中心下属的以机票预订为主要服务内容的信天游网站，它依托于GDS。

(5) 旅游信息网站。它们为消费者提供大量丰富的、专业性旅游信息资源，有时也提供少量的旅游预订中介服务，如中华旅游报价、网上旅游等。

(6) 在ICP门户网站中，几乎所有的网站都不同程度地涉及了旅游内容，如新浪网生活空间的旅游频道、搜狐和网易的旅游栏目、中华网的旅游网站等，显示出网上旅游的巨大生命力和市场空间。

从服务功能看，旅游网站的服务功能可以概括为以下三类。

(1) 旅游信息的汇集、传播、检索和导航。这些信息内容一般都涉及景点、饭店、交通旅游线路等方面的介绍；旅游常识、旅游注意事项、旅游新闻、货币兑换、旅游目的地天气、环境、人文等信息以及旅游观感等。

(2) 旅游产品的在线销售。网站提供旅游及其相关产品的各种优惠、折扣，航空、饭店、游船、汽车租赁服务的检索和预订等。

(3) 个性化订制服务。从网上订车票、预订酒店、查阅电子地图到完全依靠网站的指导在陌生的环境中观光、购物。这种以自订行程、自助价格为主要特征的网络旅游在不久的将来会成为国人旅游的主导方式。那么能否提供个性化订制服务已成为旅游网站，特别是在线预订服务网站必备的功能。

二、语音电子商务

所谓的语音电子商务，是指人们可以利用声音识别和语音合成软件，通过任何固定或移动电话来获取信息和进行交易。这种方式速度快，而且还能使电话用户享受互联网的低廉费用服务。对于旅游企业或服务网站而言，语音电子商务将使电话中心实现自动化，降低成本，改善客户服务。

语音商务的一种模式是由企业建立单一的应用程序和数据库，作为现有的交互式语音应答系统的延伸，这种应用程序和数据库可以通过网站传送至浏览器，转送到采用无线应用协议的小屏幕装置，也可以利用声音识别及合成技术，由语音来传送。语音商务的另一种模式是利用VoiceXML进行网上冲浪。VoiceXML是一种新的把网页转变成语音的技术协议，该协议目前正由美国电话电报、IBM、朗讯和摩托罗拉等公司进行构思。专家断言："虽然语音技术尚未完全准备好，但它将是下一次革命的内容。"

三、移动电子商务

所谓的移动电子商务，是指利用移动通信网和互联网的有机结合来进行的一种电子商务活动。网站电子商务以个人电脑为主要界面，是"有线的电子商务"，而移动电子商务，则是通过手机、PDA这些可以装在口袋里的终端来完成商务活动的，其功能将集金融交易、安全服务、购物、招投标、拍卖、娱乐和信息等多种服务功能于一体。随着移动通信、数据通信和互联网技术的发展，三者的融合也越来越紧密。虽然目前移动数据业务仅占整个无线业务量的一小部分，有许多业内人士认为，到2025年它将达到25%。2023年全球移动电话用户已经超过83亿户，其中67%的客户有能力使用无线Internet服务。

旅游者是流动的，移动电子商务在旅游业中将会有广泛的应用。诺基亚公司已开发出一种基于“位置”的服务：“事先将个人的数据输入移动电话或移动个人助理，那么我位于某一个点上的时候，它会告诉我，附近哪里有电影院，将放映什么电影可能是我感兴趣的，哪里有我喜欢的书，哪里有我喜欢吃的菜。我会知道去机场会不会晚点，如果已经晚了，那么当地位置该内容的下一班时间会准确地推送给我。这些完全是由移动性带来的，固定Internet服务做不到如此的智能便捷。”

四、多媒体电子商务

多媒体电子商务一般由网络中心、呼叫处理中心、营运中心和多媒体终端组成，它将遍布全城的多媒体终端通过高速数据通道与网络信息中心和呼叫处理中心相连接，通过具备声音、图像、文字功能的电子触摸屏计算机、票据打印机、POS机、电话机以及网络通信模块等，向范围广泛的用户群提供动态、24小时不间断的多种商业和公众信息，可以通过POS机实现基于现有金融网络的电子交易，可以提供交易后票据打印工作，还可以接自动售货机、大型广告显示屏等。

为旅游服务的多媒体电子商务，一般在火车站、飞机场、饭店大厅、大型商场重要的景区景点、旅游咨询中心等场所配置多媒体触摸屏电脑系统，根据不同场合咨询对象的需求来组织和订制应用系统。它以多媒体的信息方式，通过采用图像与声音等简单而人性化的界面，生动地向旅游者提供范围广泛的旅游公共信息和商业信息，包括城市旅游景区介绍、旅游设施和服务查询、电子地图、交通查询、天气预报等。有些多媒体电子商务终端还具有出售机票、车票、门票的功能，旅游者可通过信用卡、充值卡、IC卡、借记卡等进行支付，得到打印输出的票据。

第三节　旅游全程电子商务企业全产业价值链服务模式

一、旅游全程电子商务企业全产业价值链分析

旅游产业链有别于其他产业链，它是横向产业链，彼此之间关联性不强，各自为战，产业链中企业可以独立为游客提供服务。传统背景下，基于技术限制和自身特点，旅游产业链联系不紧密，造成旅游资源得不到及时有效的分配，出现资源浪费现象，同时产业链

之间各自为战，缺乏一体化思想，造成游客在食、住、行、游、购、娱上只能分时分地地完成，无形中加大了游客的旅游成本，同时加剧了游客旅游时的身体、心理负担，为游客带来不便，如图 4-1 所示。

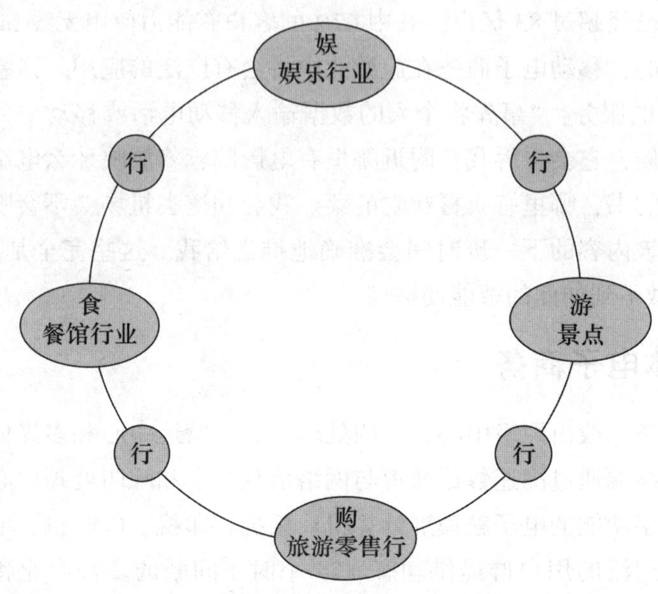

图 4-1　全产业价值链服务模式

二、景区全产业价值链服务模式

全产业链的企业应该将食、住、行、游、购、娱均衡分配，利用电子商务服务平台在新兴产业价值链服务模式中进行创新。

（一）景区全产业价值链概述

旅游景区是指能够满足游客休闲观光、放松娱乐、健身运动、会议培训等多种需求、具有相应的旅游服务设施的场所，旅游景区具体形式有旅游风景区、度假区、名胜古迹、各种主题公园等。

旅游景区电子商务的实现，是旅游电子商务应用的重要环节。从价值链的角度来分析其应用，旅游景区是旅游产品服务提供商的重要组成部分。旅游景区作为旅游产品服务的创造者，是旅游价值链的上游环节，在与价值链其他环节的竞争和合作中，必须首先在旅游景区内部实现资源整合，这种在景区范围内的价值链横向一体化，会逐渐演化成一个共生发展的景区商业生态系统。旅游景区价值链的变迁可通过图 4-2 至图 4-5 形象展示出来。

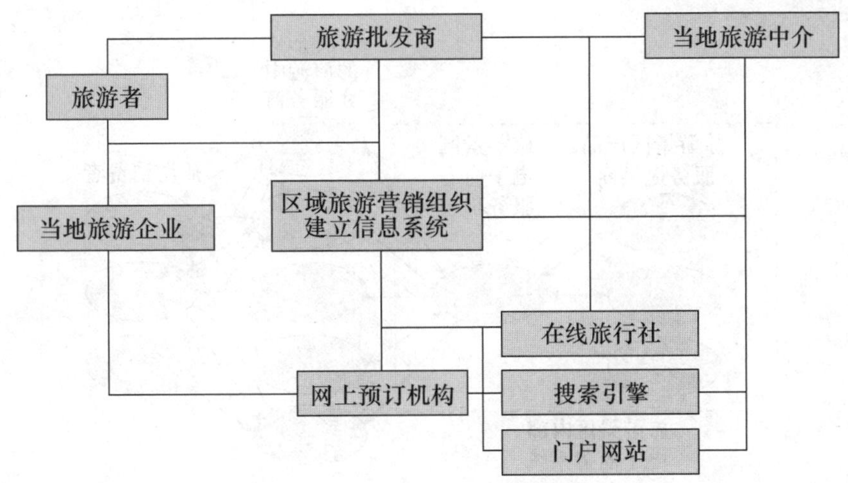

图 4-2 传统旅游景区价值链

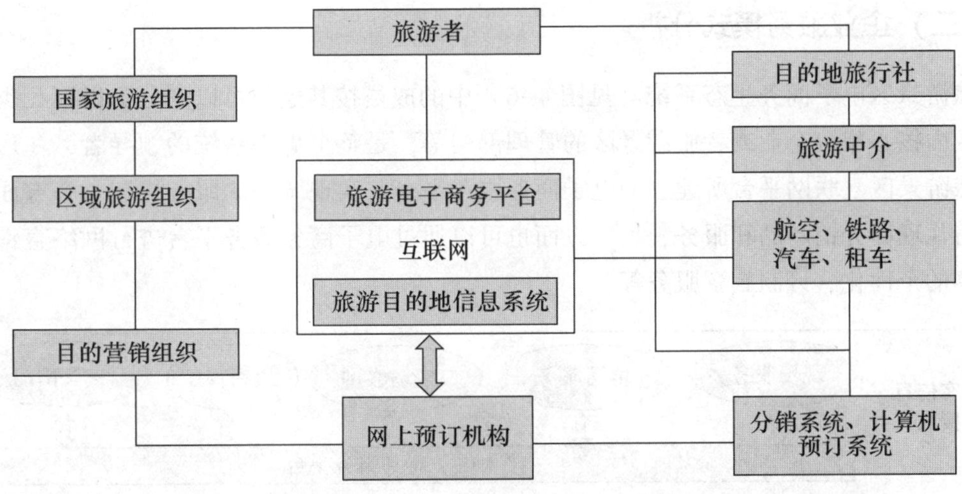

图 4-3 高度发展的旅游景区价值链

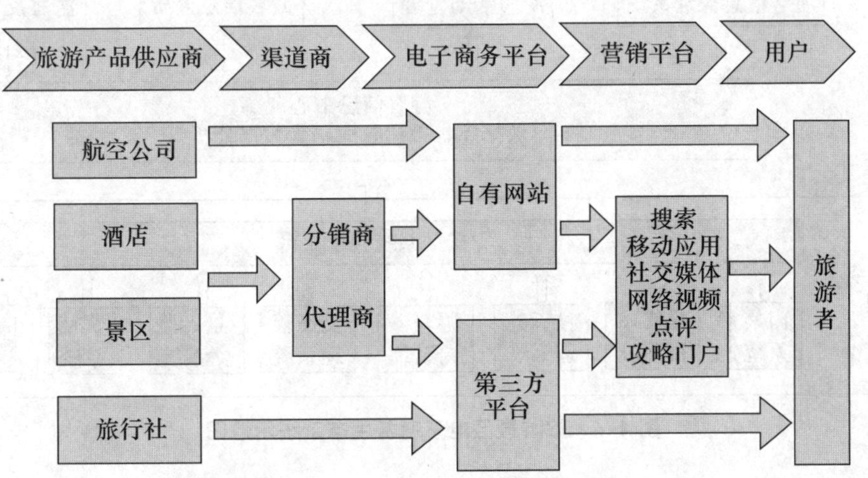

图 4-4 互联网环境下旅游主区价值链

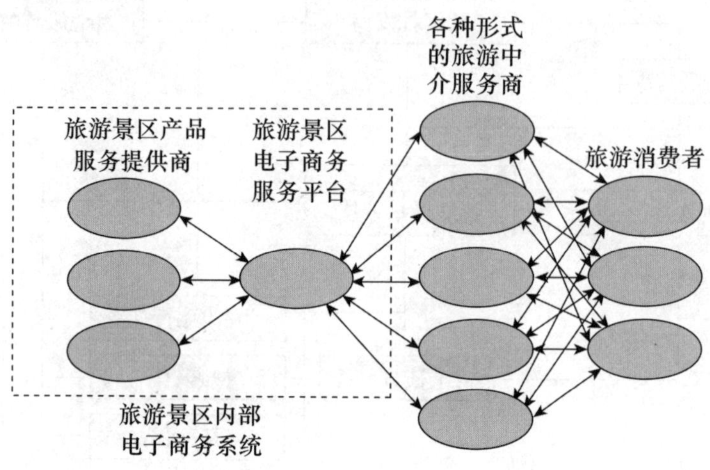

图 4-5　电子商务环境下旅游景区价值链

（二）企业服务模式分析

旅游景区电子商务生态系统（见图 4-6）中的成员按其定位可以划分为以下几类：旅游景区内核心旅游企业或者旅游景区的管理部门等，是整个生态系统的领导者，在形式上就是旅游景区互联网平台所建立的电子商务服务平台，实现统一的服务机制。一方面可以由旅游代理商分销产品和服务，另一方面也可以通过电子商务服务平台进行网络直销，满足游客的个性化、订制旅游服务等。

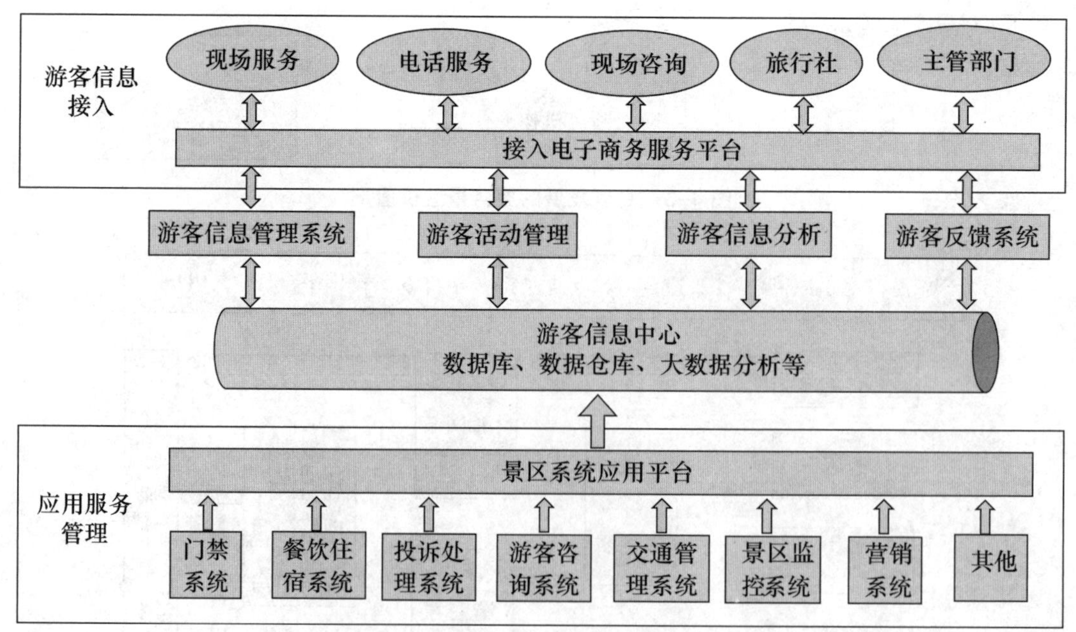

图 4-6　旅游景区电子商务生态系统示意图

电子商务服务平台同时是旅游景区的营销中心、联络中心、监管中心。旅游景区、景点、旅游公司、酒店、饭店和旅游主管部门、行业协会，旅游代理商和游客等都是电子商务交易主体，这些团体共同作用，完成旅游产品生产、传递、消费的全过程。

电子商务实现所需要的金融保险机构、物流服务商、交通运输商、电信服务商等，旅游景区电子商务基础设施的完备，在线预订、交易、支付、物流等功能的完善和安全是一切服务的基础，都离不开这些团体的支撑。

在旅游景区电子商务生态系统上有很多小型企业和组织，景区内的各种休闲旅游度假服务场所、小型的餐饮住宿服务、个体经营者以及旅游商品的生产、零售等依靠系统而存在。

旅游景区电子商务生态系统的形成是围绕市场需求，在景区内通过整合资源，实现电子商务旅游价值链的横向一体化。电子商务生态系统的形成，是一个从萌芽、发展到成熟的演化过程。

从目前国内景区的发展现状来看，主要有以下三种演化模式。

（1）旅游主管部门打造景区电子商务生态系统。旅游景区所在地的政府和旅游主管部门引导和规划是旅游景区电子商务发展的重要推动力。由于旅游景区电子商务开发的综合性、复杂性，因此采取政府主导模式，有利于整合旅游资源，利用电子商务实施旅游景区一体化战略；便于提高旅游资源综合利用效率和促进旅游产业的升级、优化、重组；便于确立明确的利益分配机制，完善政策支持体系，实现景区内良好的发展秩序。通过培育旅游企业，做大、做强旅游产业，出台政策吸引优质企业进一步加大投入力度，鼓励景区内的组织和个体等中小企业参与到旅游产业价值链中，优化服务体系。这一模式适宜中小型旅游企业或当地旅游企业相对弱小的景区，可以更有效地实现旅游景区电子商务的应用。

（2）核心旅游企业打造景区电子商务生态系统。随着旅游景区和信息技术的发展，越来越多的旅游企业会加强信息化建设，开展电子旅游业务，旅游景区内从事电子商务互联网平台的数量迅速增加，旅游企业之间的竞争从旅游互联网平台的竞争中反映出来。发展好的大型旅游企业通过品牌化、规模化竞争，逐步站稳了脚跟，而那些知名度低、规模较小的企业，由于缺乏资源优势在竞争中逐渐处于劣势。在这种形势下，大型旅游企业通过竞争在旅游景区内成为核心领导企业，因此在电子商务领域继续投入更多的资金，扩展电子商务功能，扩大业务覆盖面，增加服务内容，并整合其他网络资源以巩固自身的优势地位。而中小型旅游企业，只能与优势企业在业务上开展合作，化竞争为联合，追求共赢发展模式，旅游景区内的电子商务生态系统得以形成。

（3）旅游企业联盟打造景区电子商务生态系统。旅游景区内如果企业发展比较均衡，则可能会由多个旅游企业共同发起，建立一个综合的服务互联网平台，并逐步发展为集提供旅游服务信息、旅游预订、旅游增值服务等于一身的一站式旅游电子商务服务平台。随

着旅游景区的发展，互联网平台影响力不断扩大，不仅会带来更多的游客，也会吸引众多旅游企业的加盟，最终实现对整个旅游景区资源的整合。这是旅游景区电子商务生态系统演化的一般情况，即旅游景区企业联盟的模式。

旅游企业联盟的方式还有一种是景区外的旅游企业也参与整合，如跨地区的旅行社、旅游公司等和旅游景区内的企业，实现在旅游产业价值链上的纵向一体化，打破传统市场边界，实现旅游景区、旅行社业务的共同扩张，这是一种整合了部分旅游中介功能的旅游电子商务生态系统，它的范围要更广一些，进一步缩短了旅游价值链。

三、酒店全产业价值链服务模式

（一）酒店全产业价值链概述

酒店又称为宾馆、旅馆、旅店、旅社、客店、客栈等，其基本定义是提供安全、舒适，令消费者得到短期休息或睡眠空间的商业机构。一般来说，就是给宾客提供歇宿和饮食的场所。具体地说，酒店是以它的建筑物为凭证，通过出售客房、餐饮及综合服务设施向客人提供服务，从而获得经济收益。

对于酒店业而言，从全产业价值链视角可以分为内部产业价值链和外部产业价值链两部分。酒店业内部产业价值链主要包括基本活动、辅助活动两大类，前者涉及前台接待以及客房、餐饮、会议等服务活动，后者则涵盖了采购、行政、设施、人力资源等管理活动，这两部分均是为酒店内部价值链中创造价值的活动。酒店业外部产业价值链主要涉及上下游的供应商、消费者与竞争对手等方面。

在酒店行业中，代理人销售与酒店直销并存，而酒店90%以上的销售量是通过代理人完成的。在酒店产品销售的过程中，酒店要支付给代理人一定的代理费用，这部分费用无疑最终都转移到消费者身上，其直接反映就是高价格。当酒店建立电子商务平台后，可以直接向终端消费者进行宣传和促销，同时可以实现广告信息的精准投放，不仅节省了代理费用，而且节约了宣传和促销费用，避免了浪费，最终实现降低成本。

（二）企业服务模式分析

酒店业电子商务系统是通过网络进行 B2B（酒店对企业）和 B2C（酒店对顾客）之间商务活动的系统。通过网络化经营和管理的优势，酒店业电子商务系统实现增强企业组织竞争力、扩大市场份额和提高企业经营成果的目标，进而达到提高劳动生产率、降低成本、提高服务质量和管理水平的目的。

基于酒店业电子商务系统的职能和业务流程，企业内部与外部的信息沟通成为电子商务成功的主要因素。

我国酒店业应用电子商务的形式主要是酒店利用互联网与旅行社、旅行代理商、航空公司、银行系统、交通运输等部门进行电子商务的B2B模式，酒店通过网络在线与客人进行旅游产品（如客房、餐饮、娱乐）的预订和宣传，了解客户信息的B2C模式。旅游互联网平台成为酒店电子商务业务的主要增长点。通过旅游互联网平台的推广，基于旅游互联网平台的会员数，对酒店业影响力的扩大作用非常显著。

由于旅游业与酒店业的紧密结合，旅游业的发展给酒店业带来了更高的增长速度，酒店与旅行社、航空公司等的合作以及团购互联网平台等都为酒店业的电子商务应用带来了更多的可选择性。

（三）典型案例：香港中旅集团电子商务系统

1. 企业概况

香港中旅集团旗下有多家企业，有21家海外分支机构，业务涉及16个行业，是一个以旅游业为主体，集旅游、酒店、客货运输、实业投资、地产建筑、科技通信、金融、贸易于一身、海内外知名的大型综合性跨国企业集团。

2. 企业信息系统建设动因分析

香港中旅集团于1989年开始信息化建设，独立开发了集团的业务管理系统和人事管理系统，且开发和购买了财务管理系统。其于1997年对人事管理系统进行改造，采用C6架构体系，基于WindowsNT平台和SERVER6. 5运行，并于2002年完成改造。

随着信息技术的迅猛发展，企业经营范围不断扩大，竞争也越来越激烈，跨地域经营过程中各种信息日益庞杂，而原先的信息系统已经使集团运营受到制约。在这种情况下，集团管理必须转变，更新一套先进、实用、可取的管理信息系统，以更好地适应集团的发展战略，实行集团“强总部管控下专业化经营”的管控模式，实现集团的战略目标。

3. 电子商务平台建设方案

香港中旅集团管控模式采用集中战略管理，以实现集团对财务、业务、人力资源与CRM（客户关系管理）的集成。在集团财务管理系统完善的基础上，利用计算机和互联网系统将集团的业务系统，如酒店系统、票务系统、旅行社业务系统、人力资源等其他系统集成，形成物流、资金流、信息流一体化管理。

实现集团财务统一管理。香港中旅集团管理信息系统建设的关键目标就是实现集团财务管理，统一集团财务核算、资金管理、预算管理、成本管理，实现集团财务的实时监控、科学决策。

建立香港中旅集团全面分析和决策支持系统。在前两阶段成功应用的基础上，整合既有资源，建成有坚实后台业务管理系统支撑的、务实的、集成的电子商务系统，包括商业智能、价值链管理等形成企业智能化的分析和决策支持体系，使企业传统的经济优势品牌和资源在电子商务系统得到充分扩张，增强企业核心竞争力。

通过电子商务平台多年的建设，香港中旅集团获得了巨大收益。其主要体现在实现了集团对集团本部、地区公司、项目公司的财务数据及信息资源的分层集中管理；统一、规范了各板块的核算体系与操作流程，集团层面可实时查询数据，加强了总部对各项目公司的监控力度；加强了资金管理，实时反映资金信息，系统实现了计划控制付款；建立了企业集团规范、准确、有效的财务报告体系与制度；优化了业务流程，减少了重复劳动，提高了财务人员工作效率；培养了一批企业内部系统操作人员和系统管理人员。

四、旅行社全产业价值链服务模式

（一）旅行社全产业价值链概述

根据《旅行社管理条例》，我国所称的旅行社是从事招聘、组织、接待旅游者等活动，为旅游者提供相关旅游服务，开展国内旅游业务、入境旅游业务或者出境旅游业务的企业。其中还对旅行社所从事的活动进行了更加明确的规定：吸引并接待旅游者，给旅游者办理入境、出境与签证等手续，为旅游者提供食、住、行等服务。

旅行社的产业价值链如图 4-7、图 4-8 所示，图中的供应商包括交通运输部门、旅游景区、饭店等。通过结构划分可以了解到，除了传统的从供应商到旅行社再到旅游消费者的营销方式，旅游消费者通常也可以跳过旅行社直接预订机票、酒店、景区购票等服务项目，旅行社电子商务服务的出现更加速了这一进程。

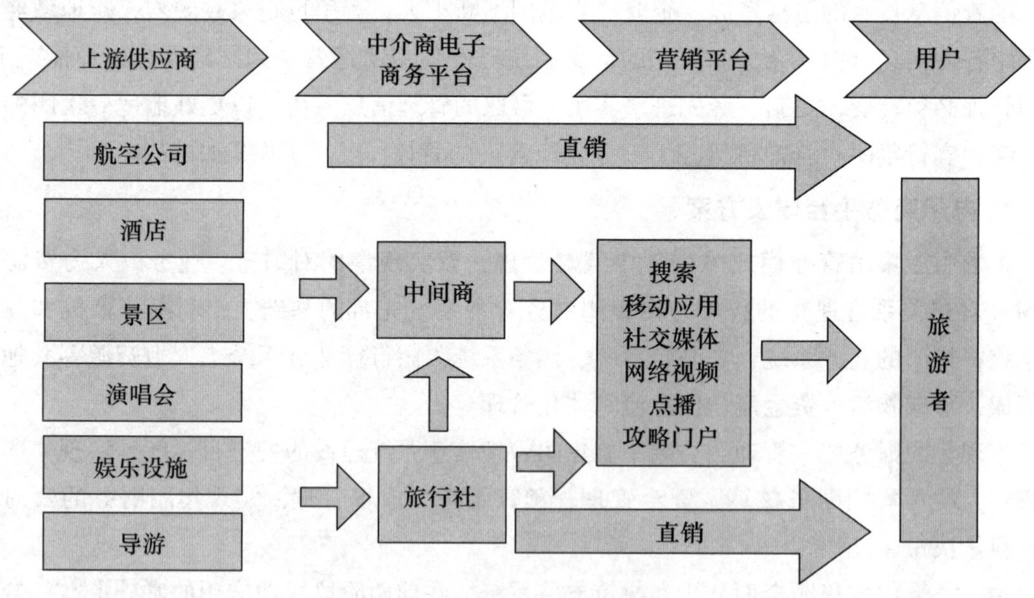

图 4-7 旅行社价值链结构分析

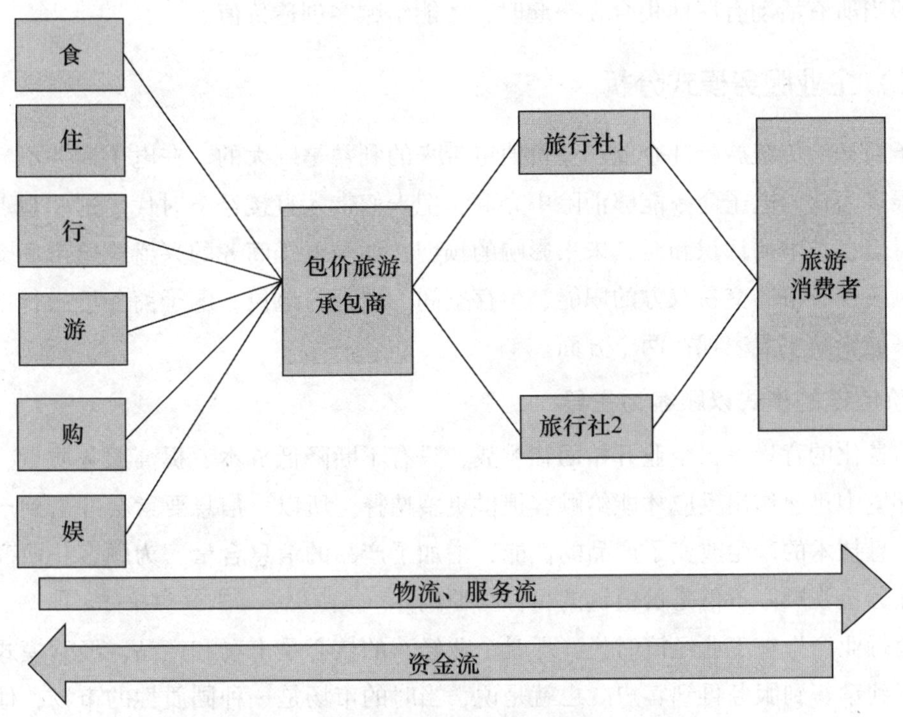

图 4-8 以旅行社为核心的旅游供应链模型

根据对旅行社产业特点和基本职能的描述，传统旅行社内部价值链如表 4-2 所示。

表 4-2 传统旅行社内部价值链

<table>
<tr><td rowspan="4">支持活动</td><td colspan="3">一般管理</td><td rowspan="5">利润</td><td rowspan="5">旅游者</td></tr>
<tr><td colspan="3">人力资源管理</td></tr>
<tr><td colspan="3">研究、技术、系统开发</td></tr>
<tr><td colspan="3">采购</td></tr>
<tr><td>基础活动</td><td>产品组合和设计</td><td>销售</td><td>服务</td></tr>
</table>

传统旅行社企业价值链包括计划、采购、营销、接纳、售后服务、技术开发、人力资源管理、公司基础设施和利润等。从企业的整体角度来看，价值链并不是一些独立活动的集合，而是由各种纽带联结起来的相互依存的一系列活动所构成的一个系统。当某种价值活动进行的方式与成本影响到另一种活动的成本和效率时，这两种活动之间就存在联系。企业要想获得竞争优势，就必须对联系进行优化和协调。传统的旅行社企业价值链是面向职能部门的，资源在企业流动的过程就是企业的各个部门不断对其提升价值的过程。

但随着旅游业竞争的日益激烈、顾客需求的快速变化，采用劳动分工、专业化协作作为基础的、面向职能的管理模式正面临着严峻的挑战。它将企业业务流程割裂成相互独立的环节，关注的焦点是单个任务或工作，但单个任务不一定能给顾客创造价值。只有整个过程，即当所有活动有序地集合在一起时，才能给顾客创造价值。

（二）企业服务模式分析

电子商务给传统旅行社企业产业价值链带来的利益是巨大的。在电子商务不断发展的今天，很多人认为电子商务能够消除中介商，把人们带入直接经济时代。这些观点都反映出人们对信息技术的认识和对其未来影响的预期。如今电子商务的兴盛既给市场交易带来影响，也改变着市场交易双方的职能、生存空间、选择与地位。电子商务给旅行社产业价值链带来的影响主要表现在两个方面。

1. 价值链的模式以顾客为主导

在信息化的背景下，企业开始面临挑战，只有不断降低成本、提高服务质量、在多变的市场环境中迅速作出反应才能给顾客提供更多选择。所以，信息要素会冲击到产品实体要素。信息技术的产生改变了产品的性能，增加了产品的信息含量，为顾客获取商品提供便利。充分重视顾客价值是价值链的目标与原则。

旅游行业产生在工业经济时代，那时企业经营的核心是市场和产品，经营模式是从产品到市场到销售到服务再到客户。也就是说，当时的市场是一种同质性的市场，他们认为旅游消费者的需求类似。首先，旅行社在组合旅游产品时主要依据的是市场调查结果和自己相对熟悉的旅游供应商。其次，在选择客源市场时，他们主要借助于销售渠道把产品销售给客户。最后，旅游消费者到目的地享受旅游服务，产品消费由此完成。与这种旅行社经营相对应的旅行社价值链服务模式的导向是资源能力，旅行社必须结合自己的资源能力来对产品或者服务进行设计和组合，然后投入一定的材料和资金，据此制定价格，最后考虑的才是顾客。但是，在网络技术和信息技术不断发展的今天，旅游消费者的需求呈现出多层次、个性化特点，很多旅游消费者都注重展示自己的个性，旅行社设计的旅游产品或者服务已经不能满足他们的需求，他们愿意参与到旅游产品的设计过程中，由此设计出更具个性化的旅游产品。

信息技术的发展为旅游消费者提供了实现愿望的平台，他们可以借助于网络搜索旅游信息，组合旅游产品，与供应商议价。由此，旅行社价值链的主导者变为旅游消费者，经营模式也发生了变化，从客户到市场到产品到销售再到服务。价值链的每个环节都在创造价值，传递顾客价值。

2. 旅行社的产业价值链格局受到冲击

（1）削弱了传统的旅行社职能

在传统旅游市场中，旅行社通常与旅游销售链的其他参与者协同工作，运用它对旅游预订信息和支付转账的垄断，可以把相应的条件和条款强加给旅游生产商和旅游消费者双方，旅行社具有信息流动的专卖权，地位至关重要。但现在，电子商务正改变着这一状况。

首先，互联网自动查询的职能代替了旅行社的信息职能。互联网的产生让旅游消费者不依赖旅行社直接与供应商进行交流，这种直接的交流减少信息失真，又降低了产品成本，使旅行社和旅游者双方都获利。其次，互联网的出现使旅行社的代理职能受到削弱。旅游供应商通过预订的形式在网上直接销售旅游产品，也就可以省去委托旅行社向潜在旅游者推销自己的产品，只需花较少的费用将自己的信息在网上公布出来，节省要支付给旅行社的佣金，这样既节约开支，又降低产品成本，使产品更具有竞争力。同样，互联网也给旅游消费者带来了实惠。消费者通过网上预订，直接享受到旅行社提供的许多优惠。因旅游消费者自行操作购买旅游产品，由此大大削弱旅行社的代理职能。

（2）产业格局呈现多元化

旅行社的产业格局在电子商务的冲击下开始向多元化的方向发展。过去旅游供应商只借助于直销的方式与旅游消费者取得联系，而如今随着电子商务的兴起，诸如艺龙网和携程网的旅游互联网平台异军突起，成为价值链上的新力量，旅游产业价值链相互之间由此产生竞争。同样各种类型的中介商、分销渠道存在着激烈的角逐。中介商交易渠道与直销商之间也存在着白热化的争夺态势，他们之间的交锋关系到中介商是否还有发展空间。如果某个价值链在众多旅游产业价值链中卓越出众，获得广泛民众的青睐，同时表明以顾客为主导的，则这类方式既能降低旅游消费者成本，又能增加旅游消费者价值。

因此，电子商务对旅游产业价值链的影响集中体现在塑造以客户为导向的价值链和多元化的产业格局的出现。旅行社必须重新审视价值链以迎接来自新技术及旅游者日益成熟的双重挑战。

（三）典型案例：中青旅控股股份有限公司

中青旅控股股份有限公司（以下简称中青旅）是以共青团中央直属企业中国青旅集团公司为主发起人，通过募集方式设立的股份有限公司，1997 年公司创立，是中国旅行社协会会长单位、国家旅游标准化首批示范单位、全国旅游服务质量标杆单位。1997 年 12 月 3 日，公司股票在上海证券交易所上市，是我国旅行社行业首家 A 股上市公司、北京市首批认级旅行社。

中青旅从事的主要业务包括旅游、旅游交通运输、旅游资源开发、风险投资、高科技产品研发、房地产开发、证券行业的投资；经营入境旅游、国内旅游、中国公民出境旅游、承办会议及展览、商旅管理以及高科技产品开发和技术服务、旅游资源配套开发、互联网信息服务等业务。作为中国三大传统旅行社之一的中青旅，面对市场格局的演变和电子商务的冲击，不仅从企业内部积极进行组织结构再造和业务流程重组、信息化建设、团队提升、提升服务与产品、加强客户关系管理等，更是着手打通价值链上的关键环节，掌控价值链上的核心优势。

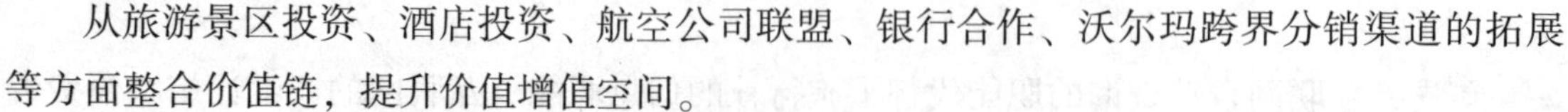

从旅游景区投资、酒店投资、航空公司联盟、银行合作、沃尔玛跨界分销渠道的拓展等方面整合价值链，提升价值增值空间。

1. 控股乌镇景区和开发古北水镇项目

2006年，中青旅控股乌镇景区，乌镇的游客人数和收入实现快速增长，其中，游客人数从2006年的159万人次增长至2019年的918万人次，景区收入从0.88亿元增长至807亿元。乌镇景区地处经济发达的长三角地区，区位优势非常明显，背靠上海和杭州两大城市，经济水平高、人均消费能力强。乌镇具有原始韵味的水乡风貌和深厚的文化底蕴，便于结合当地旅游的特色，推出相关文化旅游产品。同时，乌镇具有观光和休闲相结合的资源优势，顺应旅游消费从观光向休闲转变的大趋势，“会议休闲”的西栅和“传统观光”的东栅相结合成就了优于其他古镇的抗经济风险能力，一直保持着高速增长态势。乌镇景区因此成了中青旅业务版图中一颗耀眼夺目的明珠，为公司带来了持续稳定的业绩增长。

中青旅的北京密云古北水镇项目，符合“类乌镇”景区帝要的核心要素。至古北水镇毗邻北京市区，旅游用地717亩，景区面积近1.5万亩，市场空间为乌镇的二三倍。古北水镇依托司马台长城遗留的历史文化，将9平方公里的度假区整体规划为“六区三谷”，集观光游览、休闲度假、商务会议、创意文化等旅游业态于一体。区内拥有43万平方米的明清及民国风格的山地合院建筑，包含4家主题酒店、10家精品酒店、28家民宿客栈、30余家独立餐厅、50余处商铺和10多个文化展示体验区。2014年10月开业，2017年客流就达到275万人次。古北水镇展现出持续攀升的卓越业绩数据，令人瞩目。宣示了明星项目的光环效应和吸引力。

2. 投资山水酒店

中青旅旗下的连锁店品牌——山水时尚酒店。鉴于目前国内经济型快捷酒店的“混战”局面，中青旅始终坚持差异化定位、效益优先的原则来发展，依托中青旅雄厚的资本实力，使山水酒店参与行业整合成为可能。

3. 采取“品牌扩张、战略优先的发展战略

中青旅实施了“品牌扩张战略优先”的发展战略。通过与众多战略伙伴的合作，实现旅游主业的跨越式发展，实现规模的大幅扩张和增长方式的创新转变，使中青旅成为中国旅行社行业第一品牌，其主要方式有：

第一，中青旅与中国银行北京分行签署战略合作协议，通过产业外企业联盟，寻求新的盈利模式。旅游消费者将享受到由中青旅和中行联合推出的一系列专属优惠、特别活动和增值服务。

第二，中青旅与沃尔玛跨界合作，提升品牌优势、整合分销渠道。沃尔玛、中青旅联名品牌旅游服务中心采用联名品牌的模式运营，是双方在销售渠道拓展和服务模式创新方面的有益探索，使旅游消费者得到了真正的便利和实惠，让旅游更加贴近顾客，满足顾客休闲生活的需要。

第三，中青旅与 Travelzoo 合作，加快海外市场的拓展。为加快海外拓展步伐，中青旅在 2012 年 5 月与全球最大的旅游精选特惠平台 Travelzoo 建立战略合作，后者精选出中青旅高性价比的入境游产品，通过 Travelzoo 销往海外市场。Travelzoo 拥有 2 500 万全球收入良好的旅游用户，通过其 Top 20 和 Newsflash 等精选情报平台和面向欧美市场的不同语言版本，定期向海内外 2 500 万中高端游客发送。中青旅希望通过这个覆盖全球的在线推广渠道，借船出海，快速打开欧美和日本等海外市场，吸引海外游客来中国。

第四，采取品牌营销策略，树立负责任的、勇于担当的旅游企业形象。中青旅是国内第一家旅行社上市公司，也是国内第一家作出安全与购物承诺的旅行社。在购物方面，中青旅郑重承诺："如您参与中青旅出境参团和国内参团旅游行程，并由领队、导游带领前往购物店购得商品，所购商品发生质量问题或出现与书面的产品说明书不一致的现象，中青旅负责商品维修乃至退换。"

中青旅在充分发挥自身固有优势的基础上，结合自身实际的发展能力，制定出更加适合中青旅的竞争战略。其核心命题表现为如何在旅游产业发展与旅行社自身建设的基本规律下，及时顺应产业变化趋势，从而作出整体而统一的发展决策，即在明确中青旅价值立场的前提下，牢记企业发展的使命，并从吸引客源方面入手，理顺旅游主业价值链。

第四节　旅游全程电子商务企业特色产业价值链服务模式

一、旅游全程电子商务企业特色产业价值链分析

旅游产业价值链是一种以分工协作为基础、以产业联系为纽带、以旅游企业为主体的链网状产业组织系统，是由原先的农业或工业产业价值链延伸而来，它实现了对原有资源和产品的深度开发、广度延伸及多次的转化增值。因此，旅游产业价值链的构建有利于激活资源，实现和增加其环节价值。

（一）旅游产业价值链的构成要素

旅游产业价值链上的节点包括旅游产业结构和旅游消费者（群体）两大部分。作为节点的旅游产业结构，既可以是旅游企业，也可以是政府机构、研究院所、金融机构、行业协会等非生产性单位。旅游企业是旅游产业价值链的主体，是旅游产业价值链上生产和经

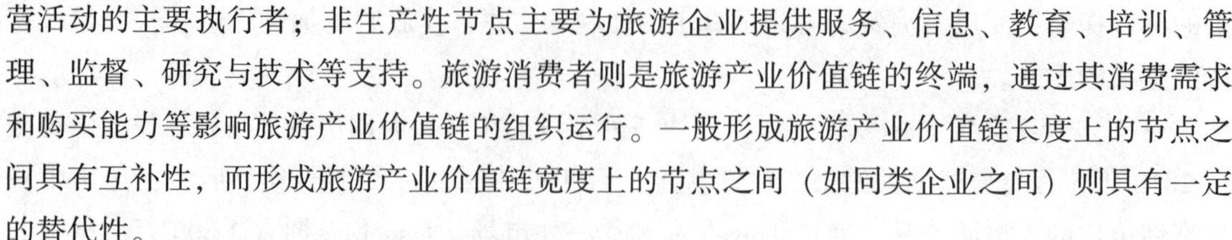

营活动的主要执行者；非生产性节点主要为旅游企业提供服务、信息、教育、培训、管理、监督、研究与技术等支持。旅游消费者则是旅游产业价值链的终端，通过其消费需求和购买能力等影响旅游产业价值链的组织运行。一般形成旅游产业价值链长度上的节点之间具有互补性，而形成旅游产业价值链宽度上的节点之间（如同类企业之间）则具有一定的替代性。

（二）产业链上企业间的联系

联系是指产业行为主体之间的各种联系的集合，包括供销关系、互补关系、竞争与合作关系、共生关系等。产业节点之间凭借投入产出、原料或产品的供需关系、人员接触与交流、分包合作、产品设计、技术与信息共享等联系而结合成产业价值链。

旅游产业价值链上各节点之间的联系是旅游产业价值链构建的基础和动力。在旅游产业价值链上，企业之间基于合作的产业联系非常普遍，比如旅游景点在资本市场与银行、保险公司联盟，在原料市场、旅游商品供应等方面与供应商、贸易公司合作，在旅游线路、产品组合的开发上，则与竞争对手联手，这些产业联系彼此交织，形成一个网络。

产业联系的产生受到产业类型、企业规模和企业战略、企业功能、空间庞大、技术（交通、通信和生产技术）、地方政策与社会文化等因素的影响。近年来，随着“及时供应”（Just-in-Time）、“弹性专精”（Flexible Specialization）、“新产业区”（New Industrial District）、“产业集群”（Cluster/Industrial Cluster）等产业组织形式的出现，产业价值链环节之间的产业联系越发密切，协同方式也由以往简单的利益交易逐渐发展成资源共享、优势互补、战略联盟、流程对接和文化融合等深度合作。

二、供应型企业经营服务模式

（一）供应型企业产业价值链概述

供应型企业提供的服务非常丰富。随着信息技术的发展，互联网、电子商务手段的运用，使得旅游产品供应商发生了变化，不仅包括旅游的六要素——食、住、行、游、购、娱，旅游的辅助产品、旅游保险等产品和服务，越来越多的导游服务、咨询服务也开始从旅行社职能中剥离出来，同时内容丰富的金融产品开始作为一种新的旅游服务附加产品而出现，共同构成旅游产品的供应商。旅游产品供应商主要包括酒店（食、住）、交通（行）、景区（游）、购物（购）和娱乐（娱）。

供应型企业服务形式是多样化的。在电子商务环境下，供应商除了采用传统的代理商销售渠道外，也开始尝试网络直销。他们选择自建网站和通过网络平台方式进行运营，消费者通过网络直接查询供应商信息，与供应商进行沟通，订购符合消费者个性化需求的产品。

（二）企业服务模式分析

1. 餐饮业

餐饮是旅游消费者旅行过程中不可缺少的元素，甚至可能成为旅游的主要目的。餐饮服务的消费，其最大的一个特点是受交通因素的影响，一般在排除餐饮提供者的信誉、口味等因素后，旅游消费者更喜欢选择交通更加便捷的服务提供者。以往餐饮行业的预订只能通过电话进行。从2010年起，在全国范围内兴起的团购风潮极大地推动餐饮业电子商务的发展，交易对象涵盖从国际知名餐饮企业到特色小吃店，而且价格优惠，全方位地满足了旅游消费者不同层次的需求。这些餐饮订购互联网平台大都提供了API接口地址供团购导航收录，这种机制被旅游服务互联网平台借鉴，将团购互联网平台发布的餐饮服务集成到旅游服务中。未来，随着技术的不断进步和消费者需求的不断变化，团购模式将继续在餐饮行业中发挥重要作用。

2. 住宿业

住宿是重要的旅游服务，大到星级酒店小到家庭旅馆，服务提供者遍布大小城市。酒店行业最早受到航空公司为控制库存而设计的计算机预订系统的启发，开始着手建立更适合于本行业的预订系统——中央预订系统。

借助现代信息技术和网络通信技术发展起来的中央预订系统能对下属企业实施统一的管理，并且能够摆脱过度依赖分销商的状况，可获得更大的定价自主权。一些国际著名的酒店集团都建立自身的中央预订系统，如雅高集团的Accor订房系统、洲际集团的Global Ⅱ预订系统、巴斯酒店的Ho1idex预订系统等。

我国的酒店集团也在2006年开发出了第一套中央预订系统。20世纪80年代以来，酒店行业都已经不同程度地与航空公司发展起来的全球分销系统（Global Distribution System，GDS）建立了连接，并通过全球分销系统提供的渠道实现产品的全球分销。到现在为止，我国四星级以上的旅游涉外酒店都已经接入全球分销系统。接入方式一般是通过代理商。目前向中国非国际联号集团酒店提供GDS接入服务的主要有两大组织——Utell International和中国天马系统。另外，通过如德比、阳联等网络代理商也可以接入全球分销系统。

从2009年底我国接入GDS的数千家酒店的情况来看，通过接入GDS参与国际市场预订与营销服务，酒店产生了十分可观的经济效益，既能提高酒店在全球市场的知名度，又可以与境外旅行社直接建立合作关系，扩展客源，增加经营收入。并且GDS与全球各大旅游门户互联网平台都建立了接口，利用旅游电子商务的方式扩展客源。

目前，我国绝大部分的星级酒店都已经建立了自己的信息互联网平台，2012年我国三星级酒店的互联网平台普及率就已达到97%。这些较大型的酒店充分体验到电子商务给企

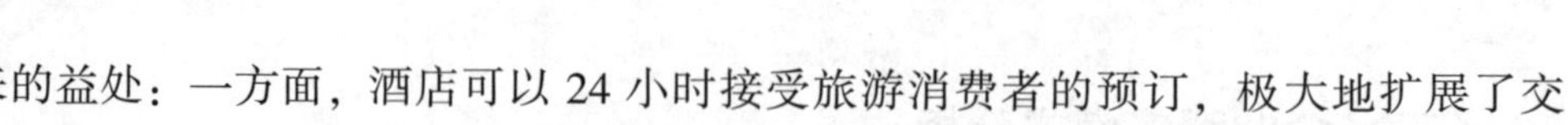

业运营带来的益处：一方面，酒店可以24小时接受旅游消费者的预订，极大地扩展了交易量；另一方面，企业节省了产品宣传、促销的费用，达到了前所未有的营销效果。

3. 旅游交通业

旅游消费者在一次旅游过程中的交通需求主要是从出发地到目的地的转移，途中可能会涉及二级目的地，即途经地。而在转移节点城市的交通需求，因其时间的不确定性和服务提供商的纷繁复杂，长期不在旅游服务推荐系统的设计范围内。近几年流行的网约车、共享汽车、共享单车等服务，彻底革新了即时通信领域，实现了点对点交流服务，从根本上颠覆了过往的旅游服务方式。

随着信息技术在交通客运领域的应用发展成熟。20世纪60年代初，为了简化机票预订程序和科学管理库存，航空公司开始着手开发计算机预订系统。到了70年代，计算机预订系统已经实现了航空公司与旅行社代理商直接联系的功能，旅游代理商只需要安装计算机预订系统的终端就可以实时查询机票信息和完成预订。这种方式将大部分劳动密集的预订业务转移到旅行社，并且借助计算机预订系统，航空公司能实时监控客户需求和科学管理库存以实现收益最大化，很快就被证明是一种高效经济的运作方式。于是，许多其他行业的旅游企业也开始效仿这一做法。

此时的计算机预订系统仅是单个企业产品预订业务的计算机管理工具，代理商需要安装计算机预订系统的终端，业务扩展效率低，分销作用差。伴随着代理商为获得更多佣金争相代理各航空公司机票预订业务，航空公司计算机预订系统继而转化为全球网络。另外，一些大型旅游企业将网络通信技术引入计算机预订系统，以便能面向全球的客户，提供实时信息并支持企业的经营管理，于是集航空公司、铁路公司、汽车租赁公司、旅游公司、度假村、酒店及其他一系列旅游相关服务的全球分销系统应运而生。

目前，八大全球分销系统几乎包揽了全球的机票预订业务：Sabre、Amadeus、Galileo、Worldspan、Abacus、Topus、Axess和Infini，全球民用航空业通过GDS的销售量约占总销售量的90%。GDS与全球各大旅游门户互联网平台都建立了接口。我国的航空公司在业务发展过程中也逐渐明白要把更多的产品推广给旅游消费者，需要进入全球分销渠道。目前，我国的航空公司订座系统已与国外八大GDS系统实现了主机间的无缝连接，这也就意味着我国航空公司的机票销售已经被纳入国际分销系统体系。

铁路交通在票务分销方面，与20世纪70年代末80年代初航空业发展的状态相似。目前，GDS与航空业的互联已经制定出一套标准（如机场或航站代码、时刻表、票价以及出票标准等），然而火车站比机场的数量多1 000倍以上，站点与站点之间的路线组合错综复杂，在具体运营过程中意外频发。以致实现GDS的铁路接入阻碍重重。我国在2011年底建立起铁路网络售票系统，通过不断完善升级，经过多次黄金周、节假日的考验，铁路12306系统已成为居民出行最方便的订票选择。

4. 游览

游览是旅游消费者旅行的主要目的，根据内容的不同，可以将旅游地分为：风景旅游地，既包括名山大川，海岸沙滩，也包括大自然鬼斧神工雕琢出的奇观异景，是旅游者放松身心、游目骋怀的好去处；宗教旅游地，包括宗教圣地、著名寺院等，来这些地区旅游的消费者中既有虔诚的信徒，也有对宗教特色的古建筑和艺术品感兴趣的人；科教旅游地，既包括先进的科研中心、大型会议、科学展览，还包括科技馆、博物馆、军史馆、体育场馆等；设施旅游地，主要涵盖自古至今人类建造的建筑，也有利用各种自然环境构建的主题公园，包括植物园、动物园和配备各种游乐设施的游乐园等。

中国专业的景区门票营销互联网平台之一——门票网在 2011 年正式上线。该互联网平台可通过互联网或者移动终端访问，为旅游消费者提供全国范围内包括温泉会所、旅游景点、博物馆、主题乐园、休闲娱乐、影剧院、美容、滑雪等类目的旅游消费电子门票，方便易用且价格实惠。该互联网平台的成立的确是旅游电子商务的一大进步。此外，绝大多数旅游景区逐步开通了互联网平台销售门票功能。

5. 购物

购物是旅游过程必不可少的元素，购买的物品小到独具特色的挂件，大到昂贵奢侈品，不论任何物品从国际国内的互联网购物平台上都能够买到，但这不是旅游者在旅途中购物的目的所在。旅游消费者体验的是物品对于这段旅游经历的纪念价值和购物过程的愉悦感受，强调的是精神层面的价值，而不仅仅在于获得的便利性。所以，这些网络购物只能作为旅游服务过程的补充。这些网络平台上展示的商品，往往缺乏凸显特定旅游目的地特色的明确分类与生动描述，从而削弱了旅游爱好者通过网络平台精准挑选富有地方风情的纪念品这一需求的满足度，选购过程显得混杂而不聚焦。

6. 娱乐

娱乐是在青年人中比较受欢迎的休闲方式，是旅游过程的延伸服务。有些旅游服务互联网平台会集成娱乐活动这一项，这些活动由小型的旅游企业或组织发起，旨在向旅游消费者提供项目明确、持续时间较短的娱乐活动。

在形成旅游线路的过程中适当加入旅游地特色娱乐活动，可使旅游消费者更快地融入旅游地，更全面地了解旅游地风土人情，也能吸引更多的关注。一些团购、景点门票销售以及综合的旅游产品互联网平台都会有娱乐服务项目，但类目较为单一，主要包含 KTV、游乐场等娱乐场所的门票销售。目标人群以年轻的旅游消费者及在校学生为主，旅游者还没有形成在旅游线路中自发融合这些活动的习惯。一些大型的游乐场，例如迪士尼乐园、环球影城等闻名的主题公园，都建有自己的官方互联网平台，向旅游消费者提供包括门票、酒店、娱乐活动、旅游商品预订等在内的销售业务。

（三）典型案例：如家酒店

如家酒店集团创立于2002年，2006年10月在美国纳斯达克上市，是中国酒店业海外上市第一股。如家酒店集团旗下现有五个酒店品牌，即和田酒店、如家精选酒店、如家酒店、莫泰酒店和云上四季酒店。截至2014年12月，如家酒店集团在中国330个城市共有3 000家酒店投入运营，形成了国内规模最大的连锁酒店网络体系。

1. 酒店硬件优势

（1）物业成本。如家酒店采取租赁物业开新店的形式，由于不用买地投资建酒店，这样不仅大大缩短开新店的时间而且规避不少经营风险。如家酒店更倾向于租用以前的老厂房将其改造成快捷酒店。

（2）采购成本。如家酒店品牌及目前在市场上形成的规模决定了其在酒店物品采购谈判过程中有较多的筹码，从而减少酒店易耗品的采购成本。

（3）基础设施。如家酒店以宾客的满意度为核心考量，其客房内设施虽不追求奢华，却精心设计，以满足宾客的实际需求与舒适体验。酒店通过优化资源配置，减少了对非必要基础设施的过度投资，从而在保持服务质量的同时，有效降低了运营成本，缓解了经营压力。

2. 酒店软件优势

（1）组织结构。如家酒店通过采用简化的三层组织结构，即管理层、主管层及员工层，有效实现管理流程的扁平化。这种精简的组织架构不仅减少了管理层级，加快了决策速度，还促进了信息的快速流通与高效执行。在这样的体系下，如家酒店的许多员工被培养成为“多面手”，能够胜任多个岗位的工作，这种灵活性与多技能性在降低人力成本的同时，极大地提升了工作效率与服务质量。同时，管理层对员工满意度的持续关注，更是体现了酒店“以人为本”的管理理念，让员工感受到被尊重与被重视，增强了员工的归属感与忠诚度。

（2）用人策略与晋升。如家酒店鼓励和培养员工“一专多能”，在实际运营中让员工在酒店内部不同的岗位锻炼。酒店的不断发展也给有潜质的员工提供了广阔的晋升空间。

（3）企业文化。如家酒店推崇基层员工定期与酒店管理者进行沟通，同时管理人员关注员工的满意度，由此建立了良好的沟通机制和融洽的人际关系，打造了良好的酒店文化。

三、中介型企业经营服务模式

（一）中介型企业产业价值链概述

中国旅游电子商务市场历经十几年的发展，从最初的点击率营销发展到B2C模式，再到如今的线上和线下交易行为的资源整合优化阶段。按照渠道模式的不同，中国旅游电子商务中介型企业大致可以分为两个不同类型的市场范畴：在线预订市场和在线营销市场。其中，在线预订市场是中国旅游电子商务的主要渠道模式，在线营销模式是在线预订模式的补充和辅助。

中介型旅游企业又称作“在线旅游代理商”（Online Travel Agent，OTA），位于在线旅游市场全产业价值链的旅游产品生产者和旅游产品消费者之间，为上游供方和下游买方提供在线交易平台和专业服务，增加上游供方出货机会和下游买方消费选择机会，实施在线旅游查询、在线旅游预订及在线支付。在线旅游代理商（OTA）主要以盈利为目的，其盈利方式主要为赚取佣金或价格差值。

（二）企业服务模式分析

在整个中介旅游市场的全产业价值链中，在线旅游代理商（OTA）处于全产业价值链的中游环节，介于上游旅游产品生产者与下游旅游产品消费者之间。与传统旅游服务市场的模式不同，中介旅游市场的特色产业价值链模型，准确定位了全产业价值链中三方主体的市场行为，达到了分工与效率、专业与效益的完美结合。

中介旅游市场的特色产业价值链上游环节是旅游生产者，即各类酒店、各航空公司及代理、各旅游景区和其他旅游产品提供商。他们是整个产业价值链中端代理商与末端最终旅游产品消费的提供者，在整个中介旅游市场的全产业价值链中居于首要位置和基础地位，直接决定了中介旅游市场的产品数量和质量，并通过直接或间接的作用，影响产业价值链中端的代理商和产业价值链末端的最终消费者。

中介旅游市场特色产业价值链的中游环节是在线旅游代理商，也称 OTA 或者第三方在线旅游代理商，在整个中介旅游市场特色产业价值链中居于承上启下、双向影响的地位。一方面，在线旅游代理商利用自身的资源整合优势、网络信息技术、专业分销系统、市场营销技术和流程化、标准化的服务水准的交易规模和交易频率；另一方面，在线旅游代理商通过先进的分销理念、专业的渠道分销优势、丰富的产品资源供应、良好的品牌及口碑宣传，通过差异化战略和总成本领先战略，不断开拓终端旅游消费者市场向纵深方向发展。

中介旅游市场特色产业价值链的下游环节是旅游产品的最终消费者，也是上游旅游生产者和中游在线旅游代理商最终服务的对象群体，包括个人旅游消费、团体旅游消费和团体商务消费等类型。在网络化和信息化高度发达的今天，旅游消费者的消费理念、消费动机和消费行为均呈现出多样性与个性化的发展趋势。因此，旅游产品生产者必须以市场为导向，生产并提供适销对路的旅游产品；在线旅游代理商（OTA）必须以消费者需求为终极目标，通过整合各种旅游资源，完善并升级分销平台系统，打造品牌效应，通过市场集聚战略、差异化战略和总成本领先战略，增强产业价值链下游旅游产品消费者对在线旅游代理商（OTA）的黏性和忠诚度。

（三）典型案例：携程

携程旅行网（Ctrip. com）（以下简称“携程”）创始于1999年，总部位于中国上海，2003年12月在美国纳斯达克成功上市，是目前为止最成功的中国旅游网络公司之一，其发展历程如表4-3所示。携程旅行网是中国最早的在线旅游代理商（OTA）之一，其员工总数超过30 000人，在北京、广州、深圳、重庆、武汉、南京、成都、青岛、厦门、沈阳、三亚、香港等近20个城市设立分公司，在南通设有全国的呼叫中心，真正实现了高科技产业与传统旅游业的完美结合。携程旅行网会员总数已超过9 000万人，核心产品包括酒店预订、机票预订、旅游度假、商旅管理、特惠商户及旅游资讯在内的全方位旅行服务。在全球134个国家和地区，会员合作酒店数量超过28 000家，机票预订业务遍及国内国际各大航空公司，可在全国50多个城市享受免费送票服务，可享受海内外200多个旅游目的地及千余条旅游度假线路的预订服务，还可享受携程在北京、上海、广州等15个城市3 000多家餐饮、娱乐、健身、购物等特惠商户低至五折的优惠待遇。

表4-3 携程旅行网的发展历程

1999年10月	携程旅行网开通
2002年3月	酒店预订量创国内酒店分销业榜首
2002年10月	当月交易额首次突破1亿元人民币
2004年11月	建成国内首个国际机票在线预订平台
2005年9月	注册会员数突破1 000万人
2007年6月	携程网络技术大楼正式落成并投入使用
2007年9月	携程大学成立
2007年11月	单月机票销售突破100万张
2008年3月	携程旅行网英文网站全新上线
2008年12月	携程南通呼叫服务中心正式启动
2009年2月	携程推出国内首个航意险保单销售网络平台
2009年6月	携程推出“自由·机+酒”产品
2009年11月	携程被授予为“世博游指定旅行社”
2010年3月	携程会员数突破4 000万人
2010年4月	“携程无线”手机互联网平台正式上线
2010年12月	携程入围2010年中国旅游集团20强

续表

2011 年 1 月	成立驴评网
2011 年 2 月	携程南通呼叫中心升级为服务联络中心
2011 年 4 月	携程旅行网与香格里拉酒店集团签署分销合作协议
2011 年 9 月	携程获得印尼“鹰航假期”品牌在华独家运营权
2011 年 12 月	携程“惠选酒店”频道正式上线
2012 年 3 月	携程发布中国首个顶级旅游品牌“鸿鹄逸游”
2012 年 3 月	携程推出全新国际机票预订平台
2012 年 8 月	携程海外酒店预订新平台上线
2015 年 10 月	携程与去哪儿合并，合并后携程将拥有去哪儿 45%的股份
2018 年 2 月	携程正式上线共享租车业务
2018 年 2 月	携程宣布更名，从 Ctrip 正式更名为 Trip. com Group（携程集团）

我们对携程旅行网进行 PEST 模型分析。PEST 分析是一种基本的宏观环境分析，包括四个主要组成部分，即 P（政治 Po1itics）、E（经济 Economic）、S（社会 Society）和 T（技术 Technology）。PEST 分析从宏观视野的角度，总体分析四个维度对企业战略的制定和实施有何影响。

携程旅行网的 PEST 分析模型，如图 4-9 所示，其受四个维度——政治、法律环境，经济环境、社会文化环境以及技术环境的制约和影响，而且每一个因素对携程旅行网的影响作用都是相互的。

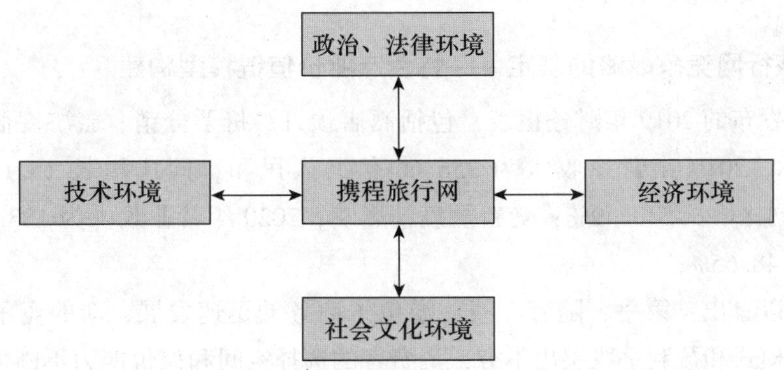

图 4-9 携程旅行网的 PEST 分析模型

1. 政治、法律环境

政治、法律环境是指与企业经营具有关联性或潜在关联性的有关国家政策、法律法规等的宏观环境。携程旅行网所处的政治、法律环境，与中国的政府政策和法律规制密不可

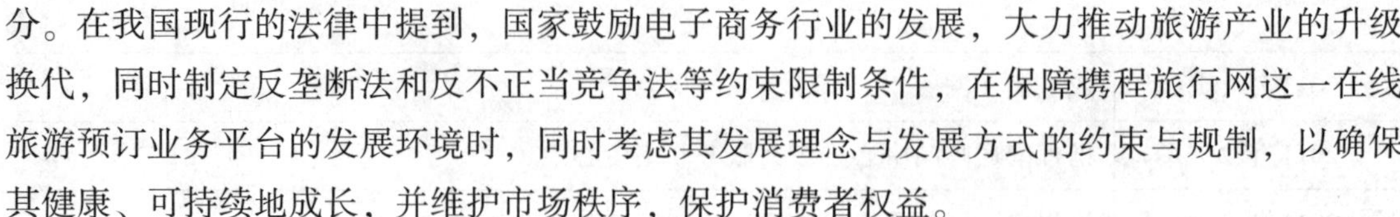

分。在我国现行的法律中提到，国家鼓励电子商务行业的发展，大力推动旅游产业的升级换代，同时制定反垄断法和反不正当竞争法等约束限制条件，在保障携程旅行网这一在线旅游预订业务平台的发展环境时，同时考虑其发展理念与发展方式的约束与规制，以确保其健康、可持续地成长，并维护市场秩序，保护消费者权益。

2. 经济环境

经济环境是指企业所处的一个国家或地区的经济制度、经济走势、经济发展方式、经济发达程度、产业结构状况、资源使用状况等。携程旅行网创办于1999年，正是中国市场经济逐步走向成熟和完善的时代，互联网经济的快速发展，加上居民消费水平的日益提高以及居民旅游消费意愿的迅速提升，携程所依托的宏观经济背景正经历着一系列积极变迁，这些变迁共同促进了其运营环境的不断改善与优化，为携程网的长远发展奠定了坚实的基础。

3. 社会文化环境

社会文化环境是指社会的人口结构、民族特征、教育水平、收入水平、消费结构等。随着我国居民教育水平和收入水平的不断提高，居民的消费意识和出行行为均发生了显著变化，客观上加大了对在线旅游公司（如携程旅行网等）的需求。

4. 技术环境

技术环境主要包括与企业相关的新技术、新工艺的出现与发展趋势。20世纪90年代，互联网技术逐渐在中国普及，我国网民数量不断增加，加上智能手机用户的快速增长，客观上创造了对携程旅行网有利的发展条件。此外，作为在线网络公司，携程旅行网十分重视技术投入与创新，在中国设立的第一个全国电话呼叫中心，拥有国内最先进的网络预订信息平台等。

5. 携程旅行网竞争战略的制定——特色产业价值链模型构建

携程集团发布的2019年财务报表，包括酒店预订、机票分销、旅游度假及商旅管理服务数据显示，2019年营业收入为356.66亿元人民币，同比增长15.18%，利润为70.11亿元，同比增长530.49%；受新冠疫情影响，2020年营业收入为183.16亿元人民币，同比下降48.65%。

从财报可以看出：第一，随着在线旅游电子商务的迅速发展，新的竞争对手不断涌现，新的竞争模式和盈利手段层出不穷，消费者的选择空间和议价能力不断增强，从各个维度加速携程旅行网在线旅游代理商的生存危机；第二，为了避免人才流失造成核心竞争力的下降，携程旅行网不断调整优化薪酬体系，营造优秀人才的成长空间，缓解其劳动力成本迅速上升的巨大压力；第三，受新冠疫情等国际公共卫生事件的不确定因素影响，携程旅行网面临诸多的潜在危机，其中最主要的是在线旅游市场的竞争机制和竞争渠道正在不断创新和涌现。我国传统在线旅游代理商（OTA）的营业收入主要依赖机票预订业务和酒店预订业务两大板块，但是随着在线旅游市场的上游供方议价能力的不断增强和下游旅游消费者议价能力及选择空间的不断提升，酒店预订和机票预订的营收贡献率正在遭受前所未有的多重压力，深深陷入增长困境。此时，作为代表未来在线旅游发展趋势的旅游度假市场和商旅管理市场，携程旅行网需要形成新的、独特的竞争优势，并同时面临诸多新生公司和新生业态的激烈竞争。

同时，由于航空公司及代理的线上和线下直销模式日趋成熟，会员数量的日益剧增，加上携程旅行网在机票预订代理方面的限制约束性和佣金成本过高等因素，导致航空公司及代理业务的议价能力日益提高，他们纷纷对携程旅行网的机票预订约束条件和过高的佣金制度表示抵制，这就加剧了携程旅行网作为第三方在线旅游代理商的危机。这些因素都促使携程旅行网必须制定出行之有效的战略，构建出在线旅游市场的特色产业价值链发展模式（见图 4-10），以应对挑战和竞争。

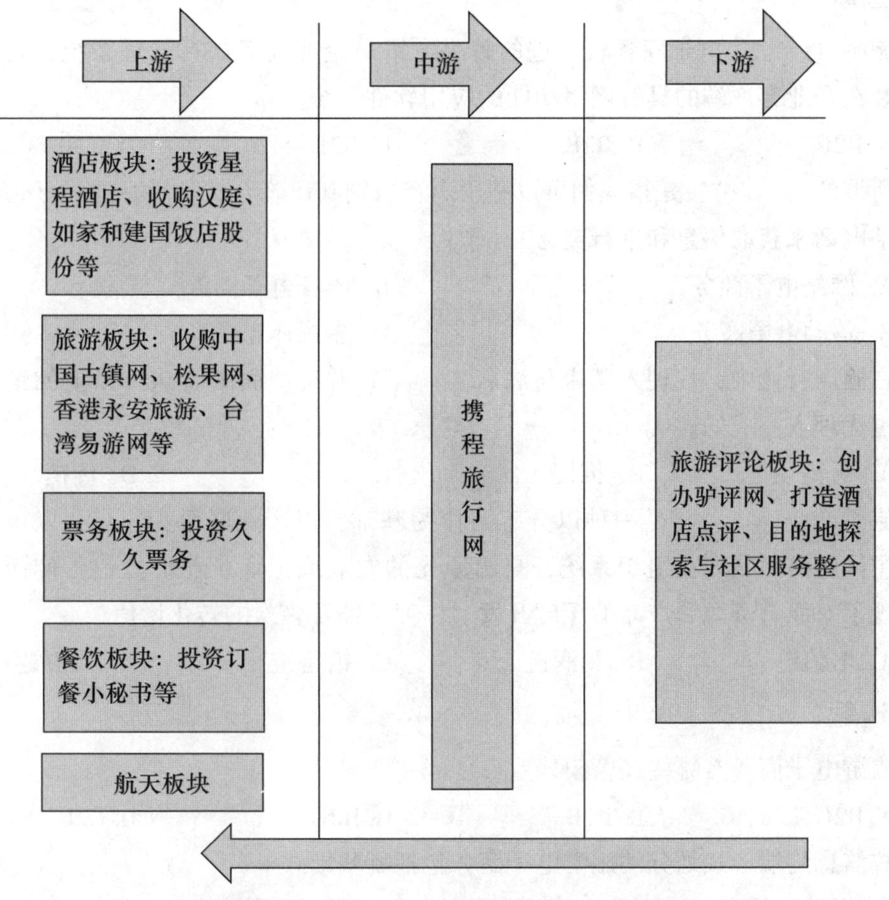

图 4-10 携程旅行网在线旅游市场的特色产业价值链发展模型

项目小结

本章主要介绍了旅游电子商务四个方面的内容：旅游电子商务的经营模式、按信息终端形式划分的旅游电子商务模式、旅游全程电子商务企业全产业价值链服务模式与旅游全程电子商务企业特色产业价值链服务模式。

思考题

一、单选题

1. 旅游（　　）电子商务较先进的解决方案是企业商务旅行管理系统，它是一种安装在企业客户端的具有网络功能的应用软件系统。

A. B2C　　B. B2B　　C. B2E　　D. C2B

2. 所谓的（　　），是指人们可以利用声音识别和语音合成软件，通过任何固定或移动电话来获取信息和进行交易。

A. 网站电子商务　　B. 语音电子商务

C. 移动电子商务　　D. 多媒体电子商务

3. 在酒店行业中，代理人销售与酒店（　　）并存，而酒店 90%以上的销售量是通过代理人完成的。

A. 营销　　B. 推销　　C. 直销　　D. 传销

4. 旅游产业（　　）是一种以分工协作为基础、以产业联系为纽带、以旅游企业为主体的链网状产业组织系统，是由原先的农业或工业产业价值链延伸而来，它实现了对原有资源和产品的深度开发、广度延伸及多次的转化增值。

A. 增值链　　B. 利润链　　C. 销售链　　D. 价值链

二、多选题

1. 旅游电子商务有哪些经营模式？（　　）

A. B2C　　B. B2B　　C. B2E　　D. C2B

2. 按信息终端形式划分的旅游电子商务包括哪些形式？（　　）

A. 网站电子商务　　B. 语音电子商务

C. 移动电子商务　　D. 多媒体电子商务

E. 以上都是

3. 国内已经有相当一批具有一定资讯服务实力的旅游网站，这些网站可以提供比较全面的、涉及旅游中（ ）等方面的网上资讯服务。

A. 衣 B. 食 C. 住

D. 行 E. 娱

4. 传统旅行社企业价值链包括（ ）、（ ）、（ ）、接纳、售后服务、技术开发、人力资源管理、公司基础设施和利润等。

A. 计划 B. 采购 C. 生产

D. 营销 E. 物流

5. 目前，八大全球分销系统几乎包揽了全球的机票预订业务，八大全球分销系统包括了以下哪几个（ ）？

A. Sabre B. Amadeus C. Galileo

D. NASDAQ E. Worldspan

三、判断题

1. 旅游电子商务的经营模式有 B2C、B2B、B2E 与 C2C。（ ）

2. 用户通过与网络相连的个人电脑访问网站实现电子商务，是目前最通用的一种形式。（ ）

3. 从网上订车票、预订酒店、查阅电子地图到完全依靠网站的指导在陌生的环境中观光、购物。这种以自订行程、自助价格为主要特征的网络旅游在不久的将来会成为国人旅游的主导方式。（ ）

4. 游客在食、住、行、游、购、娱上只能分时分地地完成，无形中降低了游客的旅游成本，同时加剧了游客旅游时的身体、心理负担，为游客的旅游带来不便。（ ）

5. 在与价值链其他环节的竞争和合作中，必须首先在旅游景区内部实现资源整合，这种在景区范围内的价值链纵向一体化，会逐渐演化成一个共生发展的景区商业生态系统。（ ）

6. 跨地区的旅行社、旅游公司等和旅游景区内的企业，实现在旅游产业价值链上的纵向一体化，打破传统市场边界，实现旅游景区、旅行社业务的共同扩张，这是一种整合了部分旅游中介功能的旅游电子商务生态系统，它的范围要更广一些，进一步扩大了旅游价值链。（ ）

7. 酒店业电子商务系统实现增强企业组织竞争力、扩大市场份额和提高企业经营成果的目标，进而达到提高劳动生产率、降低成本、提高服务质量和管理水平的目的。（ ）

8. 我国酒店业应用电子商务的形式主要是酒店利用互联网，与旅行社、旅行代理商、航空公司、银行系统、交通运输等部门进行电子商务的 B2C 模式，酒店通过网络在线与客人进行旅游产品（如客房、餐饮、娱乐）的预订和宣传，了解客户信息的 B2B 模式。（ ）

9. 只有整个过程，即当所有旅游电子商务价值链活动有序地集合在一起时，才能给顾客创造价值。（ ）

10. 电子商务给传统旅行社企业产业价值链带来的影响是巨大的，在电子商务不断发展的今天，很多人认为电子商务能够消除中介商，把人们带入直接经济时代。（ ）

四、填空题

1. 旅游电子商务是指以网络为主体，以__________、__________为基础，利用最先进的电子手段运作旅游业及其分销系统的商务体系。

2. 旅游企业间的电子商务又分为__________与__________两种形式。

3. B2C 旅游电子商务交易模式，也就是__________。

4. 旅游 C2B 电子商务主要通过__________进行。

5. 旅游 C2B 电子商务主要有__________与__________两种形式。

6. 旅游 C2B 电子商务利用了信息技术带来的__________和__________的特点。

7. 由旅游中介服务提供商，又叫作在线预订服务代理商所建。大致又可分为两类：一类是__________；另一类是__________。

8. 随着__________、__________和__________技术的发展，三者的融合也越来越紧密。

9. 旅游景区电子商务生态系统的形成是围绕市场需求，在景区内通过整合资源，实现电子商务旅游价值链的__________。

10. 传统旅行社企业价值链包括__________、__________、营销、接纳、__________、__________、人力资源管理、公司基础设施和利润等。

11. 20 世纪 80 年代以来，酒店行业都已经不同程度地与航空公司发展起来的__________建立了连接，并通过全球分销系统提供的渠道实现产品的全球分销。

五、名词解释

1. B2C 旅游电子商务交易模式

2. C2B 交易模式

3. 语音电子商务

4. 多媒体电子商务

六、简答题

1. 旅游电子商务的经营模式有哪几种？请依次作出简要介绍。

2. 按信息终端形式划分的旅游电子商务模式有哪几种？请将每种作简要介绍。

3. 旅游全程电子商务企业全产业价值链服务模式有哪几种？请将每种作简要介绍。

4. 旅游全程电子商务企业特色产业价值链服务模式有哪几种？请将每种作简要介绍。

项目五
酒店电子商务

任务目标

知识目标：

1. 了解酒店电子商务的含义。
2. 掌握酒店电子商务的流程。
3. 掌握酒店信息化管理的基础内容。
4. 掌握酒店电子商务系统的构成。
5. 了解酒店电子商务的战略与应用。

技能目标：

1. 通过理论知识学习，掌握酒店电子商务的流程及操作技能。
2. 熟悉并掌握酒店电子商务系统等相关基础知识。

思政目标：

1. 提升学生对酒店电子商务内容的理解。
2. 培养学生对酒店信息化管理的操作及服务意识。
3. 培养学生积极主动的工作态度、分析问题和解决问题的能力。

任务引领

希尔顿酒店集团——电子商务的应用

希尔顿是国际知名的酒店管理公司，在全球119个国家和地区拥有6 400多家酒店，超过100万间客房。希尔顿一直致力于实现“让世界充满阳光和温暖，让宾客感受到希尔顿的‘热情好客’”的创始愿景，在其百年发展历程中，为超过30亿宾客提供服务。希尔顿在卓越职场研究所2020年“全球最佳职场”评选中名列前茅，并在2020年道琼斯可持续发展指数评比中荣膺“全球产业领导者”殊荣。2020年，希尔顿推出Hilton CleanStay“希尔顿清洁无忧住”，在全世界的酒店实施行业领先的清洁和消毒标准。通过屡获殊荣的宾客忠诚度计划“希尔顿荣誉客会”，超过1.12亿会员可享受物超所值的积分兑换住宿，以及无接触登记入住、选择客房、数字密钥与智能客房等非凡礼遇。

希尔顿酒店集团在2000年积极开展电子商务。几年里，希尔顿成功地提高了它的客房预订业务，并通过使用int大大降低了成本。随后，希尔顿酒店集团进行了第二次电子商务改革，利用电子商务提高营销能力，扩大分销渠道，提高预订能力。分析人士说：我们看到希尔顿集团正试图通过全面的渠道推广其所有品牌。

2001年6月，美国互联网周网站公布了2 000家美国百强电子商务企业的评选结果，希尔顿食品集团位居百强之首。该评选旨在表扬这些公司为取得商业成功所做的努力。评估的主要依据是每家公司的实际电子商务绩效，如增加客户、增加收入、降低成本。相关调查研究了这些公司如何使用互联网来加强企业与消费者和供应商之间的联系，以及如何利用互联网推动企业基础设施建设。

希尔顿品牌成员酒店网站有一个统一的希尔顿酒店集团标志，并且有一个统一的交互设备。品牌酒店网站应该具有一致的视觉形象、一致的情感形象和一致的应用方式，但仍允许子品牌酒店专注于其个性化服务功能。例如预订界面和酒店搜索引擎界面应该在子品牌酒店之间保持一致，而其他个性化服务功能，如驾驶行程计划，是汉普顿套房酒店系列独家提供的，因为它的大多数客户是自驾游人。

如上所述，希尔顿酒店集团有许多不同的子品牌。希望确保客户了解希尔顿品牌集团。这个目标在希尔顿酒店集团的网站设计中得以实现。从酒店集团网站的主页，您可以链接到集团品牌成员的各个网站。

思考：希尔顿酒店集团如何进行电子商务？有何成效？

第一节　酒店电子商务概况

一、酒店电子商务的发展史

酒店电子商务的使用源起于旅行网络的发展，确切来说应是源于航空公司的计算机预订系统。1959年，美国航空公司与IBM公司联合开发了世界上第一个计算机订位系统

（SABRE），而这个订位系统逐步演变为计算机预订系统（Computerized Reservation System）。随之又出现更具规模的预订系统——大型酒店集团中央预订系统（Central Reservation System），随后，国际性酒店联号和旅行商也关注到了电子商务的重要性，进而发展了全球分销系统（Global Distribution System，GDS）。

全球分销系统是20世纪90年代以来获得迅速发展的新型旅游营销网络。该分销系统主要应用于民用航空运输及整个旅行业的大型计算机信息服务系统。通过GDS，遍及全球的旅游销售机构可以及时从航空公司、旅馆、租车公司、旅游公司获取大量的与旅游相关的信息，从而为顾客提供快捷、便利、可靠的服务。加入全球分销系统组织的各个酒店集团或独立酒店都可以使用GDS开展预订服务。由于酒店行业与旅行业密切的关联性，酒店电子商务的发展与旅行电子商务密不可分，旅行网络化的发展带动了酒店电子商务。现如今，雅高、希尔顿、洲际等世界知名的国际酒店也早已制定了较为完善的电子商务系统，而电子商务的成功开展也确实为它们带来可观的回报推动企业的持续健康发展。

二、酒店电子商务的概念

从酒店业本身的行业特点来讲，对信息技术的依赖程度是相当高的。服务的无形性、即时性、异质性和知识性等，都使信息技术在酒店业中发挥十分重要的作用。实际上，酒店电子商务是指通过先进的网络信息技术手段实现酒店商务活动各环节的电子化。包括通过网络发布、交流酒店基本信息和酒店商务信息，以电子化手段进行酒店宣传促销、开展酒店售前售后服务，通过网络查询、预订酒店服务产品并进行支付；也包括旅游酒店企业内部流程的电子化及管理信息系统的应用等；并可依此组成酒店连锁业，组成战略联盟，以强劲灵活的营销手段开拓市场。可以向众多的客户提供面对面的营销方式，它开拓市场的广度和深度都是平常方式下的人力、物力所无法比拟的。其代表了最新和最有效的营销方式，为酒店开发客源市场带来了无限的商机，电子商务体系是当今酒店业发展的必然趋势。

酒店电子商务的内容主要包括信息的发布服务、在线预订服务、提供个性化酒店产品和服务、旅游社区的售后服务和网站交易服务等。

三、酒店电子商务的流程

酒店是以接待型建筑设施为依托、为公众提供食宿及其他服务的商业性的服务企业。其功能可以分为接待、客房、餐饮、公共活动和后勤服务管理五个主要部分。现代酒店功能丰富多样，细分领域更加细致，每个部分的功能相互之间紧密而复杂的联系构成酒店的整体。其业务流程主要是依据各主要功能部门按照业务分工不同而形成的一个既分工明确又紧密相连的统一整体。

酒店电子商务流程是指计算机联网和通信技术进行的一系列有关酒店商务活动的有序

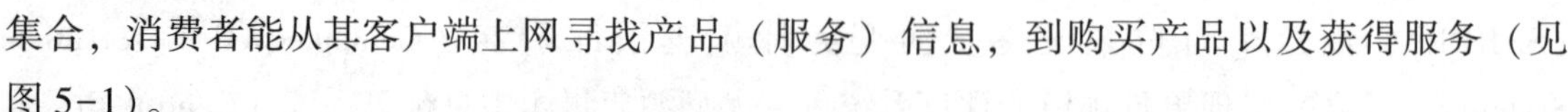
集合，消费者能从其客户端上网寻找产品（服务）信息，到购买产品以及获得服务（见图 5-1）。

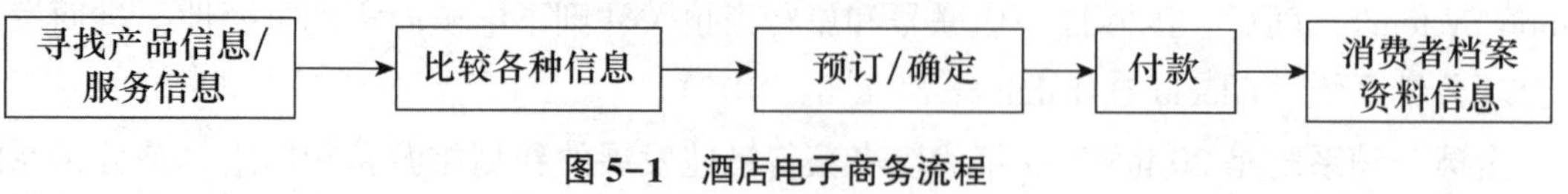

图 5-1　酒店电子商务流程

（资料来源：杜文才．旅游电子商务第 2 版［M］．北京：清华大学出版社，2015.）

四、酒店电子商务功能需求

（一）酒店互联网电子商务功能

1. 酒店企业对顾客（B2C）的网上商城

这种模式的酒店电子商务包括网上销售、库存管理系统、财务管理、统计分析、系统管理、网上支付等功能模块。其中，网上销售功能模块既是电子商务的窗口，也是酒店企业整体形象宣传的窗口，它提供 Web 发布、客户注册管理、产品资料库管理、订单管理、意见箱、问卷调查生成器、统计信息 7 个功能子模块。网上支付功能模块起到在线支付的作用，满足目前所有的在线支付工具功能。

2. 酒店企业对商家（B2B）的网上交易平台

B2B 网上交易平台为企业提供了一个信息集中交流的平台，帮助企业进行在线商贸洽谈。主要由以下系统构成：企业注册、管理、登录系统；企业发布、供求信息发布系统；信息认证系统；在线订购系统；企业黄页系统等。

（二）酒店局域网电子商务功能

局域网（Local Area Network，LAN），是指在某一区域内由多台计算机互联形成的计算机组。“某一区域”指的是同一办公室、同一建筑物、同一公司和同一学校等。局域网可以实现文件管理、应用软件共享、打印机共享、工作组内的日程安排、电子邮件和传真通信服务等功能。局域网是封闭型的，可以由办公室内的两台计算机组成，也可以由一个公司内的上千台计算机组成。酒店局域网就是酒店内部各个部门之间的互联计算机组，通过酒店信息化管理系统（HMIS）共享酒店资源。酒店局域网电子商务包括预订及查询、餐饮管理、电话计费、收银、客户管理、维护、总经理查询、库存管理等功能模块。

第二节　酒店电子商务功能

酒店电子商务是将酒店业务与互联网技术结合起来的商业模式，广泛应用于现代酒店业中。它以提高运营效率、增强客户体验和推动业务增长为目标，通过在线预订、个性化服务、数据分析等手段，为顾客提供更高效、便捷、个性化的服务。下面将详细介绍酒店电子商务的主要应用领域。

一、在线预订与支付

酒店电子商务的最主要应用就是在线预订和支付服务。通过官方网站、第三方在线旅行平台以及移动应用，客人可以方便地浏览酒店信息、预订客房和服务，并在线支付预订款项。在线预订的便利性吸引了越来越多的消费者，同时也提高了酒店的入住率和营业收入。

二、个性化服务

借助大数据分析和人工智能技术，酒店电子商务可以了解客户的偏好和需求，为客户提供更加个性化的服务。例如根据客户的历史订单和喜好，推荐符合其要求的客房类型、餐饮选择、旅游活动等，提高客户满意度和忠诚度。

三、在线客户关系管理

酒店电子商务系统可以帮助酒店建立客户数据库，记录客户信息和行为，以便更好地管理客户关系和进行营销活动。通过定期发送电子邮件或短信，酒店可以与客户保持联系，提供最新的优惠信息和活动通知。

四、网络营销和推广

酒店电子商务通过互联网和社交媒体平台进行广告宣传和推广，增加酒店的知名度和曝光率，吸引更多潜在客户。通过搜索引擎优化、社交媒体营销等手段，酒店可以有效地将自己推广给更广泛的受众群体，从而增加品牌曝光度、吸引潜在客户并提升预订率。

五、会员计划和优惠策略

酒店电子商务系统支持会员计划，吸引客户注册会员并提供专属优惠。同时，酒店可以根据客户消费习惯和历史订单，制定个性化的优惠策略，服务及提高客户忠实度，吸引客户再次光顾。

六、移动入住与智能客房

随着智能手机和移动互联网的普及，移动预订成为中国酒店电子商务的新趋势。酒店

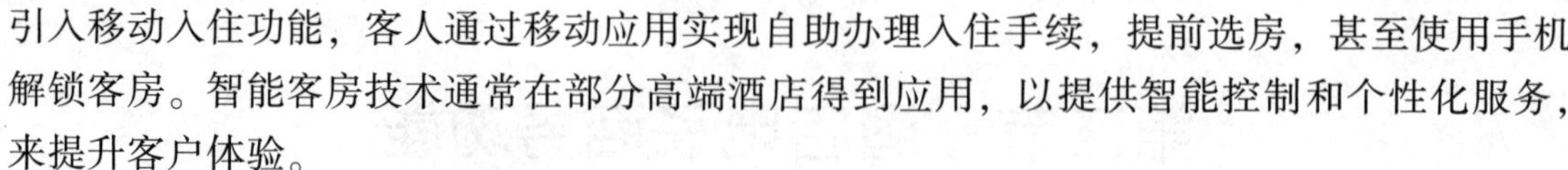

引入移动入住功能，客人通过移动应用实现自助办理入住手续，提前选房，甚至使用手机解锁客房。智能客房技术通常在部分高端酒店得到应用，以提供智能控制和个性化服务，来提升客户体验。

七、数据分析和决策支持

酒店电子商务系统收集并分析大量的客户数据，为酒店提供数据驱动的决策支持，优化运营和营销策略。通过数据分析，酒店可以了解客户需求，有效调整产品定位和服务策略，以此提高市场竞争力。

八、供应链管理

酒店电子商务系统与供应商和第三方服务提供商实现连接，实现供应链信息的实时传递和管理。通过电子化供应链管理，提高供应链的效率，降低运营成本。

综上所述，酒店电子商务在酒店业中具有广泛的应用。通过在线预订、个性化服务、网络营销等手段，酒店可以提高运营效率，增强客户体验，拓展市场份额，推动业务增长，为酒店业务的数字化和智能化发展提供重要支持。

第三节　酒店电子商务业务

随着数字化时代的到来，酒店业正经历着前所未有的变革。酒店电子商务成为酒店管理和运营的重要一环，它不仅提高效率，还改善客户体验，同时促进了业务的增长和发展。酒店电子商务业务越来越广泛，主要涉及以下几个方面。

一、在线预订和房间管理

（一）在线预订平台

酒店电子商务功能的核心是在线预订平台。通过网站和移动应用，客人可以浏览酒店的各类房间、价格、设施等信息，并进行实时预订。在线预订平台不仅方便客人，也可减轻酒店前台的压力，使预订过程更加高效。

（二）实时房态管理

酒店电子商务允许酒店管理者实时了解房间的占用情况和可用性。这有助于酒店更好地分配房间资源，避免过度预订或闲置，从而最大限度地提高房间的利用率。

（三）预订修改和取消

客人可以通过电子商务系统修改或取消预订，降低客人和酒店之间的沟通成本，同时也提高了客户满意度。

房间选择和虚拟导览功能：一些酒店电子商务平台提供了虚拟导览功能，客人可以在预订前浏览酒店的各类房间，以便更好地做出选择。

二、电子支付和结算

（一）多种支付方式

酒店电子商务允许客人通过多种方式进行支付，包括信用卡、第三方支付平台（如支付宝、微信支付）、电子钱包等，提高支付的便捷性和灵活性。

（二）安全支付环境

电子商务系统通过加密技术和安全认证，确保客人的支付信息和个人隐私得到有效保护，提高了支付的安全性。

（三）发票和账单管理

电子商务系统还可以方便地生成发票和账单，减少手工操作的工作量，提高了结算的准确性。

三、数字营销和推广

（一）社交媒体营销

酒店可以通过社交媒体平台（如微博、公众号、小红书）与客户互动，发布促销活动、优惠信息等，增强品牌曝光与客户互动。

（二）搜索引擎优化（SEO）

通过优化网站内容和关键词，酒店能够在搜索引擎中获得更高的排名，提高网站的流量和曝光度。

（三）电子邮件营销

酒店可以通过电子邮件发送定制化的促销信息和特别优惠，吸引客户重复预订并建立客户忠诚度。

四、客户关系管理（CRM）

（一）客户档案管理

酒店电子商务系统可以收集和管理客户的个人信息、喜好、消费习惯等，帮助酒店更

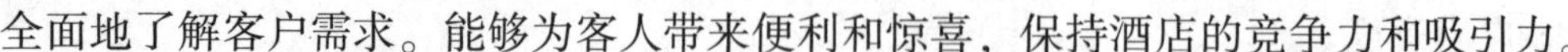

全面地了解客户需求。能够为客人带来便利和惊喜，保持酒店的竞争力和吸引力。

（二）个性化服务

通过客户档案信息，酒店可以提供个性化的服务，如定制化的欢迎礼品、房间布置等，通过细致入微的服务和创意性的活动，为客人带来超出预期的体验。

（三）客户互动

酒店可以通过电子商务平台与客户进行互动，回答疑问、解决问题，增强客户与酒店之间的联系。通过不断提升服务质量和创新服务模式，为客人带来更加舒适便捷、愉悦难忘的住宿体验。

五、数据分析和决策支持

（一）销售数据分析

电子商务系统通过收集和分析销售数据，帮助酒店了解客户预订趋势、市场需求等，从而使酒店作出更理性明智的定价和销售策略。

（二）市场趋势预测

基于历史数据和市场趋势，酒店可以使用数据分析工具预测未来的客户需求，有针对性地进行市场推广和房间调配。

（三）经营绩效评估

借助数据分析，酒店能够精准衡量不同营销活动的成效，进而智能化地调整资源配置策略，最终实现经营绩效的显著提升，加速酒店的业务增长与盈利优化。

六、移动端应用

（一）移动预订和入住

酒店电子商务系统的移动应用允许客人随时随地进行预订和入住登记，提高了客户的便捷性和满意度。

（二）实时通知和提醒

通过电子商务系统的移动应用，酒店可以向客人发送实时通知、提醒和更新，增强了客户与酒店之间的沟通。

七、房态管理和房价动态调整

（一）自动房间分配

电子商务系统可以自动分配房间，避免了人工操作的烦琐，提高了工作效率。

（二）房价动态调整

根据市场需求和供需关系，酒店可以通过电子商务系统实时调整房价，最大限度地实现利润最大化。

八、网络安全和隐私保护

（一）数据加密和安全认证

电子商务系统采用数据加密技术和安全认证，确保客户的个人信息和支付数据不受到未经授权的访问和泄露。

（二）隐私保护政策

酒店电子商务平台应制定完善的隐私保护政策，明确客户信息保护措施，增强客户的信任感。

总的来说，酒店电子商务在酒店业的发展中发挥着至关重要的作用。通过在线预订、电子支付、数字营销等功能，酒店能够更好地满足客户需求，提高经营效率，优化管理决策，实现可持续增长。然而，随着电子商务领域的蓬勃发展，酒店业也面临着网络安全威胁与技术迭代迅速等严峻挑战。为了保持竞争力并跟上时代的步伐，酒店必须持续探索创新路径，不断优化自身策略与技术架构，以灵活应对电子商务领域日新月异的变化。这要求酒店不仅要加强网络安全防护，确保客户信息与交易数据的安全无虞，还要积极拥抱新技术，如人工智能、大数据等，以推动服务升级与业务模式创新，从而在激烈的市场竞争中脱颖而出。

第四节　酒店电子商务网络营销

随着互联网的普及和数字化时代的到来，酒店业正日益依赖电子商务网络营销来推广品牌、吸引客户、增加预订量以及提高客户满意度。酒店电子商务网络营销是利用互联网和数字技术，通过各种在线平台和渠道进行推广和营销的一种战略。酒店电子商务网络营

销主要涉及以下几个方面。

一、搜索引擎优化（SEO）

搜索引擎优化是酒店电子商务网络营销的重要一环。它通过优化网站的内容、关键词、标签等，使得酒店网站在搜索引擎（如谷歌、百度）的搜索结果中获得更高的排名。提高酒店的曝光度，吸引更多的潜在客户访问网站，从而提高预订和入住率。

在酒店电子商务网络营销中，SEO 还包括地理定位优化，即在特定地区或城市内提高搜索排名，以吸引更多当地客户和游客。

二、社交媒体营销

社交媒体已成为酒店电子商务网络营销的重要平台。酒店可以在社交媒体平台上创建官方账号，发布有关酒店的信息、活动、促销和亮点。通过定期更新内容、与客户互动，增强酒店品牌知名度，建立社交媒体粉丝基础，吸引更多的目标客户。

此外，社交媒体作为信息交流的广阔舞台，为酒店与客人之间搭建了独特的互动桥梁。当客人在社交媒体上分享他们在酒店享受到的非凡住宿体验时，这些生动的故事和精美的照片不仅激发了朋友们的羡慕之情，更在无形中为酒店编织了一张口碑之网。这张网不仅传递了酒店的独特魅力与卓越服务，还像磁铁一般吸引着那些渴望探索新体验的潜在旅者，能够激发他们对酒店的浓厚兴趣与向往之情。

三、内容营销

内容营销是酒店电子商务网络营销的关键策略之一。酒店可以通过博客、文章、视频、图片等多种形式，提供有价值的内容，吸引用户。例如酒店可以发布当地旅游指南、美食推荐、旅行故事等，与客户建立情感联系，提高客户忠诚度。

此外，内容营销还可以帮助酒店展示自身的专业知识和服务水平，建立专业和可信赖的品牌形象。

四、电子邮件营销

电子邮件营销是酒店电子商务网络营销的一种常用手段。通过收集客户的电子邮件地址，酒店可以向客户发送定制化的邮件，包括促销信息、优惠券、特别活动等。这可以激发客户的购买兴趣，促进预订行为。

酒店需要确保电子邮件营销内容具有个性化和相关性，避免被视为垃圾邮件。同时，提供简便的订阅和退订选项，尊重客户的隐私权。

五、付费广告

付费广告也是酒店电子商务网络营销的一项重要策略。通过在搜索引擎、社交媒体等平台上购买广告位，酒店可以将自己的宣传信息展示给特定受众。付费广告可以更精准地定位目标客户，提高广告投放的效果。常见的付费广告形式包括搜索引擎广告、社交媒体广告、展示广告等。

六、移动应用和移动营销

随着移动互联网的普及，移动应用和移动营销对于酒店电子商务网络营销至关重要。酒店可以开发移动应用，提供预订、入住、房间选择等功能，为客户提供更便捷的服务体验。同时，移动营销也是一个直接与客户互动的平台，酒店可以通过应用推送通知、特别优惠等信息，促进客户的再次预订和忠诚度。

七、在线评论和口碑营销

在线评论和口碑营销对于酒店电子商务网络营销来说尤为重要。客人的评论和评价可以直接影响其他潜在客户的决策。酒店需要积极回应客户的评论，解决问题，树立良好的品牌形象。

同时，酒店可以鼓励客户在在线评论平台上分享正面体验，提高酒店的口碑评分，提高客户信任度。

总的来说，酒店电子商务网络营销是酒店业在数字化时代取得成功的关键一环。通过搜索引擎优化、社交媒体营销、内容营销、电子邮件营销、付费广告、移动应用和口碑营销等多种策略，酒店可以有效地吸引客户、增加预订量、提高客户满意度，这种持续的正面效应为酒店的长期发展奠定了坚实的基础，推动其在竞争激烈的市场中脱颖而出，实现业务的持续增长与不断壮大。

第五节　酒店电子商务模式

在不同的商业环境和市场需求下，酒店业采用了多种电子商务模式，包括 B2B、B2C、C2B 和 O2O，以满足不同类型客户的需求，提高市场竞争力，实现业务增长和可持续发展。

一、B2B（Business-to-Business）模式

B2B 电子商务模式是指酒店与其他企业之间的商业交易。在这种模式下，酒店作为供应商将产品和服务直接销售给其他企业，如旅行社、在线旅游平台、会议组织者等。通过 B2B 电子商务平台，采购商可以浏览酒店的房型、价格、设施等信息，选择适合自己业务需求的酒店，进行预订和付款。这种模式为酒店提供了更大的市场覆盖面和销售渠道，增加了业务机会。同时，B2B 模式也能够为采购商提供更多的选择和便利，帮助他们更好地

 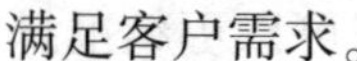

满足客户需求。

酒店与旅行社之间的合作是 B2B 模式的一个典型例子。旅行社可以通过 B2B 平台查询酒店的房间情况和价格，为客户制订旅行方案，实现多方共赢。

二、B2C（Business-to-Consumer）模式

B2C 电子商务模式是指酒店将产品和服务直接销售给最终消费者。在这种模式下，个人客户可以通过酒店的官方网站、在线预订平台或移动应用程序进行预订。消费者可以浏览不同房型的详细信息、价格、促销活动等，选择符合自己需求的酒店，进行预订和支付。B2C 模式通过直接与消费者互动，加强了酒店与客户之间的联系，提高了品牌曝光度和客户忠诚度。同时，消费者也受益于更便捷、透明的预订渠道，能够根据自己的喜好和需求选择合适的服务。

一个典型的 B2C 模式，是个人消费者通过酒店官方网站或第三方在线预订平台进行房间预订。消费者可以直接与酒店交互，选择入住日期、房型和提出其他需求，实现个性化的预订体验。

三、C2B（Consumer-to-Business）模式

C2B 电子商务模式是指消费者主动向酒店提供需求，酒店根据消费者的需求进行定制化的服务。在这种模式下，消费者可以提出特殊的要求，如定制化的行程、特殊餐食、个性化的床铺等。酒店根据这些要求为消费者提供个性化的服务，满足其特定的需求和偏好。C2B 模式能够提供更加个性化和差异化的服务体验，增强了客户满意度和忠诚度。同时，酒店也能够通过消费者的反馈和需求不断优化和创新服务。

一个典型的 C2B 模式是消费者通过酒店的官方网站或移动应用提出特殊要求，如定制化的膳食、特别的床铺设置等。酒店会根据消费者的要求进行安排，为其提供个性化的入住体验。

四、O2O（Online-to-Offline）模式

O2O 电子商务模式是将线上和线下渠道结合起来，为消费者提供全方位的服务。在酒店业中，O2O 模式可以通过在线预订平台预订房间，然后在酒店现场入住，或者通过移动应用预订餐厅用餐服务，然后在酒店用餐。O2O 模式将线上的预订和线下的服务有机结合，为客户提供更便捷、高效的体验，同时也能够帮助酒店更好地管理资源和服务流程。

一个典型的 O2O 模式是消费者通过移动应用预订酒店的餐厅用餐服务，然后在酒店用餐，享受现场的服务和体验。

综上所述，酒店业的 B2B、B2C、C2B 和 O2O 电子商务模式在满足不同客户需求、扩大市场份额、提高客户满意度等方面发挥着重要作用。随着科技的不断发展和消费者需求的变化，这些模式也会继续创新和演变，为酒店业带来更多的商机和发展前景。酒店业务经营者需要灵活运用这些模式，结合自身特点，不断优化服务，提升业务竞争力，实现可持续发展。

第六节 酒店电子商务的基础——酒店信息化管理

随着信息技术的发展和普及，计算机及其他信息技术在酒店中的应用越来越广泛、深入。酒店业的发展必须与时代发展同步。我们的时代发展已进入信息时代，因而酒店的发展依赖信息技术已成为业界的共识。酒店信息化与建设信息化酒店已经成为酒店发展的重要趋势。

随着 Internet、电子商务、网络预订、网络宣传的发展与实用化，信息技术将酒店推向了世界，进入了“让世界了解酒店”“让酒店走向世界”的酒店管理新时代，同时，又使得酒店集团、单体酒店及各种规模的酒店在很多方面处于同一起跑线上。在当今数字化时代，如何巧妙地融合信息技术以创新和优化酒店产品，并显著提升酒店的信息化管理能力，已成为决定酒店经营效率与竞争力的核心要素之一。这不仅关乎技术工具的简单应用，更在于构建一个以顾客为中心、高效协同、数据驱动的智能化运营体系。

一、酒店信息化管理的含义与内容

（一）酒店信息化管理的含义

酒店信息化管理是指企业以先进的信息化体系和先进的信息技术为基础，采用科学的管理理念，以数字化管理、科学决策、信息化服务为手段，不断提高生产、经营、决策、管理的效率和水平的过程。

（二）酒店信息化管理的内容

酒店业对现代信息技术和互联网的运用体现在整合跨业态、跨区域、跨平台的酒店业上、中、下游相关产业集群的虚拟联合体；搭建酒店业与上游供应商、下游分销商的信息桥梁，实现网络平台共享，促进酒店业提高管理效率、降低运营成本；实现酒店业的多元扩张，促进酒店业与其他产业开展协同经营，共建联盟体系。

二、酒店信息化管理的主要特征

酒店信息化管理是一个渐进式的过程，它需要不断地投入，不断地改进，不断地深化。从现阶段看，酒店信息化管理体现以下特征。

（一）组织管理系统化

酒店组织管理系统化是指酒店在管理过程中，通过建立科学的管理体系，将酒店的各项管理工作有机地结合起来，形成一个完整的管理体系。系统化管理可以使企业的管理更加科学化、规范化，避免了管理工作的重复和浪费，提高了酒店的管理效率和管理水平。

（二）内外办公无纸化

酒店内外办公无纸化是指，通过硬件、软件与通信网络的合力作用形成的一种工作模式，也是基于信息化和现代化而再造的工作流程，是一种方便、快捷、实用的办公形式。

（三）市场营销电子化

酒店市场营销电子化，从内容上主要体现在客户关系管理电子化、广告宣传双向化、客户分析精准化等；从手段上主要体现在电子邮件直邮、品牌互动社区、网络支付营销、核爆式营销等。

（四）客户互动虚拟化

客户互动虚拟化，一方面，顾客可以通过网络平台和酒店进行联系，客户与酒店工作人员在线上沟通，打破了线下的空间、时间的局限性；另一方面，酒店可以为顾客提供全景互动体验，让更多的客户“走进来”。增强客户对酒店的印象及认可度，激发客户潜在消费意识形态，让目标客户及潜在客户能够主动到酒店进行品鉴体验。

三、酒店信息化管理的交叉功能

酒店信息化管理依托各种类型的信息系统，这些信息系统是整合在一起的集成系统，存在各种交叉功能，这些交叉功能有效减少信息孤岛的存在（见图 5-2）。

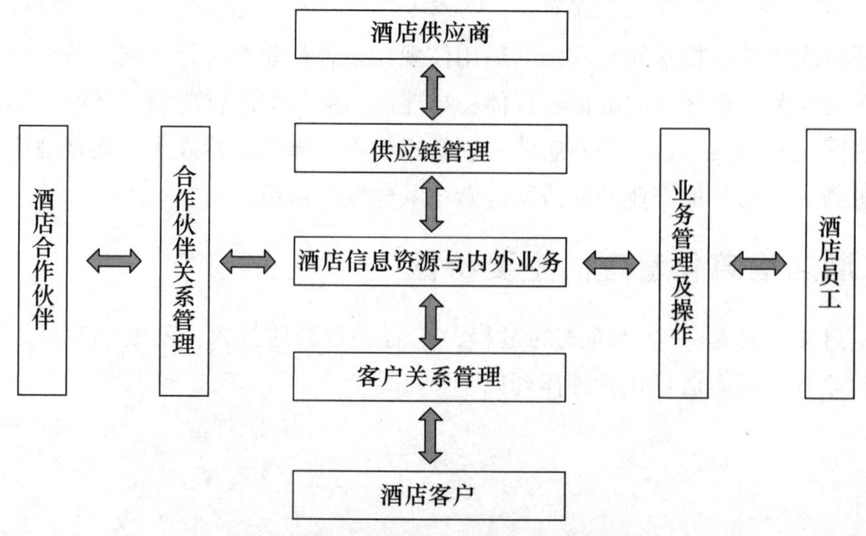

图 5-2　酒店信息化管理的交叉功能

（一）业务管理和操作

通过内部网 Intranet 和内部的管理信息系统解决，如酒店前台信息系统、餐饮信息系统、房务信息系统等。

（二）合作伙伴关系管理

通过外部网 Extranet 和 Internet 的企业间信息系统解决，一般企业间信息系统是基于互联网的信息系统，或虚拟专用网（VPN）的信息系统，主要用于企业间的业务协作。

（三）供应链管理

酒店采购相当频繁，以采用外部网与酒店用品供应商可建立协作关系，实现在线采购，同样是通过企业间的信息系统来实现。

（四）客户关系管理

客户至高无上，是旅游电子商务中不可或缺的核心资产。通常，客户会通过互联网这一渠道进行交流，便于我们开展针对客户的营销、销售及服务活动。在信息化管理过程中，关键在于对酒店业务流程进行有效整合，否则将难以实现业务间的协同效应。

四、酒店信息化管理的主要系统

酒店信息化的内容包括前台管理系统［包括项目管理系统（PMS）、客人一卡通、自助登记/离店、自助查询等系统］、房务管理系统［包括客房服务、客房娱乐服务、客房智能设备视频点播（Video On Demand，VOD）、智能迷你吧、客房互联网、房态控制等系统］、餐饮管理系统［包括电子点菜、智能成本控制、智能厨房、品牌宣传、销售终端（Point Of Sale，POS）收银、后台采购、库存等系统］、消防安全管理系统（包括自动报警、自动感应、智能门禁、电子巡逻等系统）、人力资源系统（包括员工一卡通、人力资源智能库、多媒体培训、在线培训等系统）、网络系统［包括掌上电脑、无线设备、网络（Web）网站、呼叫中心、网络营销、客户预订系统（Central Reservation System，CRS）等系统］、通信系统（包括电话、内部寻呼、电话会议、视像会议等系统）、酒店财务系统（包括收益管理、成本控制等系统）、电子物流系统（包括电子采购、供应链管理、物资管理、库存管理等系统）、客户关系管理系统、能源管理系统、决策支持系统、办公自动化以及其他扩展系统等。

第七节　酒店电子商务架构与应用

一、电子商务的架构

（一）网络层

网络层指网络基础设施，即所谓的“信息高速公路”，是实现电子商务的最底层的硬件基础设施，它包括远程通信网、有线电视网、无线通信网和互联网。

（二）信息发布与传输层

在网络层提供的信息传输线路上，根据一系列传输协议来发布传输文本、数据、声音、图像、动画、电影等信息。

（三）应用服务层

应用服务层实现标准的网上商务活动服务，如标准的商品目录服务、电子支付、商业信息安全传送、客户服务、电子认证等。

二、酒店电子商务的架构

酒店电子商务系统是一个集成系统，包括硬件系统和软件系统，硬件系统是网络基础，是开展商务的平台软件系统，包括酒店的所有应用软件，如网站、内部信息系统以及酒店与其他合作伙伴企业之间的信息系统等。

（一）硬件系统

硬件系统包括以下设备。

1. 计算机硬件系统

包括服务器主机、部门工作站机等，其中服务器主机是影响系统性能的主要因素，选择时需要考虑速度、存储容量以及并行处理能力等技术指标。

2. 网络设备系统

包括路由器、集线器 HUB、交换器、负载均衡器、网络等设备，其中还包括防火墙等安全设备。系统的框架结构如图 5-3 所示。

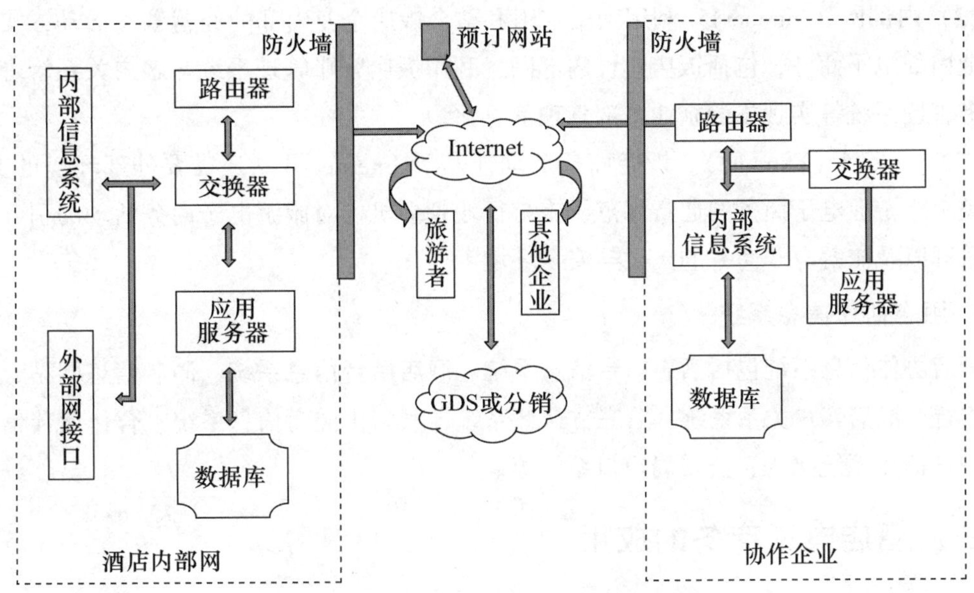

图 5-3 酒店电子商务系统框架结构

（二）软件系统

酒店电子商务系统是一个整合性的软件，包括酒店互联网络体系及酒店协作信息系统。

1. 酒店互联网络体系

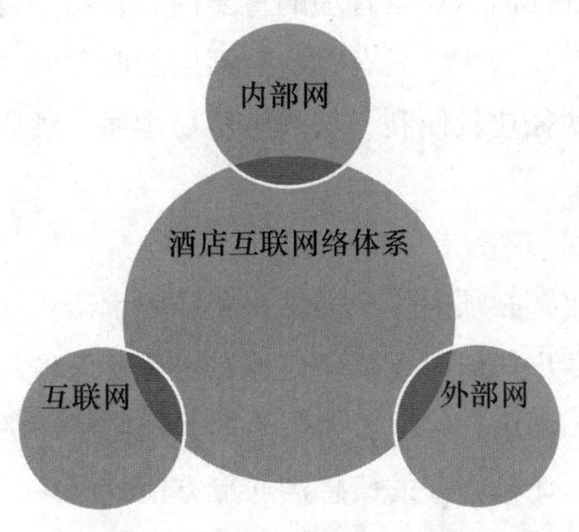

图 5-4 酒店互联网络体系

（1）互联网（Internet）。面向市场，以市场活动为中心，包括促成交易实现的各种商业行为——网上信息发布、网上公关促销、市场调研以及实现交易的电子贸易活动，包括网上业务洽谈、售前咨询、网上交易、网上支付、售后服务等。

（2）内部网（Intranet）。利用网络重组和整合饭店企业内部的经营管理活动，实现饭店企业内部电子商务，包括饭店建设内部网，利用饭店客账管理系统、客户关系管理系统和财务管理系统等实现旅游企业内部管理信息化。

（3）外部网（Extranet）。饭店商务活动能基于 Internet 开展还需要外部环境的支持，包括整个旅游业电子商务的通行规范、旅游行业管理机构对旅游电子商务活动的引导、协调和管理以及旅游电子商务的支付与安全环境等。

2. 酒店协作信息系统

酒店协作信息系统包括酒店前台信息系统、酒店后台信息系统、酒店信息网站、酒店网络银行、酒店客户关系系统、第三方认证系统、酒店供应商信息系统、合作伙伴信息系统、GDS 信息系统接入、公安局户口系统等。

三、酒店电子商务的应用

（一）网络预订

利用网络，客户可以查询任何目的地的酒店经营信息和客房价格，酒店的经营设施、客房价格都是公开透明，酒店必须面对客户开展诚信经营，并利用现代网络建立忠诚客户群，因此，在信息时代酒店开展网络订房已是必然趋势，这是酒店开展电子商务的基础。

（二）客户关系管理

酒店客户资源管理是现代酒店经营管理的重要内容，特别是新经济形势下的企业经营是以客户为主，而不是以产品为主，只有客户对酒店的服务满意度提高，比如客户感觉价格合适、客户取得服务的途径比较便利、与酒店容易沟通，酒店对客户才有吸引力。

（三）个性化服务

信息社会中的酒店企业，必须向客户提供完美服务承诺。这里所谓的完美服务，就是作为一个酒店企业要知道客户任何时候、任何地点、需要怎样的服务。通过电子商务平台知道客户的具体需求信息，酒店就可以努力去为客人提供所需的服务。酒店电子商务平台缩短了酒店与客户的距离，让与客户的信息沟通更方便。

酒店业是一个服务为主的行业，今天的酒店服务已经不是单一的、传统的由员工提供端茶倒水铺床扫地等，而是力求从客人立场出发，通过信息化设备，提供全方位人性化服务，满足客人多样化和个性化需求。

本章小结

本项目介绍了酒店电子商务的基本概况、酒店信息化管理、酒店电子商务架构与应用、酒店电子商务的战略作用等。如今，现代酒店管理要求向“管理一体化”方向开展，而酒店的电子商务也恰恰需要各种单一软件集成。酒店的电子商务融合了酒店管理的各项功能，为酒店实现管理一体化提供了强有力的技术支撑，将酒店的计算机应用连接成一个庞大的信息网络，涵盖了酒店内部所有的数据处理和文件管理等工作。通过与酒店自动化设备的深度融合，酒店电子商务能够更加高效、优质地为酒店自身运营及顾客服务。

思考题

一、单选题

1. （　　）年，美国航空公司与 IBM 公司联合开发了世界上第一个计算机订位系统（SABRE）。而这个订位系统逐步演变为计算机预订系统。

A. 1929　　B. 1939

C. 1949　　D. 1959

2. （　　），是 20 世纪 90 年代以来获得迅速发展的新型旅游营销网络。该分销系统主要应用于民用航空运输及整个旅行业的大型计算机信息服务系统。

A. 全球分销系统　　B. 全球电子系统

C. 全球营销系统　　D. 全球信息系统

3. （　　）指网络基础设施，即所谓的“信息高速公路”，是实现电子商务的最底层的硬件基础设施，它包括远程通信网、有线电视网、无线通信网和互联网。

A. 网络层　　B. 信息发布与传输层

C. 技术沟通层　　D. 应用服务层

4. 酒店业是一个以（　　）为主的行业。

A. 餐饮　　B. 服务

C. 住宿　　D. 康乐

5. （　　）是指企业以先进的信息化体系和先进的信息技术为基础，采用科学的管理理念，以数字化管理、科学决策、信息化服务为手段，不断提高生产、经营、决策、管理的效率和水平的过程。

A. 酒店信息化管理　　B. 酒店专业化管理

C. 酒店科学化管理　　D. 酒店营销化管理

二、多选题

1. 酒店业对现代信息技术和互联网的运用，是整合（　　）的酒店业上、中、下游相关产业集群的虚拟联合体。

A. 跨业态　　B. 跨区域

C. 跨平台　　D. 跨领域

2. 酒店信息化管理是一个渐进式的过程，它需要不断地投入，不断地改进，不断地深化。从现阶段看，酒店信息化管理体现（　　）特征。

A. 组织管理系统化　　B. 内外办公无纸化

C. 市场营销电子化　　D. 客户互动虚拟化

3. 电子商务的架构主要包括（　　）。

A. 网络层　　B. 信息发布与传输层

C. 技术沟通层　　D. 应用服务层

4. 酒店电子商务的架构主要包括（　　）。

A. 硬件系统　　B. 网络系统

C. 软件系统　　D. 酒店信息协作系统

5. 酒店电子商务应用在（　　）。

A. 网络预订　　B. 网络咨询

C. 客户关系管理　　D. 个性化服务

三、判断题

1. 电子商务战略要考虑酒店经营的形象，酒店经营形象是社会公众对酒店经营的综合评价和反映。（　　）

2. 酒店应该不定期对员工进行信息安全培训，加强员工的信息安全意识，让员工了解信息安全的重要性及其处理方法。（　　）

3. 随着互联网的不断发展，电子商务已经成为酒店业务中不可缺少的一部分，使得酒店的业务范围更广，客户服务更方便。（　　）

4. 经过多年的发展，人们对于电子商务已经有了足够清晰的认识。（　　）

5. 酒店信息化与建设信息化酒店已经成为酒店发展的重要趋势。（　　）

四、简答题

1. 什么是酒店信息化管理？其具有哪些特征？

2. 酒店中有哪些服务设施可以通过信息化改造得到升级？

3. 酒店电子商务的应用有哪些？

4. 电子商务对酒店经营有何战略作用？

5. 简述酒店电子商务的流程。

五、实训题

考察一家你熟悉的酒店，其中有哪些环节实现了信息化管理？

项目六
旅行社电子商务战略

任务目标

知识目标：

1. 掌握旅行社电子商务的主要模式。
2. 了解旅行社电子商务的主要特点。
3. 了解旅行社电子商务战略层面的主要问题。

技能目标：

1. 通过理论和实践，明确旅行社的电子商务战略。
2. 能够在战略层面思考旅行社的问题、行业的发展方向。

思政目标：

1. 提升学生对旅行社的未来的思考。
2. 培养学生对旅行社未来的自身定位的思考。
3. 培养学生在旅行社战略层面分析问题和解决问题的能力。

任务引领

抖音，旅游市场的“搅局者”

2023 年 8 月，有细心的人在天眼查发现，成都海阔天空旅行社有限公司成立，公司注册资本 100 万元，经营范围含旅游业务、票务代理服务、旅客票务代理、软件开发、旅游开发项目策划咨询等。

根据股权穿透图，该公司为成都光合信号科技有限公司全资子公司，而后者由抖音集团（香港）有限公司间接全资持股。也就是说，抖音悄悄成立了一家旅行社公司。

抖音上有4亿旅游潜在用户，抖音开始向旅游市场发起了进攻。

2023年3月，抖音生活服务面向新开酒店推出扶持激励，针对有市场潜力的酒店，给予扶持和经营指导。

2023年5月，抖音上线了日历房功能，和OTA平台一样，用户根据需求选择好入离时间后，可以即时下单预订。而在这之前，用户需要先购买团购券，等到确定出行时才联系商家预订具体的入住和离店日期，交易链路更烦琐，不确定性也更大。

2023年6月，抖音推出了酒旅大促IP“好好旅行节”，将携手不同商家为消费人群制订不同的出行计划，参与活动的商家覆盖了景区游玩、酒店、民宿、旅行社、大交通等品类，预计曝光约达到百亿级。

近期，抖音生活服务还调整了组织架构，将酒旅业务升级抖音生活服务一级部门，与到店业务平行，提高了酒旅业务的战略地位。

抖音生活服务官方数据显示，2022年抖音旅行兴趣人群达到了2.7亿人，酒旅类关键词搜索量高达8亿+每年，酒旅订单月同比增长346%。

与2021年相比，2022年酒旅行业支付GMV增长12倍、合作酒旅商家增长5.5倍、酒旅订单用户增长9倍、酒旅相关视频播放更是达1.4万亿次。

和传统的OTA平台相比，抖音最大的优势依然是自己的内容和流量，这是抖音进军旅游业的底气。

根据《2023抖音旅游行业白皮书》，2023年第一季度，抖音平台“旅行”相关内容发布人数占全行业比重居第二位，抖音旅游兴趣用户数量超过4亿，同比增长13%。

2023年大火的淄博烧烤、特种兵式旅游，都离不开内容平台的助推。如今，被短视频、直播等内容种草后，直接在平台做功课、订酒店和团购套餐，旅游结束后再回到平台分享旅游心得，成为许多人的常态。

每一次渠道的变迁，都会重塑运营逻辑，抖音等平台已经成为各类文旅企业常用的传播渠道。

《2023抖音旅游行业白皮书》显示，截至2023年3月底，抖音上的景点、酒店住宿、航空公司、OTA旅行社等各类旅行社账号数量的平均增速超过了20%，其中酒店住宿、商旅票务的账号数量的增速高达61.5%、46.0%。

（资料来源：李迎．抖音，旅游市场的搅局者［J/OL］．2023-08-03/2023-09-21.）

思考：

1. 旅游电子商务正在发生什么样的转变？
2. 这些转变将会如何影响传统旅行社的业务模式？

任务实施

第一节　旅行社电子商务战略框架

旅行社电子商务战略框架主要体现在以下四个方面。

一、数据库的搭建

数据库就是一个存储结构化数据的仓库。数据库的建设应该放在电子商务平台搭建的第一个环节来安排。数据库的建设需要把业务需求、管理需求的方方面面都提前考虑好，然后再付诸实施。所谓“基础不牢、地动山摇”，数据库就是电子商务平台的基础。

数据库的搭建，常规方式有两种：一种是自建数据库、自建机房；另一种是购买云服务。

对于中小型企业，在有技术支持的情况下，自建机房是信息安全比较有保障的一种做法。数据库的软硬件成本有了大幅降低，性价比较之 10 年前已经有很大提高。自建数据库根据企业情况不同，也可以有不同的方案。规模小，用一台综合性能好点的电脑常年开机作为数据库的服务器主机；规模大，可以买个专业的服务器放在公司的某个空调房里。要求更高，可以买服务器，放在机房托管，同时享受第三方的托管服务。终极的要求和标准，就是自建机房的模式，异地备份的安排。

云端数据库、虚拟服务器的服务，可能是性价比较高的另一个选择。只需要付服务费租用虚拟的网络空间，不需要硬件的投入。业务发展情况下，这样的云端数据库，可拓展性强，平时的维护成本也低。

二、网站

虽然网站已经是 20 世纪的发明，但是拥有一个正规、相对高大上的官方网站还是非常有必要的。

旅行社网站的主要功能通常包括以下六个板块。

（一）企业介绍

对企业历史的简单介绍，用精练的文字介绍企业的发展历程、经营的宗旨、企业的团队、企业的产品和服务等。

（二）产品展示和购买

产品展示是企业网站最重要的部分之一。通常这个部分的建设需要给出最多的空间和精力，需要用心地建设和反复地优化。在企业网站最显眼的位置展示企业最有竞争力的产品，以争取最好的销售结果。

同时，需要特别注意客户购买的体验。购买的操作步骤尽可能少，支付的接口要足够简便、顺畅。支付的第三方服务尽可能选择类似微信、支付宝、银联这样大家耳熟能详的大平台，确保支付的可靠性。

（三）在线服务和联系

在中国从事电子商务，在线服务是非常重要的。客户的问题可能随时有，随时希望得到解答与解决。因而，365 天的 24 小时服务是比较好的安排。如果确实做不到，至少应该有 16 小时的服务，另外的时间安排人值班或者设置留言。同时，作为在线服务的重要补充，呼叫中心的接线服务最好能跟在线服务同步。

（四）会员积分和服务

会员制是留住新客户，开发存量客户的重要制度安排。效仿银行信用卡的积分换礼物，移动公司的积分换流量，航空公司的积分换里程，旅行社有必要设计合理的会员体系、科学的奖励制度。配合优质的会员服务，才能让企业留住客户，让老客户带来新客户，从而实现企业的循环。

（五）投诉、举报和紧急联络

旅行社涉及的业务面较广，运营中不可避免会有各种矛盾、突发事件和紧急情况的发生。在企业网站上公布投诉、举报和紧急联系的部门、具体的人员、具体的联系方式，能够第一时间掌握情况，专人对应处理。这样就能为事情的解决和处理赢得时间，赢得先机。

（六）企业文化展示

进入 21 世纪，大多数的企业都把企业文化的建设放到了企业运营更重要的位置。类似企业扶贫、企业助残、企业捐赠、企业团队活动等事件的报道展示，在公众面前树立良好的声誉和品牌形象，为企业赢得社会大众的认可。

三、手机应用软件

手机进入智能手机时代之后，单部手机的功能已经不亚于一部个人电脑。因而，手机端的应用已经在实际上更多地取代了电脑端的操作。

手机应用至少需要开发苹果和安卓两套系统并分别在两个应用市场上线。方便客户下载，方便客户快速安装，是一个重要的指标，需要特别关注。

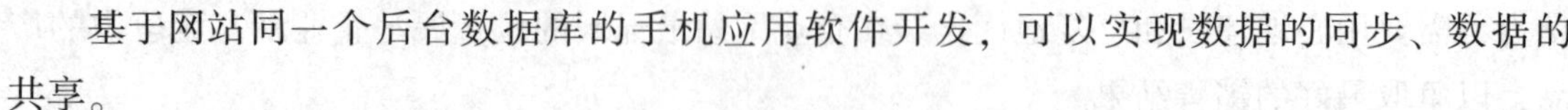

基于网站同一个后台数据库的手机应用软件开发，可以实现数据的同步、数据的共享。

基于手机的应用软件开发，有以下几个注意事项。

(1) 功能需要齐备。即便是在移动设备上，依然坚持确保所提供的功能与电脑端版本完全一致，无论用户选择何种平台，都能享受到同样丰富、全面且高效的服务体验。

(2) 页面设置需要适配手机浏览器。同时需要考虑不同屏幕尺寸的手机可能的浏览适配问题。

(3) 致力于打造一个无缝衔接的多端体验，通过任何设备，都能轻松访问并使用酒店的所有核心功能。力求避免页面过于标新立异的设计，让页面布局、功能设置及用户体验与主流应用保持一致，确保用户能够迅速熟悉并享受到流畅、直观的使用体验。实现既符合用户习惯又富有吸引力的界面，让每位用户都能轻松上手，享受便捷的酒店服务。

四、微信小程序

手机已经是人们必不可少的生活、工作的工具。微信是中国人日常交流的主要软件。日常生活、工作中的分享，微信小程序可以实现功能的拓展。同时，微信小程序的一个重要功能就是在社交圈的快速分享。这样的分享是对电子商务的重要拓展，是电子商务变现的重要手段。

一个微信小程序，已经相当于一个微网站，基本的业务功能已经完全可以实现。同时，把微信小程序和企业的微信公众号、企业的直播号结合起来运营管理，形成一个基于客户群、基于朋友圈的小型电子商务生态系统，这是小型旅行社途径的现实选择。

第二节　旅行社电子商务战略内容

在旅行社电子商务战略框架下，内容就显得非常重要。通常情况下，我们需要在宏观和微观两个不同的层面考虑内容建设。

一、旅行社电子商务宏观战略

宏观战略层面规划旅行社的电子商务，可以从业务维度、业态维度、技术维度分别进行布局。

(一) 业务维度

旅行社应该更多对接客源。从入境游客到国内游客，从外省游客到本省游客、本地游客展开不同策略的电子商务相关营销工作。

（二）业态维度

旅行社应该把团队业务、散客业务有效区分。应该把公务客户、商务客户和普通游客进行基于电子商务的分类开发和管理。应该把国内业务和出境业务分成不同板块进行管理。

（三）技术维度

完整的技术维度的旅游电子商务布局，从成熟的技术角度考虑，至少可以包含六个主要平台。这六个平台主要包括：面向终端消费者的旅游信息分享和预订平台；面向同业和代理商的实时分销平台；有规范流程的内部业务运营平台；面向内部部门和代理商的业绩管理平台；进行有效的客户关系管理的 CRM 平台；提供人工服务的呼叫中心平台。

二、旅行社电子商务微观战略

微观角度规划旅行社的电子商务，需要结合企业实际情况来进行具体的安排。

（一）大型旅行社

对于大型旅行社，成立专门的信息化部门甚至建立独立的互联网运营的公司都是必要的选择。

成立专门的信息化部门，需要由专业的技术人员领衔，最好由熟悉公司业务情况的副总经理直接参与项目的指导。在项目开发的前期，需要定期或不定期地召开若干次的沟通会、协调会、碰头会，方便技术人员和业务人员充分交流，方便业务功能和管理目标在技术层面顺利实现。

成立专门的信息化部门，也并不意味着所有的开发都需要自己做。在开发过程中，一部分的业务也可以选择外包的方式进行。公司的部门，需要做好数据库的管理和平台的日常管理、运营维护。

（二）中型旅行社

对于中型旅行社，购买成熟的技术平台是个不错的选择。条件具备的情况下，可优先选择自建服务器，购买软件服务，也可以选择一次性开发，维护工作外包的方式，以及选择在成熟的行业平台上进行二次开发，使平台更加贴近、适合自身业务的开展。

（三）小微旅行社

对于小微旅行社而言，使用市面上已有的稳定的、口碑好的旅游电子商务平台是比较好的选择。这样的安排，通常性价比较高。成熟的平台通常也有较好的业务培训配套，有

比较好的使用指导甚至专人的辅助。对于小微企业，需要做的是让自己的业务尽可能地适应平台的管理，用平台的标准化和流程化来带动企业的管理进步和业务规范。

三、旅行社电子商务战略内容

（一）确定好旅行社的业务范围

多数旅行社并不是所有业务都做，通常需要根据自身的资源、专长和市场需求来定位自己的业务范围。准确地给自己的旅行社定位，才能集中资源、赢得业务、服务好客户。

（二）确定好旅行社的管理模式

集中式办公的旅行社和分散式办公的旅行社，应该采用不同的管理模式，进而采用不同的管理系统，同时对应不同的电子商务解决方案。

具体地说，集中式办公的旅行社，应该以统一的电子商务平台的打造为主。在高效的办公管理系统的支持之下，各个业务部门在自己的业务内容范围内展开电子商务层面的操作和营销活动。

分散式办公的旅行社主要指有诸多外地分公司或者开设了多个营业部的旅行社。这种情况下，考虑到地域业务的差别，比较妥当的方式是基于同一个数据库支持下的，同一个办公管理系统管理下的大平台上嵌套小平台的模式。这样的安排，有利于各个分支机构扬长避短，发挥自身优势，因地制宜地开展电子商务业务。

◎案例链接

一部手机游云南

云南省是中国的旅游大省，在迈向旅游强省的道路上，云南省奋勇争先，成为首个拥有全域智慧旅游一体式解决方案的省级行政区域。

“一部手机游云南”平台，集合了云南全境“吃、住、行、游、购、娱”旅游相关服务的主要目的地的主要商家。通过提供安卓的应用、苹果的应用和微信小程序的服务端口，全面提供旅游相关的资讯、优惠、咨询、投诉等服务。

“一部手机游云南”把政府对旅游的监管集合到了一个平台上，实现了一键投诉，提高了政府处理旅游投诉的效率，提高了游客的满意度。

“一部手机游云南”把云南16个州市的旅游攻略、旅游“慢直播”集合到了同一个平台上，由平台统一引流。

这样的创新式安排大大提升了云南省作为统一的旅游目的地的吸引力。同时，直播旅游景区、直播旅游线路产品和直播旅游土特产有机结合，相得益彰，实现了社会效益和经济效益的同步提升。

“一部手机游云南”提供了网上购票的便利，可以在各大景点景区刷脸入园，提升了景区的营销效果和管理效率。各级政府给游客的不同程度的优惠，在这个平台上第一时间直接给到了游客本人。优惠政策、促销策略得到精准落实。平台自带的景区导览讲解功能、拍照识花功能等也明显提升了游客的旅游体验。

“一部手机游云南”还提供了交通指南，从大交通到指引公共厕所的位置，事无巨细、分别落实，实实在在方便了游客。

总结“一部手机游云南”项目的成功经验，主要有以下几个方面的因素：

1. 政府从政策到资金的支持。
2. 各地市州积极地响应、参与和配套投入。
3. 高起点建设，大公司主导，优秀团队实施。
4. 立足应用，效果显著。
5. 平台引流，迅速实现良性循环。

思考分析：

作为一个云南的旅行社，公司的业务如何跟“一部手机游云南”这样的平台对接？

第三节 旅行社采购电子商务战略

不同于生产型企业，旅行社的采购，多集中在服务领域。旅行社采购的电子商务战略，需要围绕核心业务的需要，有策略、有步骤地开展。

一、电子商务的供应商管理

供应商管理一直都是管理中的重要环节。电子商务的供应商管理，实现了对供应商的平台化管理。

以某综合性旅行社电商平台为例。平台创立的初期，公司花了大量的人力和金钱，在各大中城市，下沉到每个社区、街道，以“扫楼”的方式，把酒店、宾馆、旅馆等资料收集、整理和上传。之后的运营维护，平台有人以万人规模的呼叫中心系统进行后台支持确保网站用户的预订体验。平台运营的中期，后台的店铺管理就交给了供应商自己处理，后台的工作人员进行的主要是运营支持和客户服务工作。这样的安排，节省平台的人力与成本。平台运营的后期，供应商的管理已经实现了数据化管理、智能化管理。建立在大数据基础之上的人工智能化供应商管理，对供应商的管理更加客观、公正，同时还进一步降低了后台的人力需求和人为干预可能的负面影响。

二、管理供应商的供应商

目前国内工业品的生产制造、食品的生产制作、农产品的生产加工在物联网技术的支持之下，基本实现产品可溯源。也就是说，通过信息技术，可以在平台上实现“管理供应商的供应商”。

某大型旅游集团，在落实2008年奥运会期间后勤保障工作之前，专门成立集团的服务品质控制部门。该部门在公司平台的支持下、在制度的保障下对公司的各项业务的运营拥有一票否决权。该部门的重要工作内容之一就是安全管理在对公司外地分公司的管理督察中，该部门对执行地面接待任务的供应商进行资格审查。在对车辆企业的资格审查中，通常会到现场确认车辆的车况，跟平台信息进行比对，与驾驶员进行安全管理的交流。这样细致的“管理供应商的供应商”的安排，是企业持续10多年安全运营无事故的重要制度性保障，基于电子商务后台支持的管理模式值得广泛学习并借鉴。

三、采购的可视化和动态考核

企业日常运营中产生的大量数据，只有进行有效的整理和分析才能为企业所用，为企业的管理决策所用。

为此，现在很多先进制造业的企业多采用建设数据中心并进行展示的方式来辅助管理。采购工作可以实现可视化管理的。

在旅行社的采购工作中，在业务部门化的前提下对供应商进行分指标的考核并进行可视化分析、动态考核。

以某旅行社的国内组团业务为例。该旅行社某月发往国内某个旅游目的地同时可能有30个团队，这些团队的行程进展情况和服务落实情况都完成数据展示。行程过程中，游客主动反馈到平台的服务评价都可以第一时间作为后台计调工作和服务监督工作的工作依据。同时，分项的情况反馈可以作为动态考核各供应商服务情况的重要依据和抓手。供应商在他的登录端口看到他对应的服务情况，第一时间发现问题、解决问题。这样的实施管理让旅游服务的上下游拥有更好的衔接，大大提升服务质量和客户的满意度。

四、采购工作的线上线下配合

采购工作，也不能只是在电子商务的平台上进行，线下的整合工作是十分有必要的。

采购管理部门，除了在平台上跟供应商进行定期或不定期的沟通，还应该深入一线，拜访客户，了解实际情况并形成报告，为作出更好、更科学的决策提供依据。

此外，半年一次或一年一度的线下供应商大会也是不错的制度安排。通过进行案例的分享、典型事例的分析、优秀供应商的评比，可以带着大小供应商一起成长、共同进步。

第四节 旅行社客户关系的电子商务战略

作为服务型企业，旅行社的客户关系受到越来越广泛的重视。在电子商务战略层面布局到位，通过提供专业的服务、满足客户的个性化需求来赢得客户的信任和忠诚。让旅行社的客户关系管理工作事半功倍。

一、客户关系管理的主要路径安排

（一）客户数据的收集

客户数据的收集通常有三种场景。

1. 被动收集

在客户预订旅游行程、办理出国签证、购买度假产品、购买景区门票、办理酒店入住的时候，收集客户必要信息、妥善保管。要留意做好信息使用的授权工作，一个细节就是信息收集的效率。如果客户多次预订，平台反复收集信息、重复进行确认，浪费客户时间精力，会引发客户的不满与抵触情绪，这种方式容易削弱客户对旅行社的信任与满意度。

2. 主动收集

通过线上线下的各种推广活动、营销活动，发展会员，收集会员信息，进一步达到营销产品的目的。这样的方式和活动，须常态化进行，持续不断地开展下去。通过实施这些策略和活动，旅行社能够不断巩固和扩大其市场地位，深化与客户的联系，提升品牌形象和服务质量。

3. 跨界合作

通过跟运营商合作，跟大型网站合作，跟社交平台合作，采用大数据分析的方式，筛选潜在客户，并将其他机构的会员转化为自己的会员乃至忠实客户，通过精准的市场定位和有效的营销策略，其效果立竿见影。

（二）客户数据的使用

客户数据的使用需要专门设计、专人使用。一方面要注意数据安全，另一方面要避免数据被滥用。2021 年 8 月 20 日，十三届全国人大常委会第三十次会议表决通过《中华人民共和国个人信息保护法》，该法自 2021 年 11 月 1 日起施行。该法为保护个人信息权益、规范个人信息处理活动、促进个人信息合理利用提供了法律依据。

 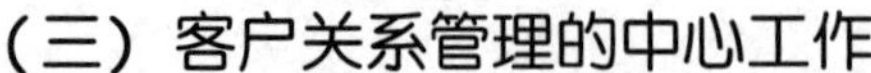

（三）客户关系管理的中心工作

客户关系管理的中心工作是为企业经营服务的。企业的新产品、新活动、新服务，需要在线上、线下通过各种方式和途径第一时间送达客户并努力促成营销。客户关系管理部门看起来像是一个服务部门，实际上是一个重要的营销部门。

（四）客户关系管理的日常安排

客户关系管理的日常工作可以有以下内容：日常的问候、新产品的介绍、活动的预告和报道、企业的动态、生日的问候和节日的问候、会员服务的内容、会员福利的发放、线上线下会员活动的组织和开展等。

（五）客户关系管理的细节落实

客户关系管理，落实细节也很重要。

1. 客户分层管理

企业面前，客户不分大小，人人平等。但是在具体业务面前，客户对企业的贡献度有大有小。所以，不同贡献度的客户在电子商务的客户关系管理平台应该区分权限，享受不同等级的服务权益。

2. 有温度的管理

在越来越多人工智能加入电子商务平台管理的流程之后，人工服务就显得更加珍贵。例如普通客户的生日，系统自动给客人发送了生日问候短信。重要客户的生日，系统后台有客服人员给客人打三分钟的电话，送上一段衷心的生日祝福，再配上一个快递过去的小礼物，可能效果会更好。

3. 跨界合作

通过跟电信运营商合作、跟大型网站合作、跟社交平台合作，采用大数据分析的方式，筛选潜在客户，把别人的会员发展成自己的会员乃至客户。

二、客户关系管理的电子商务战略

（一）中小旅行社的客户关系管理战略

（1）建立自己的数据库，在数据库基础上实现客户关系管理的基本功能。

（2）创建自己的朋友圈，在朋友圈里拓展业务。某小型旅行社，在疫情期间照常开展运营，照样正常安排游客旅行。探究其成功的背后，原来是该企业在总经理的带领下，每个员工都管理着 10 多个 500 人的微信群。在这样的群里，大家每天问候、互相帮助，早就成了熟人、朋友。旅行社在总经理的带领下，经常组织不同规模的线上线下活动。线上问候老客户的生活和健康，组织简单线上娱乐活动，丰富客户在疫情封控期间的生活。线下给隔离中的客户送农副产品、送生活用品。线下找机会组织茶话会，组织周年庆的客户答谢晚宴。这种亲情营销模式，成功赢得员工的心，是中小企业可以实操学习的成功范例。

（二）大型旅行社的客户关系管理电子商务战略

1. 构建综合性的客户服务体系

构建综合性的客户服务体系与其他支付方式相比，移动支付方便易行，拨打相应的电话号码或者发送消息即可。

2. 基础性客户服务外包

基础性的客户服务，因为技术含量不高，完全可以打包后交给独立的第三方去处理。例如呼叫中心体系，技术已经非常成熟，旅行社只做好监管工作，基础的工作完全可以让第三方公司完成。

客户的积分商城，此类电子商务板块的设置是十分有必要的，但工作同时需要标准化，或者外包给第三方公司。

3. 重要的客户开发工作形成体系化

大型旅行社应学习借鉴金融机构、大型央企展开系统性的周期性客户开发合作。例如旅行社将金融机构的客户按等级，通过不同形式的营销活动发展自己的客户。大型旅行社之间通过会员积分的互认共用来分享客户资源。航空公司的航空里程可以兑换成景区门票；高铁的里程积分也许可以兑换成酒店住宿的免房券等。这样的同业交流、跨界合作，能够实现资源的流通，实现合作共赢。

◎知识拓展

《中华人民共和国个人信息保护法》

《中华人民共和国个人信息保护法》立法目的是保护个人信息权益，规范个人信息处理活动，促进个人信息合理利用，根据宪法，制定的法规。

其中具体内容包括不得过度收集个人信息，对人力信息等敏感个人信息的处理作出规制，完善个人信息保护规则，明确投诉举报工作机制等。

该法的实施更好地保障了每一个群众的财产安全，对于推动社会发展有着非常积极的作用。

第五条　处理个人信息应当遵循合法、正当、必要和诚信原则，不得通过误导、欺诈、胁迫等方式处理个人信息。

第六条　处理个人信息应当具有明确、合理的目的，并应当与处理目的直接相关，采取对个人权益影响最小的方式。

收集个人信息，应当限于实现处理目的的最小范围，不得过度收集个人信息。

第七条　处理个人信息应当遵循公开、透明原则，公开个人信息处理规则，明示处理的目的、方式和范围。

第八条　处理个人信息应当保证个人信息的质量，避免因个人信息不准确、不完整对个人权益造成不利影响。

第五节　旅行社怎样创建电子商务竞争力

一、互联互通的旅游电子商务矩阵

矩阵，是数学术语，是一个按照长方阵列排列的复数或实数集合，最早来自方程组的系数及常数所构成的方阵。

生态系统（Ecosystem，ECO），指在自然界的一定的空间内，生物与环境构成的统一整体。在这个统一整体中，生物与环境之间相互影响、相互制约，并在一定时期内处于相对稳定的动态平衡状态。

媒体矩阵是指将多个媒体平台（如微博、微信、抖音等）整合在一起，形成一个庞大的媒体生态系统。

电子商务矩阵就是将多个媒体，多个渠道整合到一起，形成多层次、大范围、全覆盖的电子商务生态系统。从营销推广到直播带货，从活动促销到跨界合作，形成矩阵的电子商务生态系统往往能形成最大的影响力，达到最好的营销效果。这样的生态系统，虽然建设周期略长，建设难度偏大，建设投入较多，但是一旦建成，就将形成旅行社电子商务的核心竞争力，形成对同行的竞争壁垒。所以，条件允许的情况下，这样的生态系统的建设应该是旅行社电子商务的建设方向。

二、线上线下、互通互动

社交的本质是人与人的互动。在电话沟通、微信联系之外，旅游活动还需要有更多线上、线下的互动。

现在真正有时间、有意愿、有能力参团旅游的游客，主力是中老年游客。这部分游客的消费观念介于传统和现代之间。这部分“活力老人”，会使用智能手机，同时热衷线下聚会。他们知道如何网上下单，也会到旅行社门店当面咨询。有可能看了直播就预订，也会要求当面签旅游合同再付款。

鉴于以上的情况，旅行社的电子商务，最好不是单纯的虚拟电子商务。最好的方式，是线上线下的互动。如果定期不定期的网上直播能够和定期的线下的茶话会、联谊会、客户答谢会、旅游分享会结合起来，效果可能会更好。

三、紧密链接资源方

当今时代是“渠道为王”“流量为王”的时代，旅行社需要清楚地知道客户需求、流量导向，然后有的放矢地进行定向的营销活动。

新冠疫情期间，有旅行社、度假村生意不好，员工赋闲。转型快的企业，马上想到了直播平台的机会。组织员工进行旅游、度假产品的直播。他们可能并不擅长表达，也没有网红的演技，但是用内容吸引客户，用真诚打动游客，在最困难的时期开辟了业务的新天地。网络直播带货已经发展成为一个新兴的产业、一个朝气蓬勃的细分行业。网络直播带货是电子商务进化发展的创新形式。旅游产业应该把这样的形式充分利用起来，有能力的就自己做，没有能力的就跟知名的 MCN（多频道网络，Multi-Channel Network，是服务于新的网红经济运作模式的各类机构总称）机构合作，跟著名的网红主播联手，共同开发、推广旅游度假系列产品。

四、互联网与物联网

基于平台的互联互通，传统的旅游电子商务平台已经早就不再是单纯的旅游度假产品供应商角色。主流的平台已经成功地将旅游、度假、酒店、火车票、飞机票、门票、本地参团、接送机业务、顺风车业务、落地租车、景区电子导游业务等集合到了一个平台上。一方面方便了客户一站式解决旅游、度假和商务差旅的出行需求，另一方面成功使电子商务模式收入多元化。

基于物联网技术的软硬件应用方兴未艾。物联网技术在物流行业、工业制造领域的应用正在快速普及和提升当中。在旅游服务业的应用场景在快速拓展和推进。

基于位置信息的物联网技术已经可以将旅游团队的位置管理精确到每辆车、每个导游、每个领队。在导游和领队的出行管理中，可以起到很好的辅助作用。例如有旅游团队中的老年客户在景区迷路。导游就可以通过后台的管理系统查看游客的位置，在最短的时间内找到游客，协助游客归队。

这样的技术，也可以进一步用于更科学地规划旅游行程，规划团队的游览日程和游览路线，给游客更好的旅行体验。

五、数据采集与数据分析

旅行社在建设数据中心的基础之上，须进一步建立专门的数据分析部门。部门可以将企业管理和经营的各方面的海量数据进行收集整理和科学解读，从而为企业的经营决策提供更好的数据支持。

六、人工智能与旅游电子商务

ChatGPT（Chat Generative Pre-trained Transformer），是 Open AI 研发的一款聊天机器人程序，于 2022 年 11 月 30 日发布。ChatGPT 是人工智能技术驱动的自然语言处理工具，它能够基于在预训练阶段所见的模式和统计规律来生成回答，还能根据聊天的上下文进行互动，真正像人类一样来聊天交流，甚至能完成撰写邮件、视频脚本、文案、翻译、代码、论文等任务。

旅游行业的头部企业，已经成功运用人工智能的技术开展虚拟主持人的虚拟直播。这样的主持人，以真人的形象，24 小时不间断地介绍旅游产品、旅游目的地，还能同步在后台跟访客进行正常的线上互动。这样就大大节省了人力，提高了直播的时长。

旅游行业的先进企业，已经开始运用人工智能技术，基于客户的以往消费数据为客户定制个性化的旅游行程并生成完整的方案。在一定程度上替代了旅游规划师这样的工作岗位，甚至实际效果比人工的服务更好。

虽然 ChatGPT 的应用还在初期阶段，但是它在快速地自我学习和迭代。所以，有能力的旅行社应该高度重视人工智能可能给行业生态和旅游电子商务带来新的变革，尽可能抓住下一轮的行业新机遇。

项目小结

本项目介绍了旅游电子商务目前比较完整的结构、形态和内容。同时也设想了旅游电子商务在不远的将来可能发展出的商业形态。文末展望了新科技、新应用给旅游行业可能带来的新机遇。

思考题

一、判断题

1. 移动互联网时代，旅游电子商务的门户网站已经没有必要建设。（　　）
2. 旅行社的电子商务可以依托携程旅行网、美团网等平台，不需要自建。（　　）
3. 旅游电子商务需要兼顾线上、线下的互动安排。（　　）
4. 旅游电子商务需要同时考虑代理和零售两种营销模式。（　　）

5. 网络直播是传统旅游电子商务的升级创新形式。（ ）

二、单项选择题

1. 旅行社电子商务平台打造过程中的建设使用基本原则是（ ）。

A. 专门设计，专人使用　B. 通用设计，自由使用

C. 常规设计，特殊使用　D. 主题设计，按需使用

2. 旅行社电子商务的宏观战略分析不包括（ ）。

A. 业务维度　B. 业态维度　C. 技术维度　D. 人员维度

3. 客户数据的收集不包括（ ）。

A. 主动收集　B. 被动收集　C. 跨界合作　D. 网络购买

三、多项选择题

1. 理想中的旅行社电子商务矩阵可以包括哪些平台？（ ）

A. 旅行社官网　B. 抖音

C. 携程旅行网　D. 美团网

2. 旅行社网站的企业文化展示可以有哪些内容？（ ）

A. 企业扶贫　B. 企业助残　C. 企业捐赠　D. 企业团队活动

四、简答题

1. 一个旅行社的网站，通常包括哪些基本的功能板块？

2. 简述未来旅行社电子商务可能的发展方向。

项目七 航空公司电子商务

任务目标

知识目标：

1. 掌握航空公司电子商务 APP 运营建设。
2. 理解航空公司产品特点，了解航空电子商务市场现状。
3. 理解航空公司电子商务的运营发展。

技能目标：

1. 通过理论和实践，掌握航空公司电子商务的操作技能。
2. 熟练掌握航空公司电子商务 APP 的使用等。

思政目标：

1. 提升学生对航空公司电子商务工作的理解和热爱。
2. 培养学生对航空公司电子商务 APP 运营的意识。
3. 培养学生积极主动的工作态度、分析问题和解决问题的能力。

任务引领

美国航空公司电子化服务的成功案例

在 1994 年之前，作为美国航空业巨头的美国航空公司的订票服务主要通过免费电话进行的。但在电话订票发挥巨大作用的同时，时任该公司负责监督电脑订票系统业务的通路规划主任 John Samuel 无意中注意到公司的网站上只有公司年报一项内容，显然，公司的网站远远没有发挥应有的作用。John Samuel 设想，如果可以吸引这些订票者通过网络来查询航班、票价以及进行行程规划的话，将可以为公司省下一大笔费用；而如果公司拿出一小部分资金用于网络系统的建设，让乘客得以在网上预订行程，那么实际的回报将会远远超过开支。他进一步想到，只有与经常搭机的老主顾建立更加紧密的关系，在航空业越来越激烈的竞争中，公司才可以站稳自己的脚跟。这一设想在1995年初开始变为现实。

思考：阅读美国航空公司电子化服务的成功案例，分析它们成功的原因，从它们身上得出哪些启示？

任务实施

第一节 航空公司产品特点与航空电子商务市场现状

近年受人民币汇率贬值、航油价格上涨等各种不利因素影响，我国航空运输业的经营环境急剧变化，航空公司的经济效益出现下滑，“旺丁不旺财”现象突出。在此背景下，深刻认识航空运输业的产业特征，深入分析经济增长、汇率和油价波动对行业发展的影响，对航空公司有效规避风险、提高经济效益、实现稳健发展具有非常重要的意义。

一、航空公司产品特点

关于航空公司产品的基本特点，传统教科书里已经有比较充分的描述，如外部性、准公共性、准军事性、规模经济性、网络经济性、产品同质性、“三高一低”（高投入、高负债、高风险、低回报）等。

航空公司产品两个本质的特点，就是强周期性和准金融性。这两个特点导致航空运输业经常波动起伏，航空公司无法摆脱“靠天吃饭”。如何认识这两个产品特点，并制定相应的逆周期对冲政策，是当前航空公司决策层必须思考的问题。

（一）强周期性

纵观发展历史，航空运输业一直是在很强的周期性扩张、繁荣、衰退、低迷中度过，整个行业也不断出现盈利和亏损周期，年均净资产回报率不到2%。自改革开放以来，我国航空运输业已先后经历了5个类似周期。

在每个盈利周期，都有大量资本投向航空运输业，航空公司不断订购飞机、扩大规模。而在每个亏损周期，又有不少航空公司破产倒闭或被兼并重组。主要是由经济周期导

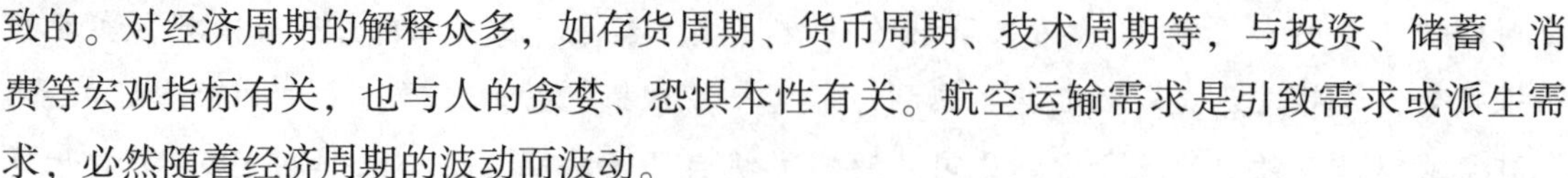

致的。对经济周期的解释众多，如存货周期、货币周期、技术周期等，与投资、储蓄、消费等宏观指标有关，也与人的贪婪、恐惧本性有关。航空运输需求是引致需求或派生需求，必然随着经济周期的波动而波动。

那么，为什么说航空运输业具有强周期性？或者说航空运输业的波动比经济周期的波动更大呢？主要原因是航空需求增长对经济增长的弹性系数非常高。

众所周知，航空运输产品与旅游产品高度相关，都属于高弹性产品。当经济不景气的时候，人们首先削减的是旅游消费和奢侈品消费。而当经济繁荣时，人们的商务沟通变得频繁，快速增加的收入会刺激航空旅游消费快速增长。

（二）准金融性

金融行业如银行、证券、保险等，都是对利率、汇率非常敏感的行业。利率是资产的价格，汇率是两种货币的交易比价。人们通常认为房地产行业是一个准金融行业。国内房地产行业大量依靠银行信贷和债券融资，负债率极高。鉴于房地产行业对利率非常敏感，在国内它逐渐成为一个高风险、高回报的准金融行业。

为什么说航空公司产品也具有准金融性呢？因为它是一个负债率很高的行业，对利率、汇率、油价更加敏感。由于飞机价格昂贵，航空公司的许多飞机是通过融资租赁或经营租赁的方式获得的。同时，利率、汇率相互关联，都对油价造成较大影响。与房地产行业相比，航空运输业更像是一个准金融行业。当2008年国际金融危机发生时，美国六大航空公司的负债率都接近或超过100%，资不抵债，不得不进行破产保护和兼并重组。2009年后，美国和欧洲相继出台了一系列量化宽松政策，美元利率走低，导致我国航空公司的美元负债率一度很高。在美国退出量化宽松计划、开始6次加息后，我国航空公司的美元负债率下降，但由于机队规模不断扩大，仍有相当多的美元负债，汇率变动对其盈利影响很大。

二、航空电子商务市场现状

近年来，随着全球经济一体化、物流技术和信息技术的飞跃发展，航空电子商务行业显示出巨大的发展潜力和市场需求。随着低空经济的兴起，更加促进了航空电子商务的发展，越来越多的消费者和企业开始通过在线购票、在线查询信息和在线处理业务等方式来满足自身需求。本书从市场规模、主要运营商和市场特点三方面来分析航空电子商务的市场现状。

（一）市场规模

航空电子商务行业目前已成为全球电子商务领域里一个非常重要的细分市场性质的领域。航空行业的研究数据显示，航空电子商务的市场规模逐年增长，预计到2025年，市场规模将突破1.6万亿美元，在未来几年内将保持快速增长的态势。同时，随着消费者对于航空电子商务的需求越发增大，市场竞争也会越来越激烈。

（二）主要运营商

市场竞争激烈的航空电子商务行业主要包含航空公司、在线代理商等运营商。其中，航空公司是航空电子商务行业的核心，主要通过在线销售机票、在线查询航班信息、餐食、行李托运等服务和产品来为消费者提供更加全面的服务。鉴于航空电子商务领域的显著门槛特性，众多在线旅行社（OTA）得以蓬勃兴起，其中，携程与去哪儿等品牌凭借卓越表现，成为业界内广为人知的佼佼者。这些代理商不仅克服了行业的高准入难度，还通过创新服务和技术优势，实现了显著的市场拓展和影响力的提升。

（三）市场特点

航空电子商务行业的发展不同于其他电子商务行业，其特点主要体现在以下几个方面。

1. 资本投入大

航空电子商务行业的资本投入较大，包括技术研发、设备更新和团队建设等，这是保证良好用户体验、满足市场需求和持续创新的重要手段。

2. 服务场景多

航空电子商务行业的服务场景非常多，包括在线预订机票、查询信息、办理业务等几乎覆盖了用户的各种需求，这就需要从技术、信息和服务等多方面提高行业的整体水平和品质。

3. 技术和安全性要求高

航空电子商务行业的技术和安全性要求高，这也是行业发展的必要条件。通过技术手段可以更好地掌控市场运作，保持数据安全，增强用户感知度和黏性。

总之，航空电子商务行业是一个具有广阔发展前景的细分市场，在未来的发展中，有必要加强技术创新、加大服务质量和提升市场影响力，以赢得更多的市场份额和用户信赖。

第二节 航空公司电子商务的运营发展

1997年，巴黎世界电子商务会议将电子商务定义为实现整个贸易过程中各阶段贸易活动的电子化。根据电子商务涵盖范围，可将其定位为：以电子交易方式完成交易各方的交易活动，而不是采用直接面谈方式或当面交换方式开展商业交易。从狭义方面讲，电子商

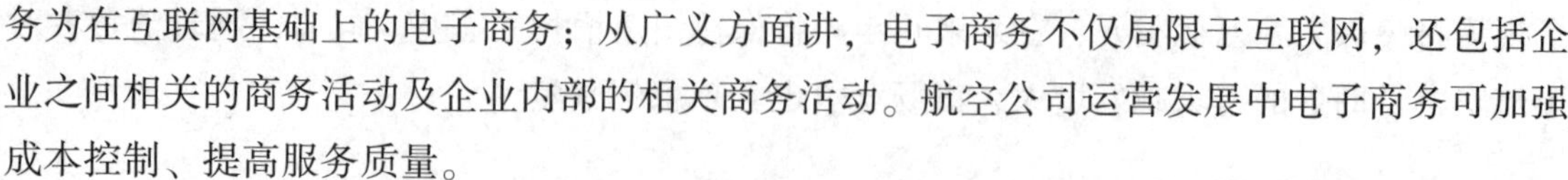

务为在互联网基础上的电子商务；从广义方面讲，电子商务不仅局限于互联网，还包括企业之间相关的商务活动及企业内部的相关商务活动。航空公司运营发展中电子商务可加强成本控制、提高服务质量。

一、电子商务给航空公司带来的机遇

（一）为航空公司节支增收创造了新空间

现阶段，在市场经济影响下，航空公司之间的竞争越来越激烈，公司收益出现一定程度降低，导致航空公司运营目标变为成本削弱及成本控制。在运营成本控制中航空公司一般采用两种手段：一种是降低佣金水平；另一种是利用电子商务创造的平台。航空公司积极开发内部订座系统并应用，在线购票可将全球分销系统避开，节省了付给分销系统的费用。航空公司在自己网站上利用互联网手段进行销售，能够节省超过三分之二的分销成本；航空公司还可以利用电子商务完成在线购买办公用品、飞机零备件、机上航食等。除此之外，航空公司在电子商务平台上也可以完成其他产品及服务的网上消费，如宾馆客房、旅行保险、汽车租赁等。

（二）为航空公司高效开展市场影响创造了有力工具

信息技术的应用及发展可对顾客及服务供应商之间的关系造成影响，从而一定程度改变航空公司运营特点。在电子商务环境影响下，为便利地获取信息，在选择航空公司时，顾客可充分考虑航空公司的航班时刻及航空公司品牌等，对推荐的依赖性降低，削弱了在航空公司市场营销中的地位。顾客可直接与航空公司建立联系，有助于航空公司直接将产品销售给顾客。互联网的应用为航空公司创造了新的营销手段，可提高航空公司市场营销力。顾客可选择互联网、电话或航空公司销售点直接订票，航空公司也可以全面掌握顾客信息，为顾客提供优质服务。利用互联网进行营销，比电话营销更为直观，顾客可以看到机场、旅馆及飞机客舱布局等，按照喜好选择座位。

（三）促进航空公司定价上更灵活且与市场更为贴近

电子商务能够促使航空公司对市场变化作出快速反应，例如常见的竞争公司削价、近期订座位数不足使即将起飞的航班有座位剩余等情况，航空公司能够借助电子商务平台在短时间内发现上述情况并给出相应的处理措施。在具体运行中，相关管理人员或计算机程序自动出现的价格变动，均可用航空公司网站、综合业务商或者专门的在线票务等向市场推广。电子商务的应用能够促使顾客不经中介直接获取相关航空信息，及时掌握最新的价格及航班信息，并进行快速订票。

二、发挥电子商务在航空公司运营发展中的措施分析

（一）加大电子商务资金的投入力度

航空公司加大资金投入力度是电子商务发展的前提及基础。与其他行业相比，民航推广及发展电子商务有风险大、投资大及产出不明显等特点，另外，要想做好电子商务交易平台的研究及引进新安全保护协议也须加大资金投入力度。电子商务后期的维护费用一般不多，并且电子商务快速发展也能够在短时间内增加航空公司的销售额，缩减传统销售的费用支出，从而可有效弥补电子商务发展的高资金投入。

（二）保证电子商务网站开发及设计的规范性

航空公司电子商务网站开发和设计效果与航空公司的运营有直接关系。良好的网络平台不仅能够满足公司人员内部的交流，也可以更好地吸引顾客并为顾客提供方便，提高航空公司的形象。电子商务网站设计不仅要充分征求公司内部人员意见，还要将顾客意见作为重要考虑因素，最终对网站内容及布局进行合理设计，保证网站的便利性。航空公司在设计网站时，要密切注意网站内容的精彩性、吸引力及时效性。顾客通常不喜欢长时间等待在网页访问中，所以需要不断加强数据连接管理，提高网站运作效率，优化服务器功能，加快网页打开速度。另外，还需要提高电子商务网站的可用性，这主要指的是网站在进行技术维护或者遇到故障时不完全停用，这是极其重要的一点，若电子商务网站可用性缺乏，对航空公司的运营将造成极大损伤。

（三）构建安全技术体系

航空公司电子商务发展中须保证其安全性、保密性及可靠性，具体措施有两项。第一，建立安全可靠的网络软硬件系统。高安全性的网上交易平台需要安全可靠的网络软硬件作为支持。近几年航空公司不断发展，交易量也不断增加，导致不安全因素也越来越多，这就要求提高网络软硬件质量。第二，运用安全性高的第三方网上支付平台。第三方支付平台主要指的是在银行监管下为了保障双方利益而成立的独立机构。顾客购买商品后使用第三方平台账户进行支付，第三方需要通知卖家货款已到、发货等，买方收到货物并检验后第三方付款给卖家。现阶段，第三方是安全性、可靠性强的一种支付网站。航空公司通过第三方支付可提高网上支付款的安全性。

（四）对旅客信息保密

旅客信息保密处理不仅与旅客个人利益有关，同时也和航空公司利益及信誉有密切关系。航空公司电子商务平台必须对旅客信息进行保密处理，禁止信息泄露。

三、航空公司运营在电子商务影响下面对的挑战

随着航空公司电子商务的不断推广及应用，航空公司运营方面受到了新的威胁，不断面对新挑战。航空公司运营在电子商务影响下面对的新挑战主要为以下两点。

第一，电子商务时代存在市场力量偏爱消费者现象。电子商务的大力推广，顾客对可选择的航线信息及价格越来越了解，有助于顾客更为 高效、方便、快捷地获取相关服务信息，也有了更便利地购票及付款。顾客根据自身情况选择航空公司时要求也更高，在激烈竞争的市场中可一定程度降低航空公司市场上的 运输量，从而导致公司收益降低。因此，航空公司需不断提高服务质量及产品质量，增强市场竞争力。

第二，运输产品越来越日用品化。在这个开放的市场背景下价格具有透明化特点，航空公司运输越来越倾向于拍卖形式，不利于公司传统收益管理方法的效果。这要求航空公司必须紧跟时代步伐，不断优化管理模式。另外，有出现运输产品期货交易形式的可能性，可进一步突出运输产品的日用品化特点。

综上所述，航空公司需积极借助电子商务平台对公司运营发展及管理模式进行改革，不断适应时局特点，促进航空事业的发展。

第三节　航空公司电子商务 APP 运营建设

我国电子商务市场发展依托于移动互联网的不断普及和信息技术的广泛应用，信息更新为电子商务市场奠定了坚实的基础。旅客出行需求的日益增加让中国民航企业迎来新的机遇与挑战。如今，更多的航空公司认为，应走以信息化、大数据管理、全球化为根本的电子商务化道路。

一、电子商务运营相关概述

（一）电子商务运营平台类型

电子商务运营主要包括优化及推广各类搜索产品、维护、重建和扩展电子商务平台，以及研发网络产品从而实现盈利。电子商务运营平台包括网页、APP、微信小程序、微信公众号等。

网页是指公司、机构或者个体在互联网平台上建立的一个网点，是公司、机构或者个体开展信息交流的信息平台基础设施，是实现各组织或个人信息交互的窗口，是各组织或个人了解信息的一种手段。网页的类别很多，因为面对的受众需求各不相同，所以在网页建设上也存在很大区别。APP（Application）指应用程序，通俗来讲，APP 就是手机软件，

它主要是在智能手机上安装的软件。APP 以个性化服务满足用户的不同需求。微信小程序是一种无须下载安装客户端即可使用的应用程序，它通过微信与其他平台互相融合实现了应用“触手可及”的理想，用户通过微信扫一扫或搜一下就可以直接打开应用。微信公众号是企业或个体在微信公众应用平台上申请设立的应用账号，企业或个体可在微信公众号平台上实现与各组织文字、图片、语音和视频的全方位沟通和互动。

（二）航空公司 APP 运营的重要作用

航空公司 APP 运营有利于旅客规划行程。APP 可以使旅客在线上进行一键订票、一键获取航空公司各类资讯，使旅客可以最快的速度了解到航班动态等。在旅客到达机场之前，可以在 APP 的帮助下完成登机手续并打印登机牌，这样极大地提高了旅客乘机效率，降低旅客错过航班的概率，缩短旅客在机场的等候时间，进而提高了航空公司飞机运行效率。飞机运行效率的提升可以使航空公司降低成本，因成本降低航空公司可以为旅客提供更加优惠的机票价格，从而提高综合竞争力。航空公司 APP 方便工作人员及时了解到旅客信息，对旅客订单进行分析，了解旅客乘机频率和习惯，方便航空公司为旅客提供及时的服务，不仅会帮航空公司提高客流量，也会为航空公司降低管理成本，增加其利润收入。

二、航空公司电子商务 APP 运营现状

航空公司率先利用互联网信息技术，以航空公司 APP 为平台，改变了航空公司传统的管理模式和生产组织，航空公司希望通过 APP 运营打破行业内同质化服务，持续为旅客出行提供个性化、精细化服务，进而增强企业竞争力。

（一）航空公司 APP 功能齐全

航空公司 APP 集航空、旅游、酒店、汽车租赁、货运于一体，构成了航空公司蓬勃发展的生态系统。通过移动互联网技术实现的信息整合将进一步推动航空公司服务生态系统的形成，为旅客提供更多便捷的服务。

1. 推广功能

航空公司 APP 对公司的形象宣传和信息宣传有一定的推广功能，能大大降低成本。

2. 核心功能

航空公司 APP 在功能上覆盖从出行规划至飞行结束的全过程，包含航班查询、在线订购、机票管理、信息管理、机票验证及网上值机和二维码登机等核心功能。航班查询可轻松掌握国内、国际航班动态，显示航班计划、预计出发时间、达到时间及地点、航班目前状态、距离航班起飞时间、飞行轨迹等。航空公司 APP 会提示旅客一定要经过的值机

柜台、登机口、到达口、行李转盘处，值机截止时间、进出港机场天气等信息也可一键获得。航空公司 APP 中在线购票功能可以预订国内和国际中单程或往返机票，提供在线退改签和机上升舱服务。航空公司 APP 可依旅客的机票或行程单进行查询验真，真正实现旅客足不出户就可通过网上值机选座，减少排队时间。航空公司 APP 的使用使旅客彻底告别了纸质机票，用手机二维码就能直接登机。

3. 支付功能

航空公司 APP 支持微信、支付宝、银行卡和云闪付等支付平台，方便了用户，提高了公司与用户的交易效率。

4. 售后功能

航空公司 APP 在售后服务中设立航班退改、手机登机、行李购买、付费休息室等。旅客出行后，航空公司 APP 还设立了里程积累、在线下载报销凭证，为需要的旅客提供航班延误证明等功能。旅客可自由选择航空公司 APP 提供的服务，航空公司会根据不同旅客需求为其提供无缝的服务，贯穿用户出行全流程，贴心好用。航空公司 APP 建立了多渠道获取数据、共享数据、提供自助服务的体系，对各服务环节系统中旅客信息进行整合，使旅客所遇到的问题可及时处理，使旅客对于规划自己的行程无后顾之忧。航空公司利用互联网信息技术、通过 APP 为客户提供增值服务，强化用户体验，提高客户黏性，使 APP 成为航空公司的核心竞争优势。

（二）航空公司 APP 附加服务多

航空公司 APP 的附加服务体现在吃、住、行、娱乐、旅游、购物六个方面，共有 90 多项服务，打造了以航空旅游为主的信息商务平台。

在吃住行方面，航空公司 APP 会为旅客提供一些机场周边的酒店和餐厅、各城市旅游景点周边的酒店和特色餐厅等，通过与各大旅游商和相关企业合作满足旅客需求；在出行上，航空公司与各约车平台如滴滴打车、神州、优步等合作，在 APP 上设立机场交通指南，为旅客出行提供信息，如前往各个地方的出租车服务点及价格；机场大巴、火车、地铁及公交车的路线、时间表和价格等。

在娱乐和购物方面，航空公司与其相关部门一起进行联动，为旅客提供目的地的一些娱乐旅游景点；将航空公司 APP 与航空公司跨境购、员工易购等进行整合，航空公司专门设立了假期频道，为旅客推送跟航空旅游有关的产品。通过 APP 实现了海内外购物一条龙服务。客户可以在航空公司 APP 上购买很多如化妆品、食物、名牌包具、母婴用品等国内外商品。航空公司通过策划“航空公司会员日”等一系列促销活动，与其他电子商务平台和跨境电商形成差异化竞争优势，使旅客可以在航空公司 APP 平台享受到别的平台没有的优惠。

三、航空公司电子商务 APP 运营存在的问题

航空公司较早进行网络平台建设，积累了较多的 IT 技术和经验。但航空公司在为旅客提供及时、细致服务的同时，在其 APP 运营中仍面临着诸多问题。

（一）页面设计不科学

航空公司 APP 在不断发展壮大，但在页面设计中还存在较多问题。

航空公司 APP 页面功能分布缺乏整合。这是航空公司 APP 目前看起来杂乱的原因。有一些功能在页面上重复出现，有些功能却需要找很久，整体缺乏统一规划。在大小窗口设立过程中，部分功能没有做好整合评估，比如在旅行预订功能中，机票预订和残疾军警购票功能就与首页的航班查询功能重复。

关于服务订单的管理也做得比较差。旅客打开“我的订单”时，各种订单的选项给人杂乱无章的感觉。而且在订单管理中，不可以取消订单，只能等待支付超时以后自动取消。

航空公司 APP 购票流程中只显示航班基本信息，其附属服务内容并没有展示出来，如是否有免费托运行李及具体行李公斤数在购票中并未完全说明。公务舱购票时未说明除了退改以外与经济舱的区别，没有明确机上是否会提供其他服务。每档产品的特点重点不突出，没有明确的产品区别点，购买体验不佳。用户在使用时页面切换不方便，页面交互显示也不统一，部分功能在搜索中的页面设计不一致，比如一些需要输入信息进行搜索的功能，所展现出的卡片式和传统网页式页面没有做到统一。对旅客机票兑换功能，“我的会员服务”中并没有设立单独入口位置，这样旅客在找机票兑换时就很不方便。

（二）直销能力不强

航空公司为提高直销、完善服务纷纷开始推出手机 APP 建设，但航空公司 APP 的直销渠道相对于成熟的代理商而言处于劣势，航空公司 APP 直销还存在很多问题。

航空公司不能像携程、去哪儿这类 APP 针对旅客提供性价比高的“机票+酒店+旅游”等一站式服务，航空公司 APP 缺乏与第三方运营商（如酒店、旅行社、餐厅等）的合作，在旅客出行费用性价比方面明显处于劣势。

机票营销渠道，航空公司过分依赖代理人，代理销售占了太高的比例，代理费支出高，公司销售成本高，客票直销渠道发展缓慢。目前，航空公司客票直销仅为机票总销的10%左右，与外国航空公司直销比例相比还差得很远，如美国航空公司机票直销占据 61%。

（三）信息存在可能被泄露风险

航空公司 APP 在方便旅客出行中，也实现了各种服务之间的资源共享，但是在资源

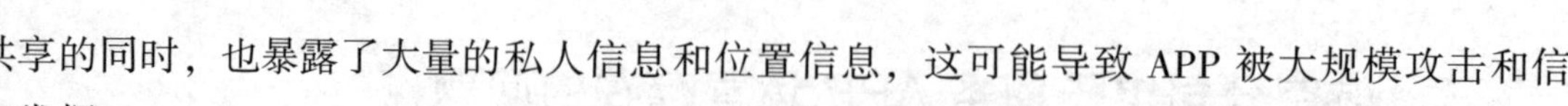

共享的同时，也暴露了大量的私人信息和位置信息，这可能导致 APP 被大规模攻击和信息发掘。

一方面，APP 中的信息数据安全存在隐患。非法终端很容易通过无线信道拦截或非法篡改信息内容，危及大量旅客及公司的信息安全，当终端使用合法身份进入时，也存在越权访问各种相关资源。例如之前发生的“东方航空大量用户订单信息泄露”事件，不仅对旅客信息安全构成了威胁，也对航空公司的企业形象造成了一定影响。

另一方面，由于 APP 的持续运行可能会存在被窃听和被监视问题；手机客户端用户在使用 APP 订票时会涉及短信、彩信、蓝牙等功能的使用，这也加大了病毒入侵的风险。近年来，云服务提供商中服务关闭事件经常发生。例如，从订票渠道统计（服务关闭事件），航空公司官方热线两次、航空公司官方网站 21 次、去哪儿网 10 次、携程一次。航班短信诈骗越来越频繁，涉及太多国内航空公司。例如在 2013 年 10 月初至 11 月 6 日，近百名网民在微博上发布遭遇了“航班取消”诈骗短信事件，其中包括南方航空公司（30 次）、东航（10 次）、深航（8 次）、山航（9 次）、国航（5 次）、川航（1 次）。在 2017 年，又一起“退改签”网络诈骗案件导致了一宗信息泄露大案，黑客入侵了 50 多家国内航空公司的网站，窃取了 30 多万条公民信息，引发了民航业数据安全危机。大量的事实说明，航空公司要保证 APP 应用的正常运作，就必须高度重视其安全问题。

（四）APP 系统不稳定

航空公司 APP 虽然能使更多旅客了解到更多的航班和机票信息，但是在系统运行方面还不够稳定，主要表现在以下四个方面。

（1）航空公司 APP 登录较慢，时常出现闪退的现象。

（2）旅客在密码输入正确的情况下系统有时会提示密码输入错误，在重新更换密码之后，再次登录还是会提示密码错误或者显示信息获取失败。

（3）会时不时提示服务器繁忙，页面切换速度慢。

（4）在支付时，系统有时只有信用卡付款一种支付方式，再次登录可能就有微信支付、支付宝支付、信用卡支付等支付方式。

这些问题都会影响到旅客的体验，最后影响旅客是否选择本公司的产品，这个时代，价格已经不是决定旅客选择的唯一标准，只有更完善的服务才能获得顾客选择青睐。

四、航空公司电子商务 APP 运营的发展对策

在电商化的趋势下，航空公司 APP 需更加注重个体的个性特征，为旅客提供更多的选择。信息爆炸时代下，随着同行竞争的加剧以及产品和服务同一化，如何在趋同中脱颖而出，是航空公司需要思考的问题。航空公司应创新自身平台，提高企业竞争力。

（一）加强 APP 平台设计与维护

旅客在使用航空公司 APP 体验时的好坏直接关系到旅客是否愿意继续使用该 APP。APP 平台的设计尤为重要。航空公司应加大 APP 平台设计与维护。航空公司 APP 设计与维护的发展应注意以下方面。

航空公司 APP 页面设计要符合浏览习惯。当旅客打开航空公司 APP 应用时，如果看到整个页面很乱且没有新意，可能会影响旅客使用感。APP 的设计要遵循一定的原则，航空公司可以从旅客需求出发，设计出页面简洁、操作简单、文字精简、页面的信息结构好、逻辑清晰合理的 APP 页面。

航空公司 APP 的功能开发要符合旅客要求。APP 的功能开发是整个制作手机客户端中比较关键的一个环节，航空公司要学习相关平台成功经验，总结自身 APP 的不足，通过吸引人才提升技术，根据旅客需求对 APP 功能加以完善。

航空公司 APP 要注重开发技术的提升。这直接关系到旅客的使用忠诚度。航空公司要定期维护 APP 系统，做好与不同机型系统的融合，通过整理旅客反馈信息，做好技术方面的调整，保证系统运行稳定可靠，不会出现因为硬件、软件的切换而导致无故的停机等故障，从而增强旅客黏度。

（二）提升 APP 直销比例

1. 应把直销提到企业的战略高度来认识

航空公司一直都在通过间接渠道销售他们的产品，这样会增加公司成本。航空公司建立直销渠道有着先天优势，航空公司应加强自身直销渠道的建设和对自身 APP 的重视，从而在市场上领先。直销渠道的发展对公司的发展至关重要。

2. 打造电子商务战略联盟平台

各航空公司开展合作，建立一个以某航空公司为主导的电子商务战略联盟 APP，利用其平台解决直销渠道薄弱的问题，降低销售成本。利用航空公司自身优势告别与传统代理商和在线旅行社纠缠，形成一种有力的竞争优势，更好地发展航空公司 APP 直销渠道。

3. 实施正确的直销策略

为了更好地提升航空公司 APP 的直销能力，航空公司需要实施正确的直销策略。

航空公司想要提高自身 APP 直销渠道购票的价值，可以发挥自身优势从旅客的出行信息、出行习惯出发，结合旅客出行和商务活动，与更多优质商务企业进行合作，为旅客提供多种选择的出行服务，增强旅客对航空公司 APP 的依赖性。

航空公司要突破常规思路。航空公司 APP 要在用户体验上加大投入，在航班查询和

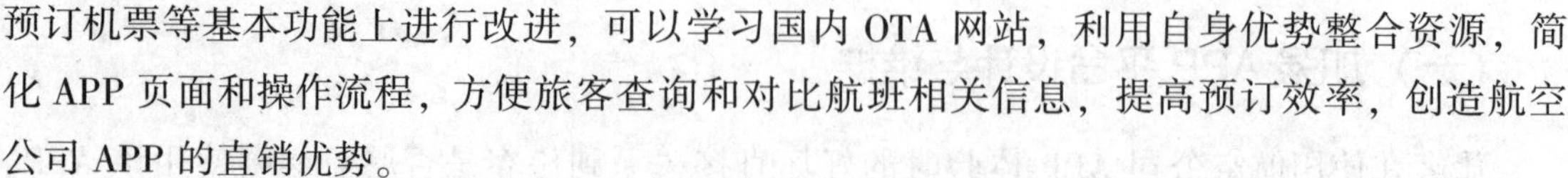

预订机票等基本功能上进行改进，可以学习国内 OTA 网站，利用自身优势整合资源，简化 APP 页面和操作流程，方便旅客查询和对比航班相关信息，提高预订效率，创造航空公司 APP 的直销优势。

航空公司与代理商签代理合同时，应严格禁止代理商以低于公开票价出售机票。通过各种渠道销售低价机票的代理商往往会在退改签、开具发票等方面玩“猫儿腻”。因此，航空公司应通过各种渠道宣传并确保网站上预订机票是最低价格，让旅客了解直销渠道购票的价格优势、安全优势和服务优势。

（三）引入安全技术，避免泄露风险

1. 安全扫描技术

安全扫描技术可以对航空公司 APP 中网络信息的不安全因素进行清除，它主要由系统主动检测和网络主动检测构成。航空公司 APP 中不合适的设置、密码和其他不符合系统安全规则的问题可以通过主动检测系统扫描出来，进而发现 APP 网络信息系统中的漏洞。

2. 防病毒技术

航空公司 APP 中的恶意程序可通过防病毒技术识别，方便查杀 APP 中的病毒。防病毒技术分为检测技术、清除技术和预防技术。防病毒技术可通过对系统进行监控、保护、控制和加密等手段找出病毒关键字词和病毒感染源杀除 APP 中感染病毒的信息，及时进行处理，以防止病毒入侵航空公司 APP 中各类信息，保护信息安全。

3. 用户授权访问控制和数据加密技术

航空公司 APP 网络信息安全可以通过用户授权访问控制和数据加密技术来保护。数据加密能够保护动态信息安全。用户接受可以让只有有权访问的人才能访问该信息。如果未经授权，则无法阅读信息。数据加密和用户授权访问技术的结合可以为航空公司 APP 网络信息提供良好的安全性能保障。

4. 入侵检测技术

入侵检测技术现已成为网络信息安全研究的热门话题。它是一种主动的安全保护技术，主要分为特征检查和异常检测。它可以对航空公司 APP 进行实时防护，确保航空公司 APP 网络信息安全。当 APP 遭到入侵时可以及时地发现系统异常情况并进行报告，在 APP 信息被破坏前拦截入侵。

（四）加强人才引进和管理

为确保航空公司 APP 系统软件和硬件的安全可靠运行，公司需要大量的电子商务专业相关人才。人才对航空公司 APP 的发展越来越重要。航空公司可从以下方面加强人才引进和人才管理。

首先，航空公司必须注意改善内部人才培养渠道，设立 APP 平台专业管理部门。科学技术是第一生产力，为满足航空公司对电子商务人才需求的日益增长，航空公司要激发 APP 建设研究团队的创造力，建立一个开放的工作环境，集思广益提高员工的参与度，从而更好地建设航空公司 APP。

其次，航空公司要加强与相关院校的合作。航空公司可以培养理论与实践相结合的民航业务人才，致力于航空公司 APP 的平台建设和发展，促进航空公司 APP 的快速发展。

最后，航空公司要在招聘时根据航空公司 APP 的发展状况，把握好相关人才的招聘数量和质量。为了他们尽快适应岗位需求，要对人才尽快进行岗位安排和岗前培训。要采取切实可行的措施来保证人才对企业资源的合理运用，更好地建设航空公司 APP 等电子商务平台。

项目小结

本项目介绍了航空公司电子商务。首先，介绍了航空公司产品特点与航空电子商务市场现状；其次，介绍了航空公司电子商务的运营发展；最后，介绍了航空公司电子商务 APP 运营建设。通过本项目的学习，让学生对航空公司电子商务有全面的认知。

思考题

一、单项选择

1. 下列航程中，属于来回程的是（　　）。

A. SHA-CAN-HAK　　B. SHA-SZX

C. SHA-TYO-LON　　D. SHA-TYO-SHA

2. 经济舱、公务舱、头等舱用字母来表示，分别为（　　）。

A. Y，C，F　　B. C，Y，F

C. F，C，Y　　D. C，F，Y

3. PID 是系统定义的终端号，一个终端有（　　）PID 号。

A. 1 个　　B. 2 个

C. 3 个　　D. 4 个

二、多项选择

1. （　　）不是国内第一家创建电子商务平台的航空公司。

A. 国航　　　　B. 南航

C. 东航　　　　D. 厦航

2. 航空公司产品还有更为本质的特点，一直没有被行业深刻认识，那就是（　　）。

A. 强周期性　　　　B. 季节性

C. 准金融性　　　　D. 弱周期性

三、判断

1. F、C、Y、S、B、H、K、L、M、Q、T 为舱位等级。（　　）

2. 对应等级座位可利用的情况下，A 在 ETERM 中表示可提供 9 个座位。（　　）

3. 客票状态显示 REFUNDED 表示该票已作废。（　　）

4. 如果只显示直达航班，可在日期后面加上字母 D。（　　）

5. 1990～1993 年，电子数据交换时代，成为中国电子商务的起步期。（　　）

四、填空题

1. 正常的 AV 显示是按照________的时间顺序排列，并优先显示________。

2. 目前，影响电子商务广泛应用首要的也是最大的问题就是________。

3. AV 显示中加上航空公司________，系统则会将该航空公司________显示出。

4. 电子商务具有普遍性、________、________、________、________、集成性。

5. AV：E 是按照________由短到长的顺序排列的，如果飞行时间相同，则________在前的航班排在前面。

6. 电子商务的发展历程划分为起步期、________、发展期、稳定期、________。

五、名词解释

BSP 客票

六、简答题

阅读下列航空电子客票，然后回答问题：

DTER：TN/781-1673011218　　　　BSP-D

ISSUED BY：CHINA EASTERN AIRLINES　　　　ORG/DST：SHA/PEK

TOUR CIDE：

NAME OF PASSENGER：王小波 CHD

FROM：SHA MU5165 Y 13JUN 1515 OK

TO：PEK

FARE CACULATION：13JUN SHA MU PEK 682. 00CNY680. 00END

FARE：CNY 680. 00 FOP：CASH

TAX：EXEMPT CN

TAX：30.00YQ

TOTAL：CNY 710.00

1. 客票号码是什么？
2. 旅客姓名及特征是什么？
3. 旅客的始发站和目的地是什么？
4. 航班号和航班日期分别是什么？
5. 航班的出发时间和票款各是什么？

项目八
景区电子商务

任务目标

知识目标：

1. 了解景区电子商务发展现状。
2. 掌握景区电子门票系统的应用。
3. 了解虚拟旅游。

技能目标：

1. 能够利用景区电子商务的相关网站预订景区门票及设计线路。
2. 能够洞察景区电子商务最新发展方向。

思政目标：

1. 提升学生对景区电子商务的理解和热爱。
2. 培养学生防范景区电子商务网络安全风险的意识。
3. 培养学生积极主动的工作态度、分析问题和解决问题的能力。

任务引领

天山天池最美网络营销

天山天池（www. xjtstc. com）风景名胜区既是国务院1982年首批确定的44处国家重点风景名胜区之一，同时又是1990年联合国教科文组织批准的国际“博格达峰生物圈保护区”和国家首批公布的AAAA级风景旅游区。

随着互联网的普及、网民人数的暴增，网络逐渐成为人们获取信息的重要渠道。天山天池敏感地认识到这一点。但是天山天池相关负责人通过检查互联网天山天池信息得知，天山天池有价值的信息仅为13%，且多为广告或景区介绍，可信度不高。有关网友自发性风土人情及旅游线路信息介绍几乎为零；不能充分发挥电子商务平台的优势以达到预期效果，更不能带动天山天池的旅游。而且天山天池旅游刚刚建立起来的网络电子商务平台不为人知。怎样以最快的速度广而告之，通过网上售票管理系统为天山天池带来更多的游客，是迫切需要解决的问题。

天山天池迅速制定一系列网络营销执行方案，重新打造新的天山天池网站，打造新疆旅游第一品牌。首先，结合天池的历史相关资料普及大众对景区历史的了解，在知名网站如百度知道、新浪爱问、天涯问答等以及论坛中开设景区知识有奖问答。与一游网和丝绸之路官方网站合作，带来直接的用户流量和人气。通过在《中国旅游报》、中国旅游网、新浪旅游等知名旅游网站或门户网站的旅游频道进行全面的广告交换与投放。通过即时消息工具设立网上热线，与网友和游客建立联系，处理电子订单和客户咨询。开发网上门票、酒店、机票预订，通过手续费实现网站直接盈利。经过一系列得当的网络营销措施，提升了天山天池景区在人们心中的形象，刺激了网友的热情，天山天池的旅游人数比往常激增了10倍。

网络营销对于旅游行业来说，已不是选与不选的问题，而是如何根据自己旅游品牌的特点，进行系统化操作的问题。面对中国互联网人数的暴增，旅游市场前景变得清晰可见，旅游网站以及各大景区的营销理念和营销方法也日趋成熟，新阵地转变为充满营销机会的平台。

思考：天山天池景区的网络营销有什么特点？起到什么好的效果？

第一节 景区电子商务概况

旅游景区是以旅游及其相关活动为主要功能或主要功能之一的空间或地域，具有参观游览、休闲度假、康乐健身等功能，是具备相应旅游服务设施并提供相应旅游服务的独立管理区。

一、景区电子商务的概念

旅游景区电子商务是旅游电子商务的重要组成部分，是电子商务在旅游景区管理中的应用，其本质是以旅游景区为核心，通过先进的信息技术手段改进旅游景区的内部管理，对外（包括旅游者和其他旅游企业）实现电子票、酒店预订、旅游产品及旅游线路的销

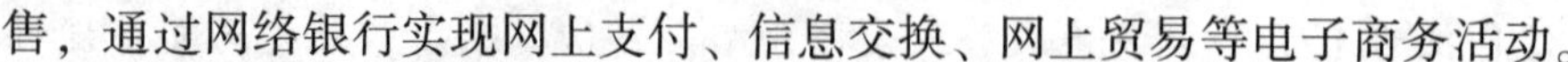

售，通过网络银行实现网上支付、信息交换、网上贸易等电子商务活动。

二、景区电子商务的应用

（一）旅游产业市场

景区电子商务的应用、兴起是时代的产物，是以人为本的体现，其源于互联网技术的推广普及，以及人们消费生活方式的转变。

首先，旅游产业市场的崛起，使得产业市场内的竞争日趋激烈，如何在竞争中发展壮大成为各个旅游服务商最常思考的问题。解决这一问题，不仅要在产品品质、服务水准、服务内涵、人才素质等方面实施提升，更要在管理模式、管理理念、技术应用等方面与时俱进。景区电子商务作为信息时代的宠儿、先进模式，自然而然地被应用到了旅游产业市场。

其次，充分利用景区电子商务，获取旅游信息，采用电子商务支付，将是解决旅游产业市场资源饱和问题的有效方法。景区经常会出现一票难求的尴尬境地。面对有限的旅游资源，对消费者而言，竞争也是激烈的。此外，丰富的旅游资源造就了丰富的出行选择，消费者对景点的选择，犹如大海捞针，这也是一种负担。这些问题与现代人追求高效率、快节奏、重视时间的生活方式格格不入。如何在最短的时间内解决上述的“变相负担”，充分利用景区电子商务，可以腾出更多的时间用于旅游，以最快的速度获得有限的旅游资源。

再次，景区、景点是常见的旅游产业市场提供商。就旅游产业市场而言，我国旅游景区、景点具备一定的市场规模，其为电子商务发展市场提供了物质条件，能扩大旅游景区（点）信息的进一步传播。

最后，作为景区与顾客联络的常规旅游中介的旅行社，如何在提升服务水准后，最短时间内服务好景区及顾客，同时提高自身效益，构建“网社合一”的景区电子商务，显然，充分利用互联网技术，是一条能够促进旅行社健康可持续发展的路径。

（二）旅游消费市场

旅游消费市场从旅行者的旅行筹划到旅游成行再到旅行结束，整个过程涉及的电子商务应用主要有景区查询，车票、机票、门票预订支付系统，酒店预订系统，团体旅游操作系统；如果是境外旅游还要涉及各种签证办理系统等。从这些旅游电子商务隶属关系看，可以归结为旅游网站、交通、民航、景区、酒店、外交领事馆。所以，从旅行者成行的角度可见旅游消费市场的繁杂性。

面对各种繁杂的出行系统，如何降低旅行者的操作负担、实现便捷操作，将是一个重要课题。显然，这是当前各种旅游电子商务网站、各种功能单一系统所不具备的。协调各部门，构建融合各子系统的复合旅游系统，提供解决常规旅行问题的透明的一站式服务，势在必行。

三、景区电子商务的发展模式

从电子商务平台——网站入手分析，按照旅游景区电子商务网站的控制主体及其所提供的业务内容，可以将旅游景区电子商务分为由销售方控制的第一方电子商务模式、由中介方控制的第三方电子商务模式和由旅游目的地政府主导下创建的地方性旅游服务网站模式三大类。

（一）第一方电子商务模式

第一方电子商务模式是指由商品或服务提供者控制交易网站的电子商务模式。旅游景区通过自建、联盟等方式，凭借强大的影响力建立网站平台，处于整个系统的核心位置；旅游者和旅游企业可通过旅游景区网站获取旅游信息、进行电子贸易；政府起到宏观调控和监管作用。

第一方电子商务模式包括三种子模式，其对比分析结果如表 8-1 所示。

表 8-1 第一方电子商务模式对比分析

类 型	主要服务	优 势	劣 势
旅游景区自建模式	网上营销、电子交易及其他增值服务	顾客忠诚度较高、优惠的产品价格，交易安全	客户群体覆盖面小，线下业务较多
旅游景区联盟模式	旅游服务信息、社区、增值服务（酒店、交通）等多种服务的“一站式”服务平台	提供综合服务，价格优惠，交易安全	筹建初期资本门槛较高
区域联盟模式	旅游景区营销、电子交易；为酒店、航空公司等提供网络宣传、销售等业务	服务实现对区域旅游产业链的整合	缺乏政府支持，扩大该模式规模有难度

1. 旅游景区自建模式

旅游景区自建模式主要是景区依托自身丰富的旅游资源，为旅游者提供相关的服务信息，一般包括景区文字影像简介、在线地图查阅、电子门票交易、网上虚拟旅游、旅游线路设计等内容。网站设计上突出当地文化特色和景区特色，主要起到宣传促销的目的，为旅游景区扩大客源、提高知名度、降低业务成本提供便捷有效的手段。如青岛崂山风景区网站就属于这种模式。该模式较适合大型旅游景区。

2. 旅游景区联盟模式

旅游景区联盟模式即由多个旅游景区共同出资，筹建一个联盟电子商务平台。这一平台初期以提供相关旅游景区的服务为主，逐步发展为集提供旅游服务信息、社区旅游计划、增值服务等多种服务于一身的“一站式”服务平台。随着旅游景区联盟的发展，影响力不断扩大，不仅可以吸引更多的旅游者，而且会吸引众多旅游景区的加盟。这些加盟的旅游景区通过联盟模式这一平台，可以降低分销成本和分享客源，而且随着加盟旅游景区的不断增加，各旅游景区还可从增值服务中获取额外利益，如收取广告费用及向其他相关产业延伸。该模式起点较高，在初期阶段，筹建平台的旅游景区要有一定的知名度和经济实力。

3. 区域联盟模式

区域联盟模式是将某个区域内的旅游景区进行整合，并对在此基础上建立起来的电子商务平台进行统一的宣传管理。主要是面向旅游者和旅行社全面开展旅游景区门票、餐饮、酒店、旅游线路等在线预订的电子商务平台。同时，也为旅行社和酒店、航空公司等旅游行业客户提供网络宣传、网络销售、网络支付等一系列的业务服务。这种模式中较为成功的当属九寨沟九网旅游在线交易网站。

（二）第三方电子商务模式

第三方电子商务模式由商品或服务交易双方之外的第三方中介建立并控制交易网站。旅游景区中间代理一般由技术实力强大的计算机管理集团承担，主要通过服务器端和客户端开展业务工作。服务器端由中间代理商统一管理，旅游景区在开展各种电子商务活动时，就像是在自己的服务器端工作一样，将旅游景区的网上销售委托给中间代理公司，代理公司根据客户的实际访问量和网上业务交易量收取佣金。这种模式可以更有效地实现资源的优化。旅游景区第三方电子商务模式主要有以下两种类型。

1. 综合服务类中间商

搜狐（www. sohu. com）、新浪（www. sina. com. cn）等门户网站的旅游频道都属于这类模式。目前这类网站由专业互联网企业运营，在网络营销方面具有丰富的行业经验，是推动旅游电子商务发展的助推器。就旅游景区电子商务而言，旅游门户网站主要服务职能在于旅游景区信息发布和面向旅游企业的营销推广。这种模式主要是借助知名门户网站巨大的访问量，在网站内发布旅游景区服务信息，包括旅游景区介绍、旅游线路，所在城市的交通、酒店、购物、社区交流等内容，但一般不提供在线门票预订、网上支付等网上交易平台。

2. 支持服务类中间商

以驴妈妈旅游网（www. lvmama. com）、同程旅游网（www. 17u. cn）为代表的旅游网站都属于支持服务类中间商，其主要服务职能在于旅游服务支持与增强，直接介入旅游景区服务环节，从而获得服务增值收益。目前已经出现了专门从事旅游景区门票预订的网站，如驴妈妈旅游网、门票中国、全游网等，它们通过与上游旅游产品供应商的战略合作，获得相对优惠的价格政策，而这种优惠将主要交由游客享受。旅游景区只须依托这些平台就能完成其系统的营销规划、低成本全方位的媒体营销并为旅游景区导入大批中高端自助游客。因此，这类网站虽然上线时间较晚，但自创建以来深受市场关注，巨大的平台价值显现无遗。对于改进传统旅游景区服务方式、加快旅游景区电子商务的发展有着积极的推动作用。

（三）地方性旅游服务网站模式

地方性旅游服务网站主要是基于旅游目的地政府主导下创建的非营利性旅游电子商务平台，包括在国家旅游信息化工程倡导下发展起来的公共商务网、地方政府旅游网站等，如大连旅游网（www. dltour. gov. cn）就属于这种模式。这一模式采用政府主导的形式，可以集中资源和力量进行旅游企业信息化解决方案的研发，再向全行业推广，发挥技术上的专业化优势并形成规模效益。旅游景区可借助网站系统和电子商务平台进行网上宣传、咨询服务，以信息服务起步，逐步向网上交易、结算服务等深层业务拓展。运用这一模式开展电子商务，特别是中小型旅游景区可以集约利用资源，降低旅游景区经营成本，更有效地实现旅游景区运营效率的提高。这种地方性旅游服务网站模式与第三方电子商务模式的比较如表 8-2 所示。

表 8-2 第三方电子商务模式和地方性旅游服务网站模式对比分析

类　型	主要服务	优　势	劣　势
综合服务类中间商	旅游景区信息发布、营销推广	强大的搜索引擎、信息库	一般不支持在线交易
支持服务类中间商	旅游景区信息发布、电子贸易	信息沟通速度快、专业且个性化产品组合、庞大的旅游数据库	主营业务覆盖面小
地方性旅游服务网站模式	网上宣传、咨询等业务，正逐步向深层次发展	整合了旅游产业链、安全的交易平台	市场化程度较差

将以上六种模式放到功能整合程度和规模化程度组成的矩阵中（见图 8-1），可对各模式的功能性及规模化有更直观的判断。旅游景区联盟模式提供“一站式”服务，功能整合程度较高，规模化程度高，因此处于右上角；旅游景区自建模式一般功能整合程度较弱，且规模化程度低，因此处于左下角。图中还存在很多空白，旅游景区可以尝试填补矩阵中的空白，挖掘新的电子商务模式，但要注意现实中的可行性。

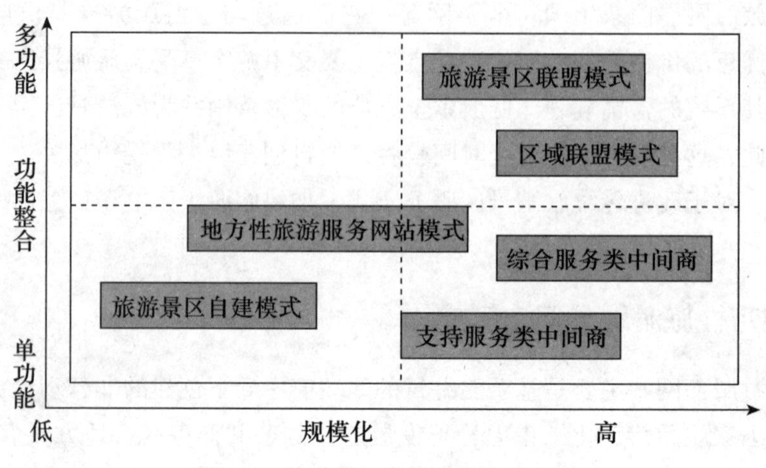

图 8-1 旅游景区电子商务模式矩阵

四、政府管理部门对景区电子商务的要求

（一）国家旅游局：《A 级景区评选标准》

根据国家旅游局颁布的《A 级景区评选标准》，其中有近 10% 的分数与景区电子商务有关（见表 8-3）。

表 8-3 国家旅游局：《A 级景区评选标准》摘录

相关标准	分值
1. 通过互联网宣传	21 分
2. 旅游电子商务	30 分
3. 触摸屏	6 分
4. 语音导游	5 分
5. 监控设置	5 分
6. 影音播放系统	3 分
7. 邮电	20 分
合计	90 分

1. 重要分项解读

（1）通过互联网宣传

21 分。要求：一是建网站；二是具备营销功能。争取让能上网的人都知道景区，对景区充满向往。

（2）旅游电子商务

30 分。要求：光有网站是不够的，还需要为游客提供预订的功能，提供可查询、可支付的平台。

2. 互联网宣传分项

（1）域名及中文网址是否健全决定了网站的指向性。

（2）依托网站是指在大型门户网站或旅游门户网站中建有该景区的子网站或者网页。目的在于强调景区知名度以及重要性。

（3）内容的丰富全面与及时更新是网站吸引网民的重要原因之一。

（4）建成数字虚拟景区，实现网上游览，可实现网民对景区的全面、生动的了解，这是其他宣传手段做不到的。

（5）支持语种的丰富，对于吸引外国游客具有强烈的现实意义，也是景区针对国外市场宣传的重要工具。

3. 电子商务分项

（1）动态查询以前及未来特定时间段预计游客接待量，供景区做好决策参考。

（2）预订功能可以让游客从容自主安排旅行。

①预订门票；

②预订住宿；

③预订商品；

④娱乐、餐饮或其他个性化服务的定制。

（3）能提供网上支付功能，实现在线交易，创造新的商业机会。

（二）原建设部：《国家重点风景名胜区数字景区建设指南》

原建设部在《国家重点风景名胜区数字景区建设指南》中明确提出，对于国家风景名胜区要建立旅游电子商务平台，并以此平台为基础开展网络营销，于 2002 年先期启动了“国家重点风景名胜区监督管理信息系统”建设，2004 年，国家“十五”科技攻关计划重点项目“城市规划、建设、管理与服务数字化工程”这个课题的子课题是“数字景区示范工程”，通过推荐黄山和九寨沟纳入这个子课题，我国从此全面拉开了国内风景名胜区数字景区建设的序幕。

2005 年，原建设部在对两个示范景区进行一期工程验收后，在九寨沟景区现场召开了《数字景区建设工作会议》，同时部署了数字景区建设试点推广的工作。并于 2005 年 12 月、2006 年 3 月两次公布了另外 22 家国家重点风景名胜区为数字景区试点单位。

第二节　景区电子门票系统

一、景区电子门票系统概述

景区电子门票系统是随着旅游业的发展而出现的一种新型门票销售方式。以前景区门票销售主要以手动售票为主，有时候需要排长队购票。现在随着智能化技术的发展，已经出现了在线预订、APP 购票和自助售票等电子门票方式。在线购票越来越受到旅游者的青睐。

景区电子门票系统是以当代数据技术与通信技术为基础，结合智能卡与身份识别技术作为主要手段的高科技信息化综合处理系统。通常，电子门票是一种将智能芯片嵌入纸质门票等介质中，用于快捷检票、验票并能实现对持票人进行实时精准定位跟踪和查询管理的新型门票。

景区电子门票系统是一种通过互联网技术、电子支付技术等技术手段实现在线预订、在线支付、无纸化凭证、自动识别系统等功能的新型门票销售模式。智慧景区电子门票系统主要由景区门票销售系统、预售系统、验票系统、监测系统等多种系统组成。景区门票销售系统是智慧景区电子门票系统的核心，它通过互联网、移动客户端等多种渠道销售门票。

二、传统门票管理的缺陷和电子门票的价值

（一）传统门票管理的缺陷

1. 纸质票不如电子票实用

虽然单张纸质门票的制作成本不高，但大量使用纸质门票对景区来说是一笔不小的成本，而且纸质门票不能重复使用。对于景区来说，成本增加，现场纸张浪费造成的环境卫生问题突出。对于游客来说，大部分游客只是用纸质门票作为入场凭证，放在包里占空间，拿着也不方便，用完之后还得想办法处理掉。

2. 人力资源投入过多，效率低下

传统的售票、检票、统计方式浪费了景区大量的人力、财力，工作简单、枯燥、烦琐、效率低、出错率高。节假日高峰期，很多游客因为排队时间过长而放弃购买景区门票，使得景区流失了大量的旅游资源。

3. 复杂的管理流程和财务混乱带来不适应性

人工检票、售票使得景区管理效率低下，导致排队时间过长、现场混乱、黄牛作弊、

逃票现象频发、低价亏本。如果设置多个窗口，增加了成本。游客印象差，回头客少，体验感下降。

4. 更多的优惠票增加了监管成本，降低了收益

检票员私下收钱让人进景区，或者私下收钱让检票员放行，同事打招呼放行，这是传统景区非常普遍和频繁的现象。而且景区日常统计收入和对账比较复杂。

5. 未来景区游客数量的不可预测性

由于缺乏历史数据，没有预约功能，未来人数不可预测，应急准备往往不足。

肉眼很难统计入园人数，也无法清晰地记录游客进出的时间、游客的年龄分布等信息。

6. 税务发票存在漏洞的风险

由于收入统计不规范，计税存在漏洞，为景区增加了涉税风险。这需要一个科学高效的售票系统的加持。尤其是现在网上多渠道购票已经开通，很难一一统计每一笔订单。

（二）电子门票系统的优越性

1. 安全防伪，杜绝假票

更加安全。电子门票相较于纸质门票更难被复制伪造，增强了门票防伪效果。

2. 降低成本，提高效率

更加经济。可大幅降低门票管理成本，特别是对于规模较大的活动或场馆更为明显。

3. 科学管理，人尽其用

借助电子门票系统，景区工作人员可以实时掌握游客信息，降低人力成本，提高入园效率。认票不认人，从而减少因门票的各种流失而造成的损失。钱款收入纳入计算机管理，日有报表，月有汇总。设备验票与人工撕票形成鲜明对比，对内对外都给人以管理现代化的感觉。

4. 数据采集，信息上传

通过电子门票系统收集的用户数据和订单信息，景区管理者可以进行更深入的数据分析，提升服务质量和推广效果。

5. 维护环境，便于收藏

更加环保。无须大量印刷和分发纸质门票，减小了对环境的负面影响。用电子门票代替保守的纸印门票，便于收藏，极具收藏价值。自然能有效地防止乱丢票据对公共卫生的破坏。

三、景区电子门票系统的设计原则及构成

（一）景区电子门票系统的设计原则

1. 可靠性

可靠性的体现是“售票准确，进门畅通”。这是第一原则。系统将选用可靠的计算机、网络、条码卡识别设备、通道控制设备，其中80%使用德国、美国、日本的进口元件，以进口为主，国产为辅；同时配备成熟的系统软件和应用软件，保障系统的可靠运行。软件的设计编制遵循规范化标准，并且经过了多家单位的应用检验，保证其稳定性；采取独立和联网相结合的思路，即使整个网络瘫痪，也能保证售票、验票工作正常进行；强化了数据定时的自行备份，确保信息不被破坏或丢失。

2. 安全性

安全性是系统的重要指标。软硬件的总体设计采用了分布式系统结构，已经使系统的安全性问题分担到各个子系统中去，设计了迅速的故障处理和恢复能力，容错性高。万一某个局部出现故障，也能做到“人到病除”，不影响数据安全，也不影响整个系统运行。

3. 实用性

系统的软硬件，既是高档次，也要讲实用。软件设计注重了操作简便，易懂易学；硬件上注意使用方便，如游客购票N人次均一张票，对降低高峰流量有着重要作用。

4. 先进性

软硬件的选择，在以上原则的基础上，系统的先进性是处于世界前列的，如旋转技术上采用了电条码控制法，有120度和90度两个幅度，在法国的一些地方才刚兴起；制票上是现场高速制票实时售票。

5. 决策性

各旅游景点的游客购票情况、售票员工作情况、验票进门情况、全网络上的各点运行情况等，都可以汇总到管理中心的电脑中，并实时反映出来，可以迅速打印出所需的各种统计报表，得出每一阶段、某一地域的游客分布情况及分类统计信息，为领导决策提供有效依据。

6. 可维护性

选型时在易损件上都偏重了国产化和标准化，就是考虑了具有维护能力的问题。硬件的连接多数是采用标准化接口，即插即用，整体模块可换修；软硬件设计采用结构化的设计思路，便于各类模块的添加与删减，程序模块结构清晰，便于维护。

7. 可扩充性

硬件系统设计采用分布结构系统，可叠加功能；计算机及网络留有充分余量和通信接

口，门禁机的通信留有四个接口，各部门接入端的可扩充余地很大。尤其在门票系统基础上可并网运行模拟监控系统，互联网上的展示、查询、售票系统等。整个管理系统还考虑了与总局内部经营管理系统的数据导入导出的开放性接口。门禁考虑了与将来景区发展的有效衔接。系统对游客在各个景点范围内使用可以做限时限地限次的定义。

（二）景区电子门票系统组成

系统由计算机管理指挥中心、门票售票系统、通道监控执行系统三大部分组成。

1. 计算机管理指挥中心

计算机管理指挥中心为计算机网络系统，它由一台主服务器与若干台（至少一台）计算机管理工作站组成。它主要起管理、决策和财务核算作用。

2. 门票售票系统

门票售票系统由若干台计算机售票工作站和若干台门票发卡机组成。它主要完成门票的售票功能及与计算机管理指挥中心的数据通信功能。

3. 通道监控执行系统

通道监控执行系统由一台计算机监控工作站和若干个通道控制器组成。它主要完成对通道控制器的实时监控及与计算机管理指挥中心进行数据通信。

第三节　数字景区建设

作为全球发展的重要加速器之一，信息技术已经发挥着越来越重要的作用。随着中国信息化建设的迅速发展，各行各业也进入了信息时代。“数字景区”既是一个信息科技建设项目，又是与风景名胜区行业相结合的建设项目，没有现成的经验和模式可以去套用。

一、“数字景区”的概念

数字景区是以人为本，以信息科技为辅助，对景区的“保护、科研、开发”建立“管理精细化、功能模块化、信息网络化”的综合应用与基础平台。

因为再高的科技产品还是需要人来操作，最终还是要为人服务，所以数字景区的建设必须是以人为本的，而信息科技也只能作为推动景区建设的辅助手段。

对于任何景区建设工作而言，主要分为“景区保护”“景区科研”“景区开发”，而“景区管理”是贯穿这三大工作之中的。

建立“管理精细化、功能模块化、信息网络化”的综合应用与基础平台是“数字景区”建设的技术指导思想。

二、"数字景区"的建设主题

如何借助信息技术构建景区"保护、科研、开发"的综合应用与基础平台。主要是指根据景区"保护、科研、开发"的实际工作需求，研究如何有效地应用信息技术的优势才能更好地达到综合应用和精细化管理的目标。降低景区"保护、科研、开发"的成本，提高景区"保护、科研、开发"的质量和效率，培养各岗位职工的思维能力、工作效力与实践能力，培养职工在景区"保护、科研、开发"工作中学会把信息技术作为获取信息、探索问题、协作讨论、解决问题和构建知识的一种认知工具，同时为景区领导提供"保护、科研、开发"决策依据。

三、建设"数字景区"的功能框架

由于各个景区景色各具特色，信息化建设环境差异性很大，因此各个景区的数字化建设也就具有一定的不可移植性。也就是说，每个景区没有一个固定的模式可以去套用。但笔者认为一旦把所有的可应用系统模块化了，那么所有的景区就可以根据自身的实际情况来组合其中相应的模块，构建具有自身特色的"数字景区"。而从功能结构上看，"数字景区"可以划分为基础层和应用层。

基础层是各个应用系统采集数据的根本保障，对于各个景区来说具有很强的一致性。其包括基础设施（无线通信、有线通信、广域网、局域网）、数据中心、安全中心、三S平台（GIS 地理信息系统、GPS 全球定位系统、RS 遥感卫星）。应用层是根据景区的实际应用需求而建立的，因此会基于景区的差异性而不同。以"数字九寨沟"为例，其"数字景区"从应用上划分为：运营管理精细化、资源科研及时化、环境保护智能化、产业开发网络化。

1. 运营管理精细化

"数字景区"的最终目标就是"运营管理精细化"，实现管理水平的提升、管理效率的提高、管理成本的控制。其包括景区电子商务系统、门禁票务系统、办公自动化、GPS 车辆调度系统、智能监控系统、景区规划管理系统、多媒体展示系统、LED 信息发布系统、网上游系统、景区 CRM（客户关系管理）、景区 ERP（资源规划）。

以九寨沟旅游电子商务平台为代表，通过网上预售门票，把过去粗放静态的人工票务管理变成了精细动态的数字管理。景区管理部门每天都能准确地把握次日游客总量，提前做好景区餐饮、观光车等相关服务资源的配置，不仅大大方便了游客，而且减少了管理的盲目性，降低了管理成本，使管理更精细化、决策更科学化。

此外，智能化监控系统是对景区内主要景点、服务区、道路险要路段、停车场、售票中心和检票口等 110 个点位，安装电子探头，获得的图像通过光纤传输到智能监控中心。在智能监控中心的电视屏幕墙上和有关部门负责人的办公电脑屏幕上，能对景区内每一个核心景点的人流量、车流量以及售票中心和检票口的秩序情况一目了然。如果哪个景点游人过多，就加快车辆调动和游客疏导，以平衡各景点的游客分布，从而使整个景区的秩序始终处于合理、有序状态。这不仅保护了景区生态环境，而且使游客玩得更为舒适、更为轻松。

2. 资源科研及时化

主要包括环境监测系统、地理信息系统和卫星遥感系统。以卫星遥感系统为例，通过卫星遥感影像结合地理信息系统的分析，管理部门能准确地掌握水循环体系、动植物分布及其土地资源利用等各种自然资源信息。此外，通过针对大气、水质、地质、森林等方面的其他在线监测手段，收集相关数据，建立并完善资源数据库，并对数据进行评价分析，为景区的“保护、科研、开发”提供决策依据。

3. 环境保护智能化

景区需要始终坚持“保护第一”的指导方针，每年投入大量资金用于景区的保护和环境的改善。为了提高整个景区的保护质量，确立了以人工保护为主，信息技术为辅的保护方针，建立了灾害监测系统，其包括森林火灾、地震、泥石流、病虫害等综合监测信息。结合智能监控系统，为景区“保护、科研、开发”提供科学决策依据。

4. 产业开发网络化

以景区旅游电子商务系统为基础，实现对景区、酒店、购物、娱乐、餐饮等旅游资源和各旅行社的网络化整合。由于网络平台与网络国旅一体化管理，因此，形成对整个产业链的整合。由于包括景区、酒店等绝大多数旅游资源，实行量大从优的销售策略，能够促进各旅行社通过网络国旅实行联合采购，降低采购成本，扩大销售规模，形成批发代理体系。比如，2003 年冬，九寨沟实行量大从优策略，网络国旅整合了四川大多数旅行社，景区扩大了 30%的销售规模。

资源整合。通过网络整合营销，能够降低景区、酒店等旅游资源的销售成本，提高管理效率，实现规模化、全球化的宣传和销售。更为重要的是，通过线路组合，形成产品联合，捆绑各方利益，将分散的资源进行整合，促进共同发展。资源整合的网络平台，能够充分满足游客对相关旅游信息的查询、旅游线路的选择以及购买，为游客提供一站式服务。

网络整合营销不仅扩大了景区销售规模，还为景区筹集了更多资金用于资源保护和管理，提升景区的品牌形象，从而吸引更多的游客，推动产业的进一步发展。

第四节　景区电子商务的架构与内容

一、景区电子商务的架构

（一）数据采集系统

1. 网络覆盖

景区网络覆盖建设的目的是要满足智慧景区各个系统对网络传输的要求，提升游客旅

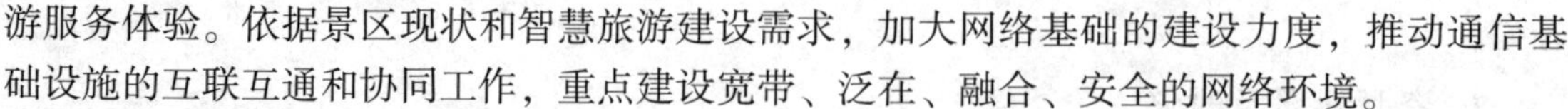

游服务体验。依据景区现状和智慧旅游建设需求，加大网络基础的建设力度，推动通信基础设施的互联互通和协同工作，重点建设宽带、泛在、融合、安全的网络环境。

2. 前端硬件

在景区停车场出入口安装摄像机、道闸、指示屏和管理终端等设备。为景区车辆、巡更巡检安保人员配置全球定位系统（Global Positioning System，GPS）定位设备或具备此项功能的单兵设备；以上设备所在区域，途经点位须铺设光纤（业务传输网），布置移动通信网、有线宽带网，保证景区管理部门、涉旅企业、游客等主体的管理、服务需求。

（二）数据处理系统

1. 总体架构

智慧景区建设的总体架构是：以数据中心平台为基础，以地理信息系统（Geographic Information System，GIS）引擎为支撑，从综合管理、公众服务、旅游营销及生态保护层面入手，采用互联共享、创新体制、主客共享、融合提升和科学管理的先进设计理念，逐步创建特点明显、运行高效的智慧管理体系、智慧服务体系、智慧营销体系和智慧保护体系；开创经营管理智能化、旅游服务多元化、旅游营销战略化新局面，实现旅游、文化、生态、经济、社会的可持续发展。智慧景区建设总体架构包括六个层面的内容：基础平台层、数据层、支撑层、应用层、展示层以及用户层。

2. 数据中心架构

数据中心是智慧景区建设最为重要的一环，它包括数据库底层、核心层和服务层，三层分别完成存储、计算和应用支撑。

3. 数据库选择

数据中心平台使用 MYSQL 存储电子商务、GIS 点位信息、用户数据、游客数据和元数据等基础信息；使用分布式的、面向列的开源数据库（HBase）来处理海量数据的存储和计算，HBase 存储物联网信息、访问计算统计、GPS 信息等增长速度非常快的数据类型；使用 Elasticsearch 集群提供全文搜索存储和计算的服务，存放和分析用户行为日志、舆情监控、旅游热度、资讯查询等应用；使用高性能的 NOSQL 图形（Neo4j）数据库进行图关系数据处理，处理游客属性和行为分析是图关系型数据库的主要工作。除此之外，也使用 Neo4j 内置的一些算法如 Dijkstra（迪杰斯特拉算法，一种加权的最短路径算法）提供最近公厕查找等手机地图便民导航服务。

4. 综合门禁票务系统架构

综合门禁票务系统总体架构简单地说分为服务端和客户端。

二、旅游景区电子商务的主要内容

景区电子商务开展分两个方面：一是景区本身开展电子商务，通过网络销售自己的景区产品；二是景区代理商的电子商务，专门从事销售景区产品的中间商，同样通过网络代理销售各种景区的产品，并提供相关的增值服务。

景区本身的电子商务主要是网络调查、网络营销、在线销售、客户管理以及协作管理等。

景区代理服务商的电子商务内容，除了代理销售景区门票以外，还可以提供一些增值服务。另外，也可以帮助景区开展电子商务以及通过网络广告实现收益。

第五节 景区电子商务的战略作用

一、改变运作模式

旅游景区与电子商务的结合给传统旅游业带来了冲击，能够形成完整的旅游产品，并可根据实际情况，作随团或散客旅游两种选择。在这种模式中，景区建设的旅游网站作为中介机构或信息中心，而旅行社转变为行使带团出游及协调其他旅游企业，以完成旅游活动的服务性企业。

二、个性化服务

利用互联网技术，旅游者可以自由组团和选择参加者，自由选择路线。通过景区电子商务，旅游者可以自助地预订旅游路线、选择交通方式、预订酒店导游。通过后台服务器的专家系统，景区通过电子商务还可为缺乏旅游经验的消费者提供咨询意见。

三、形式多样性

景区电子商务既为交通、住宿、景点等企业服务，也为游客服务，还可建立游客点菜、企业竞标接盘及游客自行组团等功能模块。相信随着旅游景区与网络经济更紧密地联动发展，景区电子商务必将对旅游业的良性循环与变革起到积极有效的推进作用，使得传统景区经济和网络经济得以共同发展。

四、改进其流程

景区电子商务是指旅游企业通过先进的信息技术手段，改进景区内部管理和对外的联系，即改进景区企业之间、景区业与上游供应商之间、景区企业与旅游者之间的交流和交易，改进景区企业内部业务流程，从而扩大销售，拓展市场。景区电子商务在 21 世纪将成为旅游经济的新增长点。

项目小结

本项目首先介绍了景区电子商务概况，然后分别详细地阐述了景区电子门票系统、数字景区建设和景区电子商务的架构与内容，最后简单总结了景区电子商务的战略作用。

思考题

一、单项选择题

1. 可以将旅游景区电子商务分为由销售方控制的第一方电子商务模式、由中介方控制的第三方电子商务模式和由旅游目的地政府主导下创建的（　　）等三类。

A. 第一方电子商务模式　　B. 第三方电子商务模式

C. 地方性旅游服务网站模式　　D. 第二方电子商务模式

2. 将六种模式放到功能整合程度和规模化程度组成的矩阵中，可对各模式的功能性及规模化有更直观的判断。（　　）提供“一站式”服务，功能整合程度较高，规模化程度高，因此处于右上角。

A. 区域联盟模式　　B. 旅游景区联盟模式

C. 地方性服务网站模式　　D. 景区自建模式

3. 根据国家旅游局颁布的《A 级景区评选标准》，其中有近（　　）的分数与景区电子商务有关。

A. 30%　　B. 20%　　C. 5%　　D. 10%

4. 2005 年 12 月、2006 年 3 月两次公布了另外（　　）家国家重点风景名胜区为数字景区试点单位。

A. 20　　B. 21　　C. 22　　D. 23

5. （　　）是景区电子门票系统的核心，它通过互联网、移动客户端等多种渠道销售门票。

A. 预售系统　　B. 景区门票销售系统

C. 验票系统　　D. 监测系统

6. （　　）的体现是“售票准确，进门畅通”。

A. 可靠性　　B. 安全性

C. 实用性　　D. 先进性

二、多项选择题

1. 景区电子商务的应用有（　　）。

A. 旅游产业市场　　B. 旅游出口市场
C. 旅游投资市场　　D. 旅游消费市场

2. 第一方电子商务模式包括哪几种子模式？（　　）

A. 旅游景区自建模式　　B. 旅游景区联盟模式
C. 地方性旅游服务网站模式　　D. 区域联盟模式

3. 第三方电子商务模式包括哪几种类型？（　　）

A. 综合服务类中间商　　B. 旅游景区联盟
C. 支持服务类中间商　　D. 地方性旅游服务网站

4. 国家旅游局颁布的《A 级景区评选标准》有哪些分项？（　　）

A. 重要分项解读　　B. 旅游景区分项
C. 互联网宣传分项　　D. 电子商务分项

5. 传统门票管理的缺陷有哪些？（　　）

A. 纸质票不如电子票实用
B. 人力资源投入过多，效率低下
C. 复杂的管理流程和财务混乱带来的种种不适
D. 未来景区游客数量的不可预测性

6. 电子门票系统的优越性有哪些？（　　）

A. 安全防伪，杜绝假票　　B. 降低成本，提高效率
C. 科学管理，人尽其用　　D. 维护环境，便于收藏

7. 从功能结构上看，“数字景区”可以划分为（　　）。

A. 防伪层　　B. 基础层
C. 维护层　　D. 应用层

8. “数字景区”从应用上划分为哪几个功能结构？（　　）

A. 运营管理精细化　　B. 资源科研及时化
C. 环境保护智能化　　D. 产业开发网络化

9. 景区电子商务的架构包括哪些系统？（　　）

A. 数据采集系统　　B. 数据处理系统
C. 决策支持系统　　D. 后台跟踪系统

三、判断题

1. 景区电子门票系统由计算机管理指挥中心、门票售票系统两大部分组成。（　　）

2. “数字景区”既是一个信息科技建设项目，又是与风景名胜区行业相结合的建设项

目，有现成的经验和模式可以去套用。（　　）

3. 如何借助信息技术构建景区“保护、科研、开发”的综合应用与基础平台，主要是指根据景区“保护、科研、开发”的实际工作需求，研究如何有效地应用信息技术的优势才能更好地达到综合应用和精细化管理的目标。（　　）

四、填空题

1. 数字景区建设在景区推广中发挥着重要的作用和意义，它提供了____________，提供了____________，提供了____________，提供了____________。

2. 数据中心是智慧景区建设最为重要的一环，它包括________、________和服务层，三层分别完成存储、计算和应用支撑。

3. 景区电子商务开展分两个方面：一是____________，通过网络销售自己的景区产品；二是____________，专门从事销售景区产品的中间商，同样通过网络代理销售各种景区的产品，并提供相关的增值服务。

五、名词解释

1. 旅游景区
2. 景区电子商务
3. 景区电子门票系统
4. 数字景区

六、简答题

1. 第一方电子商务模式对比分析的内容填入下表。

类型	主要服务	优势	劣势
旅游景区 自建模式			
旅游景区 联盟模式			
区域联盟模式			

2. 第三方电子商务模式和地方性旅游服务网站模式对比分析的内容填入下表。

类型	主要服务	优势	劣势
综合服务类中间商			
支持服务类中间商			
地方性旅游服务网站模式			

3. 景区电子门票系统的设计原则及构成是什么？

4. 景区电子商务的战略作用有哪些？

项目九
旅游目的地电子商务

任务目标

知识目标：

1. 了解旅游目的地电子商务的概况与类型。
2. 了解旅游目的地电子商务的经营模式。
3. 了解旅游目的地电子商务的营销方式。

技能目标：

1. 培养学生旅游目的地电子商务的创新能力。
2. 培养学生独立思考旅游目的地电子商务的能力。

思政目标：

1. 培养学生具备良好的职业素养。
2. 培养学生的团队合作意识。
3. 培养学生树立正确的社会主义核心价值观。

任务引领

缤客针对不同目的地推出“Booking Experiences”

缤客（Booking.com）是全球最大的在线酒店预订平台之一，为旅游者提供酒店、民宿、公寓、度假村等多种住宿选择。该平台为旅游目的地电子商务提供了重要的渠道和机会。

此外，缤客也在不断创新和扩展服务，以满足用户和旅游目的地的需求。缤客推出了包含其他旅游服务的“Booking Experiences”，提供旅游活动、观光游览和当地体验等。一旦游客在一个旅游目的地预订了住宿，就会收到目的地城市的活动清单以及一个二维码。

游客可以扫描二维码来提前预订该目的地的参观场所和景点门票，无须前往其他网站预订或现场排队购买门票。“Booking Experiences”的灵活性和便利性受到了游客的广泛好评，目前该功能已经在阿姆斯特丹、伦敦、巴黎、迪拜等全球60多个城市使用。

这样的扩展服务不仅为旅行者提供更多的选择，也为旅游目的地带来了更多的收入来源。对于旅游目的地而言，与缤客合作可以获得多重好处。首先，缤客拥有庞大的用户群体，旅游目的地可以通过平台获得更大的曝光度和市场份额。其次，缤客提供了全球范围的市场覆盖，使目的地能够吸引来自不同国家和地区的旅行者。最后，平台提供了一套强大的酒店管理工具，使目的地能够轻松管理酒店信息、房态和价格等。

缤客的成功案例展示了旅游目的地电子商务的潜力和机会。通过与在线旅行平台合作，旅游目的地能够扩大市场影响力，提供更好的服务，增加收入。这个案例也凸显了电子商务对旅游业的重要性，并为其他旅游目的地提供了借鉴和学习的机会。

思考：缤客的旅游目的地电子商务提供了哪些服务？有哪些作用？

任务实施

第一节　旅游目的地电子商务概况

一、旅游目的地电子商务的定义

旅游目的地电子商务是指利用互联网和电子技术，为旅游目的地提供在线预订、信息查询、产品展示、交易支付等服务的商业活动。它通过在线平台连接旅行者和旅游目的地，为旅行者提供全方位的旅游信息和服务，同时为旅游目的地提供市场推广和销售渠道。

旅游目的地可以通过建立自己的官方网站和移动应用程序，向用户提供旅游信息、景点介绍、酒店预订、门票购买、旅游路线规划等各种旅游服务。此外，旅游目的地还可以通过与在线旅行社、酒店预订平台和航空公司等合作，将自己的产品和服务推广给更广泛的用户群体。

二、旅游目的地电子商务的特点

（一）多样性

旅游目的地电子商务平台提供丰富多样的旅游产品和服务，包括酒店预订、机票预订、旅游套餐、门票预订、导游服务等，以满足旅行者的各类需求。

（二）实时性

旅游目的地电子商务提供了实时的预订流程，旅行者可以随时在线查询和预订旅游产品，无须受限于时间和地点。

（三）个性化

旅游目的地电子商务平台注重个性化和定制化服务，根据旅行者的需求和偏好提供个性化的旅游建议和推荐，以及定制化的旅游套餐和活动。

（四）交互性

旅游目的地电子商务平台鼓励用户进行评价和点评，旅行者可以在平台上分享自己的旅行经验和评价，对旅游产品和服务进行评价和推荐。这种社交互动促进了信息共享和用户信任度的建立。

（五）多渠道

旅游目的地电子商务通过在线平台和移动应用程序进行市场推广，吸引更多的旅行者关注和预订。同时，通过与旅游供应商和旅行社的合作，拓展了市场推广渠道。

三、旅游目的地电子商务的发展

在过去的几十年里，旅游目的地电子商务取得了巨大的发展，并在改变着旅游业的运作方式和旅游目的地的市场竞争环境。旅游目的地电子商务的发展主要得益于互联网和移动互联网技术的快速发展。随着全球互联网普及率的提高，越来越多的旅行者开始使用互联网规划和预订旅行。

（一）互联网时代的到来

20 世纪 90 年代，随着互联网的普及和技术的进步，人们开始利用互联网进行信息搜索和在线交易。旅游业也开始逐渐意识到互联网的潜力，并开始建立旅游网站和在线预订系统。

（二）旅游信息网站的兴起

早期的旅游目的地电子商务主要是以旅游信息网站为主。这些网站提供目的地的景点介绍、旅游路线规划、住宿和交通信息等，帮助旅行者获取相关的旅游信息。

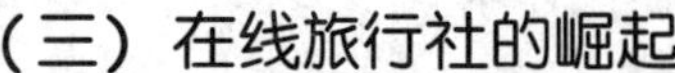

（三）在线旅行社的崛起

随着互联网技术的发展和电子商务的成熟，在线旅行社逐渐崛起。在线旅行社提供了更方便的预订渠道和更多的旅游产品选择，使旅行者能够在线预订酒店、机票、度假套餐等。

（四）电子商务平台的发展

随着电子商务平台的兴起，旅游目的地能够更好地推广和销售自己的旅游产品和服务。电子商务平台提供了更大的市场覆盖和更多的销售渠道，旅游目的地可以与在线旅行社和供应商合作，在线上进行产品销售和预订。

（五）移动互联网时代的到来

随着移动设备的普及和移动互联网的兴起，旅游目的地电子商务进入了移动互联网时代。旅行者可以通过智能手机和平板电脑随时随地获取旅游信息、进行在线预订和享受个性化的旅游体验。

（六）大数据和人工智能的应用

近年来，大数据和人工智能技术的发展为旅游目的地电子商务带来了新的机遇和挑战。通过对大数据的分析，旅游目的地可以了解旅行者的需求和偏好，提供个性化的推荐和定制化的服务。人工智能技术的应用也改善了客户服务体验，例如智能客服机器人的使用。

（七）社交媒体和在线评价的影响

社交媒体的兴起和在线评价的普及对旅游目的地电子商务产生了重要影响。旅行者可以通过社交媒体平台分享旅行经验和评价，对旅游产品和服务进行推荐和反馈。这些评价和推荐对其他旅行者的决策具有重要影响。

四、旅游目的地电子商务的应用

（一）官方网站和移动应用程序

越来越多的旅游目的地意识到建立自己的官方网站和移动应用程序的重要性。这些平台为旅行者提供了全面的旅游信息和服务，包括景点介绍、地图导航、住宿预订、交通信息等。通过官方网站和移动应用程序，旅游目的地可以直接与用户进行沟通和互动，提高用户体验和满意度。

（二）在线旅行社和平台合作

旅游目的地与在线旅行社和平台的合作也是电子商务的重要组成部分。通过与这些平台合作，旅游目的地可以将自己的旅游产品和服务推广给更广泛的用户群体。同时，与在线旅行社和平台的合作还可以提高旅游目的地的曝光度和市场份额，增加旅游收入。

（三）个性化推荐和定制化服务

旅游目的地电子商务还提供了个性化推荐和定制化服务的机会。通过分析用户的旅游偏好和需求，旅游目的地可以向用户提供个性化的旅游建议和定制化的旅游服务。这种定制化的服务能够提高用户满意度和忠诚度，同时也提高了旅游目的地的竞争力。

（四）大数据分析和市场营销

旅游目的地电子商务的另一个重要方面是大数据分析和市场营销。通过收集和分析用户的数据，旅游目的地可以了解用户的旅游行为和偏好，从而更好地进行市场定位和产品开发。此外，旅游目的地还可以利用大数据分析来改进营销策略，提高市场竞争力。

（五）跨界合作和创新发展

为了适应电子商务的发展趋势，越来越多的旅游目的地开始进行跨界合作和创新发展。他们与电子商务平台、科技公司和创新企业进行合作，共同开发新的旅游产品和服务。这种跨界合作和创新发展为旅游目的地带来了更多的机会和挑战，同时也推动了旅游目的地电子商务的进一步发展。

总的来说，旅游目的地电子商务是一个快速发展的领域，它正在改变着旅游业的运作方式和旅游目的地的市场竞争环境。通过互联网和电子技术的应用，旅游目的地能够更好地满足用户的需求，提高用户体验和满意度，同时也为旅游目的地带来了更多的商机和挑战。未来，随着技术的不断进步和消费者需求的变化，旅游目的地电子商务将继续迎来更多的创新和发展机遇。

第二节　旅游目的地电子商务类型

随着互联网和移动互联网的快速发展，旅游目的地电子商务成为旅游业发展的重要趋势。以下是常见的几种旅游目的地电子商务类型。

一、在线旅游平台

在线旅游平台是旅游目的地电子商务的核心类型，它是旅游目的地与游客之间直接联系的桥梁。这些平台通常提供了丰富的旅游产品和服务，如机票预订、酒店预订、旅游线路、景点门票、租车服务等。在这些平台上，游客可以方便地查找并比较不同产品的价格、评价和其他相关信息，然后进行在线预订和支付。著名的在线旅游平台包括携程、去哪儿、飞猪等。

在线旅游平台的优势在于提供了丰富的旅游选择，游客可以在一个平台上满足多样化的旅游需求。同时，通过大数据和人工智能技术，这些平台还能为游客推荐个性化的旅游产品，提高用户体验。

二、旅游目的地官方网站

旅游目的地官方网站是由各个目的地旅游局或政府主管部门建设和管理的在线平台。这些网站旨在宣传和推广该目的地的旅游资源，吸引游客前往旅游。在这些官方网站上，游客可以了解该目的地的自然景观、历史文化、特色美食等信息，还可以获取旅游线路建议、旅游活动信息以及住宿推荐等。通过官方网站，游客可以直接联系当地旅游机构或预订官方推荐的旅游产品。

旅游目的地官方网站的优势在于提供了可靠的旅游信息和推荐，游客可以更全面地了解旅游目的地，避免了信息不真实或者不全面的风险。此外，旅游目的地官方网站还可以提供旅游目的地的旅游政策和安全提示等重要信息，增强了游客的旅游决策信心。

三、旅游社交媒体平台

旅游社交媒体平台是指以旅游为主题的社交媒体平台，如旅游博客、旅游分享平台、旅游论坛等。在这些平台上，游客可以分享自己的旅游经历和感受，发布旅游照片和视频，与其他游客交流旅游经验和技巧。同时，旅游机构和旅游目的地官方也可以在这些平台上发布宣传信息和推广活动，吸引更多游客关注和参与。

旅游社交媒体平台的优势在于其真实性和互动性。游客可以通过其他游客的分享了解真实的旅游体验，同时也可以与其他游客交流和互动，获取更多有用的旅游信息。这些平台也为旅游目的地和旅游机构提供了直接与客户进行互动和宣传的渠道。

四、虚拟现实（VR）和增强现实（AR）技术应用

虚拟现实和增强现实技术的应用在旅游目的地电子商务中越来越受到关注。通过 VR 技术，游客可以在不实际到达旅游目的地的情况下，身临其境地感受自然景观和历史文化。而 AR 技术则可以将虚拟信息叠加到现实场景中，提供更多的导览和互动体验。

这些技术的优势在于提供了更加身临其境的旅游体验。游客可以在家中就能感受到旅游目的地的魅力，同时这些技术还可以增强游客对旅游目的地的兴趣，促进游客实际到访。

五、旅游目的地数据分析和智能化推荐

通过大数据和人工智能技术，旅游目的地电子商务平台可以对游客的数据进行分析，了解游客的兴趣和需求。基于这些数据，平台可以推荐个性化的旅游产品和服务，提高游客的满意度和忠诚度。

旅游目的地数据分析和智能化推荐的优势在于提供了更加个性化和精准的旅游体验。游客不再需要在众多选择中苦苦寻找，而是可以通过平台的推荐快速找到最适合自己的旅游产品和服务。

六、旅游目的地多媒体电子商务

旅游目的地的多媒体电子商务结合了多媒体技术，为游客提供更生动、丰富的旅游信息和体验。通过多媒体展示，游客可以更直观地了解旅游目的地的风景、文化、历史等信息，促进游客的旅游兴趣和决策。例如在旅游目的地的官方网站或旅游平台上，可以通过图片、视频、虚拟实境等形式展示景点和旅游体验，让游客更好地了解旅游目的地的特色和亮点。

旅游目的地多媒体电子商务能够提升旅游目的地的品牌形象和知名度，吸引更多游客关注。对于游客而言，多媒体信息能够帮助他们更好地了解旅游目的地，做出更明智的旅游决策。此外，通过多媒体互动，游客还可以在网上预览旅游体验，提前感受旅游目的地的魅力，增加期待感。

◎案例链接

河南文旅以创意为引领，带动新消费

2022 年 3 月 12 日，“行走河南 · 读懂中国”2022 年河南智慧旅游大会顺利在开封举办。河南省文化和旅游厅党组书记、厅长姜继鼎在会上透露，今年河南省将在数字展示领域实现突破。具体而言，旅游目的地将在两个方面着力。一是在数字化展示方面要取得实质性进展。将“行走河南 · 读懂中国”百大标识项目进行数字化升级和展示，重点推进龙门石窟、汴梁小宋城（二期）等数字化沉浸式体验项目。二是在线上领域要实现重要突破。与腾讯文旅、力石科技、恒信东方等合作，推动“行走河南 · 读懂中国”重要资源上云，主要围绕历史事件、历史名人等展开，先在线上空间打造出几条主题文化线路。此外，省文化和旅游厅还计划搭建一个可复用共享、实时在线的文旅文创云平台，服务文旅机构、文创企业、设计团队、非遗传承人等，推动文旅资源数字化和数字文旅资产化，实现河南文旅的全球创意和全球交易。

会议指出，河南省不仅要继续打造标杆智慧景区，还要加速实施大遗址、博物馆、图书馆等数字化改造，以提升整体智慧化水平。要在“老三篇”即智慧管理、智慧服务

和智慧营销方面取得更高水平，同时要推动创新智慧体验型产品业态，建设一批全国领先的沉浸式数字体验场馆。此外，还要针对不同群体，包括年轻人、老年人、儿童等，开发智慧旅游产品和服务，以满足不同群众的需求。

姜继鼎表示，如果说2021年被定义为元宇宙元年，那么2022年将是河南文旅元宇宙体验元年。未来的河南文旅元宇宙将不仅是现实中的世界文化旅游胜地，更将成为虚拟世界中的中华文明体验地。河南文旅将以创意为引领，打造新场景，开启新产能，带动新消费，让文化瑰宝焕发新生，向全世界展示独具魅力的文化遗产和旅游资源。

结合案例回答：

1. 河南文化和旅游厅如何推动河南旅游目的地建设？
2. 旅游目的地电子商务会给河南旅游业带来哪些积极影响？

第三节　旅游目的地电子商务经营模式

旅游目的地的电子商务经营模式是指利用互联网和电子平台，连接旅游目的地相关企业和服务提供商，实现在线交易、推广和信息传递的商业模式。这样的模式可以更有效地连接游客和旅游服务提供商，提升旅游业务效率，提供更便捷的服务和个性化的体验。以下将详细介绍旅游目的地电子商务经营模式的几种常见类型。

一、B2B电子商务模式

在旅游电子商务中，B2B电子商务模式主要包括以下几种情况。

（一）合作与洽谈

旅游目的地与各类旅游供应商进行合作与洽谈，包括与旅行社、旅游批发商、OTA等签署合作协议，商讨合作细节、价格政策、预订流程等。

（二）产品销售

旅游目的地向旅行社等销售旅游产品，如景区门票、导览服务、当地特色体验等。这些产品可以通过B2B平台或传统的销售方式进行交易。

（三）信息交流

旅游目的地向供应商提供相关的旅游信息和推广材料，以吸引更多的游客和合作伙伴。

（四）旅游线路组织

旅游目的地与旅行社等合作，共同策划并组织旅游线路，以提供更具吸引力的旅游产品。

（五）价格和结算

供应商可以与旅游目的地协商价格和结算方式，确保交易公平合理，同时维护长期合作关系。

（六）促销与市场营销

旅游目的地可以通过 B2B 交易平台向合作伙伴推广自身，提高知名度，吸引更多的合作机会。

二、B2E 电子商务模式

旅游目的地的 B2E 电子商务模式是指旅游企业与非旅游类企业、机构或机关之间的商业交易模式。B2E 代表的是“Business to Employee”，也就是旅游企业向其他企业的员工提供服务或合作的交易形式。

在旅游目的地的 B2E 交易中，主要涉及以下几个方面。

（一）商务旅行管理服务

旅游企业向其他企业提供商务旅行管理服务。大型企业经常需要处理员工的出差、会议展览、奖励旅游等事务，其常会选择和专业的旅行社合作，由旅行社提供专业的商务旅行预算和旅行方案咨询，开展商务旅行全程代理，从而节省时间和财务成本。

（二）优惠价格合作

旅游目的地与特定企业或机构建立长期合作关系，为员工提供优惠价格的旅游产品和服务。例如目的地可以与特定的机票代理商、旅游饭店合作，为员工提供优惠价格的机票和酒店预订服务。

（三）企业客户定制服务

通过企业商务旅行管理系统（TMS），旅游目的地与企业客户建立信息数据共享、信息交换和单证传输，为企业客户提供定制化的旅游服务。企业客户可以通过 TMS 实时获得整个公司全面详细的出差费用报告，并进行财务分析，从而有效控制成本，加强管理。

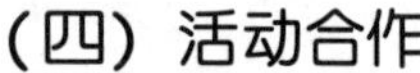

（四）活动合作

旅游目的地与其他企业合作举办员工活动，如企业年会、员工旅游等。旅游目的地可以提供相关的旅游线路、场地租赁、餐饮服务等，为企业员工提供愉快的旅游体验。

（五）会议展览服务

旅游目的地向企业提供会议展览服务，如会议场地租赁、接待服务、交通安排等，为企业的会议和展览活动提供支持。

旅游目的地的B2E电子商务模式可以为企业员工提供更便捷和优质的旅游服务，同时也为旅游目的地带来更多的商机和合作机会。这种交易形式的发展，有助于推动旅游产业的多元化和个性化发展，提升旅游服务的质量和水平。

三、B2C电子商务模式

旅游目的地的B2C电子商务模式是指旅游目的地直接与最终消费者（旅游者）之间的商业交易模式。B2C代表的是"Business to Consumer"，也就是旅游目的地直接向旅游者提供旅游产品和服务的交易形式。

在旅游目的地的B2C交易中，主要涉及以下几个方面。

（一）旅游产品在线销售

旅游目的地通过自己的官方网站或合作的电子商务平台向旅游者直接销售旅游产品，如景区门票、导览服务、特色体验活动等。旅游者可以在网上预订和支付，实现便捷的线上交易。

（二）旅游信息和推广

旅游目的地通过自己的官方网站或社交媒体等渠道向旅游者提供相关的旅游信息和推广内容，包括目的地介绍、景点推荐、特色活动等，以吸引更多的游客。

（三）个性化定制服务

旅游目的地可以通过网站或其他方式，为旅游者提供个性化的旅游服务，根据旅游者的需求和偏好，量身定制旅游线路和活动。

（四）旅游产品促销和优惠

旅游目的地可以通过B2C交易平台推出促销活动和优惠政策，吸引更多的旅游者选择该目的地。

（五）在线预订和支付

旅游目的地通过网站或移动应用等提供在线预订和支付服务，方便旅游者在预订旅游产品时进行支付，提高用户体验。

（六）旅游体验分享

旅游目的地可以通过社交媒体等渠道，鼓励旅游者分享他们的旅游体验和照片，提高旅游目的地的曝光度和口碑。

四、C2B 电子商务模式

旅游目的地的 C2B 电子商务模式是指旅游者（消费者）向旅游目的地提出需求，然后旅游目的地根据旅游者的需求来满足和提供相应的旅游产品和服务的交易模式。C2B 代表的是"Consumer to Business"，也就是消费者向企业提出需求的交易形式。

在旅游目的地的 C2B 交易中，主要涉及以下几个方面。

（一）个性化旅游需求提出

旅游者可以通过旅游目的地的官方网站、在线平台、社交媒体等渠道，直接向旅游目的地提出个性化的旅游需求。例如旅游者可以提出对特定景点的参观请求、特定活动的安排、特殊餐饮偏好等。

（二）活动报名和预订

旅游目的地可以通过在线平台或社交媒体等渠道，开展特定活动的报名和预订服务。旅游者可以根据自己的兴趣和时间选择参加旅游目的地提供的特色活动。

（三）价格和条件议价

在某些情况下，旅游者可以向旅游目的地提出自己的价格和条件，并与旅游目的地进行谈判。例如旅游者可以在特定时间段或淡季提出价格优惠的要求。

（四）旅游产品拍卖

旅游目的地可以通过在线拍卖平台，为旅游者提供旅游产品的拍卖服务。旅游者可以根据自己的需求和预算参与竞拍，获取最适合自己的旅游产品。

旅游目的地的 C2B 电子商务模式使得旅游者可以更加主动地参与旅游规划和决策过程，获得更个性化和满足自己需求的旅游体验。同时，对于旅游目的地来说，C2B 电子商务模式可以更好地了解旅游者的需求和喜好，提供更符合市场需求的旅游产品和服务。这

种交易模式的发展，有助于推动旅游产业的创新和个性化发展，提升旅游服务的质量和用户体验。

五、旅游目的地 O2O 电子商务模式

O2O（线上到线下）模式将线上和线下业务结合起来，为游客提供更全面的服务。旅游目的地可以通过 O2O 平台提供在线预订、线下导游、旅游活动等服务，将线上的信息和线下的实际体验结合起来，提供更全面的旅游体验。例如在线预订门票后，游客可以在旅游目的地的服务中心领取实体门票，或者通过导游服务了解更多旅游目的地的历史和文化。

携程、同程与途牛等在线旅游代理商（OTA）采用的是“O2O 电子商务模式”，即满足用户线上购买或预订服务，线下消费与享受服务的需求。这类 OTA 也被称为“线上旅行社”，例如携程和途牛在线下设有大量联盟店或直营店。它们的商业模式将传统旅行社行业与互联网思维结合起来，利用高效率、低成本的互联网信息技术，改造传统产业的价值创造过程。以携程为例，最初搭建了一个旅游专业资讯查询网站，建立了庞大的呼叫中心，提供线上预订服务、售后服务等。前者培育了携程强大的资源整合能力，后者降低了传统旅行社的人工服务成本。两者的结合使得携程得以成为国内用户数和总营收双高的在线旅游服务商。

O2O 电子商务模式的优势在于整合线上线下资源，提供一站式服务，增加游客在旅游目的地的停留时间和消费频次。对于旅游目的地而言，O2O 电子商务模式能够更好地与游客互动，提供个性化的服务，提高游客黏性和忠诚度。

◎案例链接

携程的商务经营模式

携程（Ctrip）成立于 1999 年，是中国领先的在线旅游平台，总部位于上海。作为中国最大的在线旅游服务供应商之一，携程为广大消费者提供全方位的旅游产品和服务，涵盖机票、酒店、度假、火车票、门票、租车、签证等。

携程的使命是“让旅行更简单”。通过整合全球旅游资源和采用先进的互联网技术，为用户提供便捷、高效、个性化的旅游体验。截至 2021 年，携程已经拥有逾 4 亿个注册用户，是中国最受欢迎的在线旅游平台之一。

携程的特点和优势包括：

多元化产品线：携程提供广泛的旅游产品和服务，从机票、酒店、度假套餐、旅游线路到火车票、景点门票、租车等，用户可在一个平台上满足各种旅游需求。

信息整合和比价功能：携程整合了大量的旅游资源供应商，用户可以通过平台上的信息整合和比价功能，方便地比较不同产品的价格和服务，选择最合适的旅游方案。

个性化推荐：携程利用大数据和人工智能技术，分析用户的搜索和购买行为，推送个性化的旅游推荐。根据用户的兴趣爱好和历史行为，携程向用户推荐更符合其需求的旅游产品和目的地，提高用户满意度和忠诚度。

移动端应用：携程在移动端推出了手机 APP，用户可以随时随地通过手机进行旅游预订和查询，使得旅游规划更加便捷。

优惠促销和会员制度：携程经常推出各种促销活动和特价产品，吸引用户进行预订。同时，携程设立了会员制度，会员用户可以享受更多的优惠和专属服务，增强用户的黏性和忠诚度。

客户服务：携程建立了完善的客户服务体系，提供 24 小时在线客服支持，帮助用户解答疑问、处理问题。客户服务的及时响应和解决问题的能力，提升了用户对携程的信任度和满意度。

携程旅行的商业模式如图 9-1 所示。酒店、航空公司、景区景点等产品供应商向携程提供一个定价（保证供应商盈利的报价）。携程根据产品定价进行调整，然后将终价发布在平台上（差额部分作为携程收入）。当消费者确定需求并从平台上下单时，产品供应商获得定价部分，携程获得差额部分（作为佣金）。此外，有些供应商还会向携程支付广告费用，以提高产品曝光度。

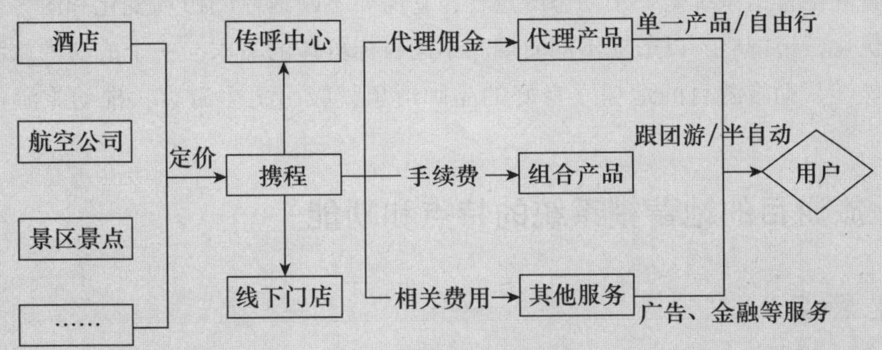

图 9-1 携程的商务模式

携程的发展历程充满了创新和突破，不断引领中国在线旅游市场的发展潮流。通过整合资源、提供多元化产品和优质服务，携程为广大用户带来更便捷、愉悦的旅行体验，成为中国领先的在线旅游平台之一。

思考分析：

携程有哪些盈利项目？

第四节 旅游目的地营销系统

一、旅游目的地营销系统的概念

旅游目的地营销系统是指一个旅游目的地为了吸引游客和促进旅游业发展而建立的综合性营销策略和机制。这个系统包括旅游目的地营销的所有方面，从市场调研、目标定位，到营销策划、推广和执行，以及对效果的评估和反馈。它的目标是通过有针对性的宣传和推广措施，增加游客的兴趣和意愿，引导他们选择该目的地作为旅行目的地，并提高游客的满意度和忠诚度，从而增加旅游收入，推动旅游业的可持续发展。

旅游目的地营销系统通常由相关的旅游局、政府部门、旅游企业、非营利组织等共同参与和合作。它需要整合各种资源，包括旅游目的地的自然风光、文化遗产、旅游设施、服务品质等，同时结合市场需求和消费者喜好，制定出合理有效的营销策略和计划。在数字化时代，旅游目的地营销系统也需要结合互联网和社交媒体等新兴渠道，开展线上线下的宣传和推广，提高旅游目的地的知名度和影响力。

旅游目的地营销系统是一个动态的过程，它需要不断地监测市场变化和游客需求，及时调整和优化营销策略，以适应不同时期和不同目标群体的需求。一个成功的旅游目的地营销系统能够帮助旅游目的地树立良好的品牌形象，吸引更多游客，推动旅游业的繁荣发展。

二、旅游目的地营销系统的特点和功能

（一）特点

1. 综合性

旅游目的地营销系统是一个综合性的系统，涵盖了市场调研、目标定位、营销策划、推广执行和效果评估等多个方面。它需要整合各种资源和信息，同时协调各相关部门和利益相关者的合作。

2. 针对性

旅游目的地营销系统需要根据目的地的特点、优势和市场需求，制定有针对性的营销策略。不同旅游目的地可能有不同的目标群体和推广重点，因此营销策略需要因地制宜。

3. 动态性

旅游目的地营销是一个动态的过程。市场环境和游客需求都在不断变化，因此，营销

系统需要不断地监测市场动态，及时调整和优化策略，以适应变化的需求。

4. 创新性

为了在激烈的旅游市场竞争中脱颖而出，旅游目的地营销系统需要不断创新。创新可以体现在宣传方式、推广手段、产品设计等方面，从而吸引更多的游客。

（二）功能

1. 信息传递

旅游目的地营销系统通过各种媒体形式，如网站、移动应用、社交媒体等，向潜在游客传递旅游目的地的旅游信息，包括景点介绍、旅游线路、酒店预订、交通指南等。

2. 个性化推荐

旅游目的地营销系统通过数据分析和人工智能技术，根据游客的兴趣、偏好和历史行为，向其推荐个性化的旅游产品和体验，提升游客的满意度和忠诚度。

3. 在线预订和支付

旅游目的地营销系统提供在线预订服务，游客可以直接通过系统预订酒店、门票、导游等旅游产品，并通过支付平台完成支付。

4. 互动和社交

旅游目的地营销系统通过社交媒体和在线互动平台，与游客进行交流和互动，增加游客对旅游目的地营销目的地的了解和认知。

5. 数据分析和决策支持

旅游目的地营销系统通过数据收集和分析，为旅游目的地的管理者提供决策支持和市场预测，优化营销策略和资源配置。

三、旅游目的地营销系统的模式

旅游目的地营销系统的模式可以有多种，取决于旅游目的地的特点、目标市场以及营销策略。以下是几种常见的旅游目的地营销系统模式。

（一）平台模式

平台模式的营销系统是一种旅游目的地营销的模式，它通过建立自己的旅游平台，集中展示旅游目的地的旅游资源和产品，并提供在线预订和交易服务。这种模式将旅游目的地的旅游信息集中在一个平台上，方便游客获取信息和进行预订，同时也提高了旅游目的地的知名度和曝光度。

平台模式的营销系统具有以下特点和功能。

1. 综合性展示

平台模式的营销系统可以综合性展示旅游目的地的旅游资源和产品，包括旅游景点、酒店、线路、美食等。游客可以通过平台了解旅游目的地的各种旅游选择，便于进行旅行规划。

2. 一站式服务

平台模式的营销系统提供一站式服务，游客可以在平台上完成旅游信息查询、产品对比、在线预订和支付等一系列操作，方便快捷。

3. 个性化推荐

通过用户数据和行为分析，平台模式的营销系统可以推荐个性化的旅游，根据用户的兴趣爱好和历史行为，推荐符合其需求的旅游产品和线路。

4. 交易平台

平台模式的营销系统具备交易功能，游客可以在平台上直接购买旅游产品和服务，实现在线预订和支付，提高用户的购买意愿和便捷度。

5. 数据分析

平台模式的营销系统可以收集和分析用户数据，了解用户的行为和喜好，从而优化营销策略和产品设计。

6. 品牌塑造

通过平台模式的营销系统，旅游目的地可以塑造自己的品牌形象，提升知名度和美誉度，吸引更多游客。

7. 社交互动

一些平台模式的营销系统也具备社交互动功能，允许游客分享旅行经验、点评景点、互动交流，形成用户社区，增强用户黏性和忠诚度。

平台模式的营销系统在数字化时代具有重要的作用，它可以帮助旅游目的地与用户直接连接，提供便捷的预订服务和个性化的推荐，促进旅游业的发展和可持续增长。同时，平台模式也可以通过大数据分析和用户反馈，不断改进和优化服务，提高用户体验，提升用户的满意度和忠诚度。

（二）联盟模式

联盟模式的营销系统是一种旅游目的地营销的模式，它通过多个旅游目的地合作建立联盟，共同开展营销活动。在这种模式下，各个旅游目的地之间相互合作，共享资源，形成合力，共同吸引游客，提高整体的知名度和影响力。

联盟模式的营销系统具有以下特点和功能。

1. 资源整合

联盟模式的营销系统需要将多个目的地的旅游资源进行整合，包括旅游景点、酒店、线路、文化活动等。通过资源整合，联盟可以提供更多元化的旅游选择，满足不同游客的需求。

2. 互惠共赢

联盟模式的营销系统通过合作共赢的理念，各个旅游目的地之间相互支持，实现互惠共赢。每个旅游目的地都可以从联盟的推广活动中获益，提高知名度和吸引力。

3. 联合推广

联盟模式的营销系统通过联合推广，共同参与旅游展会、路演、广告宣传等活动，将各个旅游目的地的优势互补，形成合力，提高曝光度。

4. 客户互通

联盟模式的营销系统可以实现客户互通，即游客在一个旅游目的地购买了旅游产品后，可以享受到联盟其他旅游目的地的优惠和特别待遇。这样可以促进游客在联盟内的转移和扩展消费。

5. 提升影响力

通过联盟模式，旅游目的地可以共同提高整体的影响力和竞争力。联盟的合作可以吸引更多媒体关注和投资，提高旅游目的地的知名度和形象。

6. 策划联合活动

联盟模式的营销系统可以策划联合活动，如联合推出主题线路、联合举办旅游节庆等。这样可以吸引更多游客参与，提高联盟的影响力。

联盟模式的营销系统强调合作共赢的理念，通过多个旅游目的地的联合合作，形成合力，共同推进旅游业的发展。这种模式可以充分发挥各个旅游目的地的优势，实现资源整合，提高整体竞争力，为游客提供更多样化和优质的旅游选择，推动旅游业的繁荣发展。

（三）旅行社合作模式

旅行合作社模式的营销系统是一种旅游目的地营销的模式，它与传统的旅行社密切相关。在这种模式下，旅游目的地与旅行社建立合作关系，将旅游目的地的旅游产品和线路纳入旅行社的产品库中，由旅行社负责向游客推广和销售这些产品。

旅行社合作模式的营销系统具有以下特点和功能。

1. 产品入驻

旅游目的地将自己的旅游产品和线路纳入旅行社的产品库中。这些产品可以包括旅游目的地的旅游景点门票、酒店预订、旅游线路等。

2. 推广和销售

旅行社负责向游客推广旅游目的地的旅游产品，并提供预订和销售服务。通过旅行社的销售渠道，旅游目的地可以吸引更多游客。

3. 合作协议

旅游目的地和旅行社之间需要签订合作协议，明确双方的权责和利益分配，确保合作顺利进行。

4. 品牌宣传

旅行社合作模式的营销系统也有助于旅游目的地的品牌宣传。旅行社可以通过自身的渠道和客户资源，提升旅游目的地的知名度和美誉度。

5. 客户服务

旅行社负责向游客提供预订和售后服务，包括行程安排、导游服务等。客户服务质量直接影响到游客的满意度和忠诚度。

6. 数据共享

旅行社合作模式的营销系统可以实现数据共享，旅游目的地可以获取游客的反馈和需求信息，有助于优化产品和服务。

7. 互惠合作

旅游目的地和旅行社之间是互惠合作的关系，双方通过合作实现共同的利益最大化。

旅行社合作模式的营销系统是一种有效的推广方式，通过与旅行社合作，旅游目的地可以借助旅行社的销售渠道和客户资源，将自己的产品推广给更广泛的游客群体。同时，旅行社也可以通过与旅游目的地合作，提供更丰富多样的旅游产品，提升自身竞争力。这种模式可以帮助旅游目的地提升知名度，增加旅游收入，促进旅游业的繁荣发展。

（四）旅游新媒体营销模式

旅游新媒体营销模式的营销系统是一种以新媒体平台为主要推广渠道的旅游目的地营销模式。在这种模式下，旅游目的地通过利用互联网和社交媒体等新媒体平台，开展宣传推广活动，吸引更多的目标游客，提高旅游目的地的知名度和美誉度。

旅游新媒体营销模式的营销系统具有以下特点和功能。

1. 社交媒体宣传

旅游新媒体模式的营销系统利用社交媒体平台，如微博、微信、抖音、照片墙（Instagram，ins 或 IG）等，发布有趣、有吸引力的旅游内容，吸引用户关注和参与，提高旅游目的地的曝光度。

2. 精准推送

通过社交媒体平台的数据分析和用户画像，旅游新媒体营销模式的营销系统可以实现精准推送，向目标受众投放符合其兴趣和需求的旅游内容和广告，强化宣传效果。

3. 视频营销

在旅游新媒体营销模式的营销系统中，视频营销也占据重要地位。通过制作精彩的旅游宣传视频，吸引更多用户点击和分享，提升旅游目的地的知名度。

4. 用户互动

旅游新媒体营销模式的营销系统鼓励用户互动，如留言、点赞、分享等。与用户互动可以提高用户黏性和忠诚度，形成用户社区。

5. 与自媒体人合作

利用旅游新媒体营销模式的营销系统，旅游目的地可以与影响力较大的自媒体人或博主进行合作，提高旅游目的地在社交媒体上的曝光度和影响力。

6. 数据分析

旅游新媒体营销模式的营销系统可以进行数据分析，了解用户的喜好和行为，从而优化宣传策略和内容，提高营销效果。

7. 实时反馈

由于新媒体平台的特点，旅游新媒体营销模式的营销系统可以实时获取用户反馈和评论，及时了解用户需求和问题，及时回应和解决。

旅游新媒体营销模式的营销系统充分利用数字化时代的优势，通过社交媒体和视频等新媒体平台的传播力，实现高效的宣传推广。这种模式可以帮助旅游目的地更直接、更精准地与目标游客进行互动，提高用户参与度，提高旅游目的地的知名度和美誉度，从而促进旅游业的发展。

（五）专业营销公司合作模式

专业营销公司合作模式的营销系统是一种旅游目的地营销的模式，它涉及旅游目的地与专业的旅游营销公司之间的合作。在这种模式下，旅游目的地委托专业的营销公司负责制定营销策略、执行推广活动，并对效果进行评估。

专业营销公司合作模式的营销系统具有以下特点和功能。

1. 营销策划

专业营销公司负责根据旅游目的地的特点、优势和目标市场，制定符合市场需求的营销策划方案。策划内容可能包括宣传推广活动、广告投放、公关活动等。

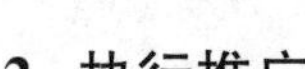

2. 执行推广

专业营销公司负责实际执行营销策划，包括在不同渠道上发布广告、进行宣传推广、组织活动等。通过多种方式提高旅游目的地的知名度和曝光度。

3. 效果评估

专业营销公司会对推广活动的效果进行评估和分析，包括宣传效果、增加游客数量、提升旅游目的地的形象等。根据评估结果，对策略进行调整和优化。

4. 媒体资源

专业营销公司通常拥有丰富的媒体资源和行业关系，可以帮助旅游目的地在各大媒体上进行广告投放和宣传报道，提高旅游目的地的曝光度。

5. 创意设计

专业营销公司会提供创意设计服务，包括广告文案、宣传海报、宣传视频等，以吸引目标受众的注意力。

6. 数字化营销

随着数字化时代的到来，专业营销公司会结合互联网和社交媒体等新兴渠道，开展数字化营销，提升线上线下的宣传推广效果。

7. 合作协调

专业营销公司会与旅游目的地密切合作，建立良好的沟通和协调机制，确保营销活动顺利进行。

通过专业营销公司合作模式的营销系统，旅游目的地可以借助专业团队的经验和资源，实现高效的宣传推广，提高旅游目的地的知名度和美誉度，吸引更多游客，推动旅游业的发展。这种模式在旅游市场竞争激烈的情况下尤为重要，能够帮助旅游目的地与众多竞争对手区分开来，形成独特的营销策略和品牌形象。

四、旅游目的地营销系统的作用

（一）提升营销效率

通过电子化和自动化手段，旅游目的地可以更有效地向广大潜在游客传递信息，提高营销效率。

（二）增加知名度

借助互联网和社交媒体，旅游目的地可以迅速传播信息，提升知名度。

（三）个性化服务

系统通过数据分析和个性化推荐，为游客提供个性化的旅游产品和服务，提高游客满意度。

（四）提升游客体验

通过在线预订和支付，游客可以更便捷地完成旅游准备，提升游客体验。

（五）数据分析和决策支持

旅游目的地营销系统收集大量的数据，为旅游目的地管理者提供数据支持，优化营销策略。

总体而言，旅游目的地营销系统是旅游业发展的重要推动力之一。通过利用信息技术和电子商务手段，旅游目的地可以更好地向游客传递信息，提高知名度，促进游客消费，推动旅游经济的发展。随着技术的不断创新和应用，旅游目的地营销系统的功能和效能将不断提升，为旅游业的可持续发展做出更大的贡献。

◎案例链接

微博跨界赋能“旅游+”场景

2021 年，微博推出了名为“100 个微博年度旅行地榜单”的活动（见图 9-2）。该榜单包含了十大热门主题维度，紧跟时代和旅游消费需求的变化趋势。

微博旅行地榜单涵盖了整个旅游消费链路，从行前获取旅游灵感，到行中、行后的旅游分享互动，展现出了微博在旅游出行领域的重要价值，成为旅游灵感的风向标和旅游话题讨论场所。榜单中包含丰富时效的热点内容，涵盖了蓝 V（认证用户）、达人和普通用户海量攻略体验分享，共同构建了微博旅游的灵感池，对消费者的决策产生持续影响。

图 9-2 微博“100 个微博年度旅行地榜单”宣传图

借助于在多个垂直领域的深耕运营和开放平台的优势，微博成功获得了兴趣圈和舆论场的价值。其独特的特质使得微博成为汇集各方观点讨论的场所，而多样的旅游场景为内容破圈提供了天然土壤。微博与热门垂直领域如综艺、体育等结合，产生了全新的灵感火花，吸引更广泛的破圈人群。在2021年的榜单中，可以看到因热点资讯、种草攻略、议题讨论等因素而火爆的众多旅游目的地。这些旅游目的地不仅为旅游出行提供了灵感来源，同时也成为社交媒体深度参与并影响旅游行业的缩影。

值得关注的是，微博引发了一种全新的观剧方式，即通过火热的影视剧和综艺节目种草拍摄取景地，实现“线上追剧+线下打卡目的地”的沉浸式看剧体验，成为微博追剧的主流玩法。比如，在《你是我的荣耀》的热播助推下，相关旅游目的地迎来了爆发式的关注和话题热度。针对网剧《你是我的荣耀》的热播也促成了“荣耀夫妇家乡同款打卡地”话题登上热搜榜。宜兴发布的政府蓝V账号、热剧的官方微博，以及主演迪丽热巴和杨洋的虚拟角色官方微博也积极参与了旅游种草话题的发博。网友们在热烈讨论中纷纷表达了对剧中场景的向往。因此，该剧的取景地宜兴湖汶镇热度急剧攀升，在最美乡村古镇分榜单中成为一匹“黑马”。

网剧的热播为相关旅游目的地带来了强大的曝光和关注，吸引了更多游客的兴趣。政府蓝V账号和演员官方微博的积极参与也助力了旅游种草话题的传播。这种梦幻联动效应使得网友们对这些地方产生向往，提升了游客的到访意愿。这种有机结合旅游和娱乐的宣传模式，为相关旅游目的地带来了巨大的宣传效果，促进了当地旅游业的发展。

社交媒体与影视娱乐的跨界融合为旅游业在逆境中寻找突破提供了更多可能。在此背景下，20余个旅游目的地因为被影视剧和综艺节目推荐而热度迅速上升，并荣登100个微博年度旅行地榜单。

微博作为一个社交平台，通过活动推动旅游话题的热度，为旅游业的发展贡献了巨大的力量。

结合案例回答：

1. 旅游业如何借助微博平台进行旅游目的地营销？
2. 打造“旅游+”场景需要平台具备哪些关键因素？

第五节　旅游目的地电子商务的战略作用、挑战与未来展望

旅游目的地电子商务在当今数字化时代扮演着重要的战略角色，对旅游业的发展和旅游目的地的可持续性至关重要。

一、旅游目的地电子商务的战略作用

（一）电子商务对旅游目的地的营销与推广

电子商务为旅游目的地提供了全球范围内的推广和营销机会。通过网站、社交媒体、搜索引擎等电子渠道，旅游目的地可以向全球潜在游客展示其独特的旅游资源、文化、景点等。同时，借助数字广告、内容营销和影响者合作等手段，旅游目的地可以更加精准地定位和吸引目标市场的游客。电子商务的广泛传播渠道和个性化营销策略为旅游目的地的品牌推广和知名度提升提供了强大的支持。

（二）提升旅游目的地的可访问性和便捷性

旅游目的地电子商务平台为游客提供了预订、购票、在线支付等服务，从而提升了旅游目的地的可访问性和便捷性。游客可以在网上预订酒店、机票、门票等各类旅游产品，减少了传统线下预订的烦琐过程。此外，移动应用和电子导游等技术的应用也让游客能够随时获取旅游目的地信息、导航、攻略等，提高了旅游体验的便利性和满意度。

（三）优化旅游目的地的服务与体验

旅游目的地电子商务平台提供了游客与旅游目的地互动的渠道。游客可以在网上查看其他游客的评价和点评，获取真实的旅游体验信息，从而更好地规划旅行行程。旅游目的地可以通过在线客服、反馈渠道等与游客进行实时互动，了解游客需求和意见，优化服务和改进不足，提高游客满意度。

（四）数据驱动的决策支持与旅游智能化

旅游目的地电子商务平台产生大量的数据，包括用户行为、偏好、消费习惯等。旅游目的地可以通过数据分析和挖掘，深入了解游客需求和市场趋势，基于数据做出更明智的决策，优化旅游目的地资源配置和旅游产品推出。同时，利用人工智能、大数据和物联网技术，旅游目的地可以实现智能化的旅游管理，提升旅游服务和运营效率。

（五）促进旅游产业的创新与发展

旅游目的地电子商务平台为旅游产业的创新和发展提供了有力支撑。旅游目的地可以通过数字技术和在线平台创新旅游产品和服务，开发更多的旅游体验项目，满足不同游客的需求。同时，旅游目的地可以与互联网平台、科技企业等合作，共同推进旅游业态的创新，拓展新的旅游业务模式，提高旅游业的盈利能力。

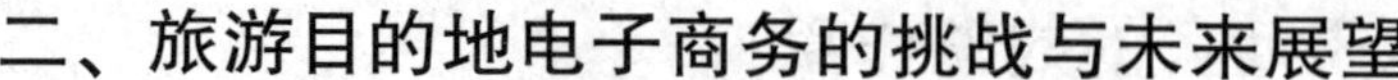

二、旅游目的地电子商务的挑战与未来展望

旅游目的地的电子商务发展，在开辟广阔机遇的同时，也面临多方面的挑战，这些挑战要求旅游目的地在推进电子商务发展的过程中，既要积极拥抱技术变革，又要审慎应对潜在风险，确保在创新与稳定之间找到最佳平衡。

（一）挑战

1. 竞争激烈

旅游目的地电子商务平台数量不断增加，竞争日益激烈。旅游目的地需要在众多平台中脱颖而出，吸引更多游客关注和选择。

2. 信息安全与隐私保护

在电子商务平台上，用户需要提供个人信息进行预订和购买，因此信息安全和隐私保护成为重要问题。旅游目的地必须加强数据安全措施，保护用户信息免遭泄露或滥用。

3. 价格透明度

旅游产品在不同平台上的报价可能不一致，造成游客对产品价格的困惑和不信任感。旅游目的地需提供透明的价格政策，建立信任。

4. 服务质量保障

在线预订和交易方面带来了方便，但也增加了服务质量不确定性。如何确保在线预订的产品和服务符合游客期望，是旅游目的地电子商务需要面对的挑战。

5. 多平台管理

旅游目的地在多电子平台上进行管理和运营，增加其管理成本和复杂度。不仅要熟悉并掌握每个平台的规则、操作流程和营销策略，还需要投入大量的人力、物力和财力来维护平台上的信息更新、订单处理及售后支持。

（二）未来展望

1. 个性化定制

旅游目的地电子商务将更注重个性化定制服务，通过数据分析和智能化技术，为游客提供个性化的旅游建议和推荐，提高用户体验。

2. 融合线上线下

旅游目的地将更加注重线上线下的融合，将电子商务平台与实体旅游景点、商家结合起来，提供全方位的旅游服务。

3. 智能化服务

随着人工智能和物联网技术的发展，旅游目的地电子商务将更加智能化，通过智能助手、虚拟导游等提供更智能、便捷的服务。

4. 促进可持续发展

电子商务平台可以通过推广环保旅游、低碳旅游等方式，促进旅游业的可持续发展，提高环境保护意识。

5. 跨界合作

旅游目的地可以与其他行业进行跨界合作，如与影视、文化、体育等行业合作，通过联合营销和资源整合，提高旅游目的地的知名度和吸引力。

6. 创新营销手段

旅游目的地可以通过虚拟现实、增强现实等技术，提供更生动、沉浸式的旅游体验，吸引更多游客。

总体而言，未来旅游目的地电子商务将继续发展壮大，为旅游产业的发展和旅游目的地的可持续性发展提供更多机遇。旅游目的地需要积极应对挑战，不断创新和改进，提升服务质量和用户体验，以适应不断变化的市场需求和技术发展。

项目小结

本项目全面介绍了旅游目的地电子商务的各个方面。首先，对旅游目的地电子商务进行了定义，解释了其特点和发展历程，并探讨了其在旅游业中的应用领域。其次，详细讲述了旅游目的地电子商务的类型和经营模式，让学生对其商业运作有更深入的了解。再次，项目列举了目前常见的旅游目的地营销系统。最后，项目重点介绍了旅游目的地电子商务的战略作用、挑战与未来展望。

通过学习本项目，学生全面了解旅游目的地电子商务的相关概念、运作方式以及对旅游产业的重要作用。同时，也为学生了解和掌握未来旅游目的地电子商务的发展趋势提供了参考。

思考题

一、单项选择题

1. 旅游目的地电子商务通过在线平台和移动应用程序进行市场推广，这体现了旅游目的地电子商务的（　　）。

A. 多样性　　B. 个性化　　C. 多渠道　　D. 交互性

2. 通过（　　）旅游目的地可以直接与用户进行沟通和互动。

A. 官方网站　　B. 在线旅行社　　C. 定制化服务　　D. 个性化推荐

3. 真实性和互动性是（　　）的优势。

A. 旅游社交媒体平台　　B. 旅游目的地官方网站

C. 旅游目的地多媒体　　D. 在线旅游平台

4. （　　）可以让游客在不实际到达旅游目的地的情况下，能够身临其境地感受自然景观和历史文化。

A. AR　　B. VR　　C. 3D 技术　　D. 5G

5. 在线旅游代理商（OTA）采用的是（　　）商务模式。

A. B2B　　B. B2C　　C. B2E　　D. O2O

6. （　　）可以为企业员工提供更便捷和优质的旅游服务。

A. C2B　　B. B2E　　C. B2B　　D. O2O

7. 在（　　）模式下，各个目的地之间相互合作，共享资源，形成合力。

A. 平台模式　　B. 旅行社合作模式

C. 联盟模式　　D. 专业营销公司合作模式

8. 旅游目的地营销系统中的旅行社合作模式与（　　）密切相关。

A. 传统旅行社　　B. 线上旅行社

C. 当地旅游局　　D. 当地景区

二、多项选择题

1. 旅游目的地营销系统有（　　）特点。

A. 综合性　　B. 针对性　　C. 动态性　　D. 判断性

2. 以下（　　）属于 B2C 电子商务模式。

A. 商务旅行管理服务　　B. 活动报名和预订

C. 旅游产品在线销售　　D. 旅游体验分享

三、判断题

1. 旅游目的地营销系统是一个静态的过程。（　　）

2. 合作与洽谈属于 B2B 商务模式。（　　）

3. 专业营销公司合作模式的营销系统是一种旅游目的地营销的模式。（　　）

四、填空题

1. 通过分析用户的________和________，旅游目的地可以向用户提供个性化的旅游建议和定制化的旅游服务。

2. 旅游目的地官方网站是由________或________建设和管理的在线平台。

五、名词解释

1. C2B 电子商务模式
2. 新媒体营销模式
3. 在线旅游平台
4. 旅游新媒体营销模式的营销系统可以实时获取用户反馈和评论。
5. 在电子商务平台上，用户无须提供个人信息即可进行预订和购买。

六、简答题

1. 旅游目的地电子商务的特点。
2. 简述旅游目的地营销系统的作用。
3. 简述旅游目的地电子商务的发展过程。

参考文献

[1] 巫宁，杨路明. 旅游电子商务［M］. 北京：旅游教育出版社，2004.

[2] 杜文才. 旅游电子商务［M］. 北京：清华大学出版社，2006.

[3] 周春林，李俊楼，王新宇，等. 旅游电子商务［M］. 北京：中国人民大学出版社，2022.

[4] 陆均良，沈华玉，朱照君. 旅游电子商务［M］. 北京：清华大学出版社，2021.

[5] 张建忠，弓志刚. 旅游电子商务［M］. 北京：高等教育出版社，2021.

[6] 张敏，向晓芳. 旅游电子商务［M］. 镇江：江苏大学出版社，2020.

[7] 张琼. 旅游电子商务［M］. 北京：旅游教育出版社，2020.

[8] 乔向杰. 旅游电子商务［M］. 北京：旅游教育出版社，2020.

[9] 周春林，李俊楼，王新宇，等. 旅游电子商务［M］. 北京：中国人民大学出版社，2020.

[10] 李云鹏. 旅游电子商务［M］. 重庆：重庆大学出版社，2019.

[11] 赵立群，贾静. 旅游电子商务［M］. 北京：清华大学出版社，2018.

[12] 朱松节. 旅游电子商务［M］. 南京：南京大学出版社，2018.

[13] 余扬. 旅游电子商务［M］. 北京：旅游教育出版社，2017.

[14] 杨香花，郭盛晖. 旅游电子商务［M］. 广州：广东高等教育出版社，2017.

[15] 章牧. 旅游电子商务［M］. 北京：中国旅游出版社，2016.

[16] 兰杨. 旅游电子商务教学方法探讨［J］. 科技信息，2009（27）.

[17] 田敏，周菲菲. 青岛市旅游电子商务发展的动力因素研究——基于“一带一路”战略［J］. 中国商论，2016（33）：21-22.

[18] 杨凡槿. 我国旅游电子商务中出现的问题及解决对策研究［J］. 旅游纵览（下半月），2016（12）：165.

[19] 白鹏飞. 电子商务环境下旅游小城镇农产品流通模式探讨［J］. 商业经济研究，2016（24）：158-159.

[20] 杜志琴. 美国旅游电子商务的发展特色与启示［J］. 对外经贸实务，2016（12）：85-88.

[21] 杨香花. 高校旅游电子商务课程教学研究综述［J］. 辽宁高职学报，2017，19（1）：58-62.

[22] 周波. 电子商务对旅游供应链的影响及应对策略研究 [J]. 新丝路（下旬），2016（11）：27-28.

[23] 师永强，梁焱，徐磊. 基于旅游电子商务平台的智慧景区游客个性服务系统建设 [J]. 太原学院学报（自然科学版），2016，34（4）：51-54.

[24] 程贵孙. 旅游电子商务平台兼并对双边定价策略的影响 [J]. 旅游学刊，2017，32（3）：20-28.

[25] 高晶，钟若南，武虹. 旅游移动电子商务个性化服务设计 [J]. 商业研究，2017（2）：166-171.

[26] 姚婷，宋伊瑶，万里. “互联网+” 背景下江西旅游电子商务发展研究 [J]. 科技广场，2017（1）：114-118.

[27] 刘红军，徐旭. 皖北旅游电子商务发展对策研究 [J]. 湖南城市学院学报（自然科学版），2016，25（6）：113-114.

[28] 山杉. 旅游电子商务发展现状及对策研究 [J]. 湖南城市学院学报（自然科学版），2016，25（6）：125-126.

[29] 朱若男，侯媛媛. 旅游电子商务 APP 用户体验评价研究 [J]. 科技与管理，2016，18（6）：110-115.

[30] 蒋鹏. 移动电子商务在浙江茶园生态旅游中的应用模式研究 [J]. 福建茶叶，2017，39（1）：142-143.